U0480766

成都大学中国—东盟艺术学院学科科研重大成果

成都大学引进人才科研启动基金

媒体融合转型新阶段与应用型传媒人才培养新逻辑

许志强　王雪梅　著

项目策划：王小碧
责任编辑：王小碧
责任校对：谢　鋆
封面设计：北京精准互动科技有限公司
责任印制：王　炜

图书在版编目（CIP）数据

媒体融合转型新阶段与应用型传媒人才培养新逻辑 / 许志强，王雪梅著．— 成都：四川大学出版社，2021.11

ISBN 978-7-5690-5168-1

Ⅰ．①媒… Ⅱ．①许… ②王… Ⅲ．①传播媒介—人才培养—研究—中国 Ⅳ．①G219.2

中国版本图书馆 CIP 数据核字（2021）第 233618 号

书名　媒体融合转型新阶段与应用型传媒人才培养新逻辑
Meiti Ronghe Zhuanxing Xin Jieduan yu Yingyongxing Chuanmei Rencai Peiyang Xin Luoji

著　　者　许志强　王雪梅
出　　版　四川大学出版社
地　　址　成都市一环路南一段 24 号（610065）
发　　行　四川大学出版社
书　　号　ISBN 978-7-5690-5168-1
印前制作　北京精准互动科技有限公司
印　　刷　郫县犀浦印刷厂
成品尺寸　170mm×240mm
印　　张　18
字　　数　298 千字
版　　次　2022 年 1 月第 1 版
印　　次　2022 年 1 月第 1 次印刷
定　　价　78.00 元

版权所有 ◆ 侵权必究

◆ 读者邮购本书，请与本社发行科联系。
电话：(028)85408408/(028)85401670/
(028)86408023　邮政编码：610065
◆ 本社图书如有印装质量问题，请寄回出版社调换。
◆ 网址：http://press.scu.edu.cn

四川大学出版社
微信公众号

内容提要

本书以媒体深度融合时代的传媒产业变革为大背景，不仅从理论维度探讨了智能技术赋能下媒体融合新阶段等，而且从实践维度探讨了5G、县级融媒体、机器新闻、用户画像、“新基建”等变革时代的传媒产业新技术，还从教育功能维度探讨了应用型传媒人才培养的新逻辑等，既注重理论的研究探讨，又对现实问题进行了全面而透彻的解析，同时提出了建设性的对策，是一本集实用性和学术性于一体的读本。

本书内容全面、深入浅出、条理清晰，在内容选取上，遵循媒介技术不断演变的原则，以互联网为基础的数字平台为主线，全面、系统地探讨了媒体深度融合时代的传媒产业发展，以及如何培养适合中国国情的、与智能媒体时代相匹配的应用型传媒人才。

本书既可作为高等院校新闻传播学、戏剧影视学、数字媒体、网络与新媒体等相关专业的教辅图书，又可作为广大读者认识和学习传媒产业发展和应用的参考书。

序

新一轮科技革命和产业变革正在重塑互联网行业生态和媒体发展格局。习近平总书记指出，“推动媒体融合发展、建设全媒体成为我们面临的一项紧迫课题”。2020 年 9 月，中共中央办公厅、国务院办公厅印发《关于加快推进媒体深度融合发展的意见》，旨在加快推进媒体深度融合，建立全媒体传播体系；2020 年 10 月，国家广播电视总局印发《关于推动新时代广播电视播出机构做强做优的意见》，要求推动广播电视播出机构深化改革、完善制度、做强做优、创新创优，加快向新型主流媒体转型发展，切实增强广播电视媒体的传播力、引导力、影响力、公信力；2020 年 11 月，国家广播电视总局印发《关于加快推进广播电视媒体深度融合发展的意见》，要求打造一批具有强大影响力和竞争力的新型广播电视主流媒体，推动全媒体时代媒体深度融合与广播电视高质量创新性发展……不难发现，中共中央、国务院和国家政府部门相继发布的一系列政策法规，正从人力、标准、技术等多个维度推动和保障着内容生态与媒体纵深融合。

从技术演进的视角来看，随着媒体融合理念的逐步普及与新一代“智能 +”技术集群应用的深化，媒介之间的边界由清晰变得模糊，使得中国媒体融合发展已从初级整合阶段迈入深度融合阶段，正在开启媒体智能化演进的智能媒体时代。未来，媒体将从“新闻 + 传播”向“数据 + 服务”的方向延展传播功能。智能化驱动的内容生产 2.0、以算法为核心的内容分发 2.0、个性化与社交化交织的内容消费 2.0，正重新定义人与信息、人与商品、人与服务以及人与人的连接方式以及内容生产、分发与消费三者的关系，集成内容生产、分发与消费的平台似乎正在颠覆并重构媒体生态系统，并将“反哺”互联网，使其向智慧网络方向转变。

从传媒产业的视角来看，数字化、网络化和融合化只是媒介融合的初级阶段，新一代信息技术驱动下的跨界融合与智能传播才是其高级阶段。5G、人工智能、区块链和物联网、大数据、云计算等新一代跨媒体、泛内容、智能化技术相互交叉、重叠与加持，定会打破原本横亘在各行业和各部门之间的坚实壁垒，促使包括传媒产业在内的诸多传统产业利用互联网技术在云端用人工智能的方式处理数据，从而使其产生“归零效应”，带来媒体融合的深化与人类认知的革新，并使信息技术成为诞生优质内容与提升用户体验的孵化器，进而实现传统媒体的“三个转变”——从“+ 互联网”向“互联网 +”转变、从“媒体型平台”向“平台型媒体”转变、从“做新闻”向“做政务”“做服务”“做商务”转变，在这些转变中建立起与外界的全面链接，从而实现传统媒体的互联网化。

从教育功能的视角来看，技术是人的技术并服务于人类，媒介发展过程中的技术是人类思维的外化。但从本质上来讲，部分技术目前还局限于操作层面，而从技术概念上升到思维高度还需要一定的时间和梯度才能够完成。智能媒介推动了工具理性的浪潮，但培育应用型传媒人才从认知到行为上的价值理性，才是“以人为本”的核心素养能力培育之核心。作为媒介形态与传媒业态嬗变的一种应然状态，中国传媒产业不仅呼唤着高等传媒教育尽快适应媒介市场的快速变化，而且期待着通过高等传媒教育与研究去规范和引领传媒业态发展。唯有如此，才能在应用型传媒人才培养层面给予广泛而长期的关注和思考，从而持续满足中国国情和传媒产业发展对卓越应用型传媒人才业务能力和理论水平的要求，将技术变成幸福的力量。

媒体融合是时代所向、大势所趋。谁能顺应大势引领全媒体时代，谁就把握了战略主动。

本书站在哲学的高度从媒介技术更新迭变的视角入手，不仅从理论层面探讨了智能技术赋能下媒体融合新阶段、媒体融合迭代与智能媒体生态、媒体深度融合时代的传媒产业发展，而且从实践层面探讨了 5G、县级融媒体、机器新闻、用户画像、“新基建”等变革时代的传媒产业新技术，还从国际国内高等传媒教育、历史的考察与现实的追问、改革逻辑与实施路径、产教融合、“新文科”建设等维度探讨了应用型传媒人才培养的新逻辑，体现了“人才培养”与“社会需求”的紧密结合。本书可为高校制定应用型传媒人才教育框架与实施路径提供积极借鉴和参考，从而帮助应用型传媒人才善于在浪潮中勇立潮头、勇于在变革中创新发展，以深化改革推进深度融合，以融合力壮大主流阵地影响力，值得期待！

何光伦

（四川省图书馆党委书记、四川省图书馆学会理事长、四川省人民政府文史研究馆特约馆员、文化旅游部公共文化服务专家委员会委员）

前言

党的十九大报告明确提出，要“加快建设创新型国家”，“善于运用互联网技术和信息化手段开展工作”，“高度重视传播手段建设和创新，提高新闻舆论传播力、引导力、影响力、公信力”，“加强互联网内容建设”，“营造清朗的网络空间”，“提高人民的文明素养”[①]。习近平总书记高度重视新闻舆论工作，曾在多个场合阐述新闻舆论工作重要性，指出：“全媒体不断发展，出现了全程媒体、全息媒体、全员媒体、全效媒体，信息无处不在、无所不及、无人不用，导致舆论生态、媒体格局、传播方式发生深刻变化，新闻舆论工作面临新的挑战”[②]“媒体竞争关键是人才竞争，媒体优势核心是人才优势”[③]“新闻舆论工作队伍建设的要求，紧紧抓住‘人’这个关键要素”[④]。同时，习近平总书记还反复强调，“提高用网治网水平，使互联网这个最大变量变成事业发展的最大增量”[⑤]“加快数字中国建设”，“以信息化培育新动能，用新动能推动新发展，以新发展创造新辉煌”[⑥]“要把原始创新能力提升摆在更在突出

---

① 习近平．习近平代表第十八届中央委员会向大会作报告[EB/OL].（2017-10-18）[2020-12-10]. http：//www.12371.cn/special/19da/bg/.

② 新华社．习近平：推动媒体融合向纵深发展 巩固全党全国人民共同思想基础［EB/OL］.（2019-01-25）［2020-12-10］.http：//www.xinhuanet.com/politics/leaders/2019-01/25/c_1124044208.htm.

③ 《习近平新闻思想讲义（2018 年版）》编写组．习近平新闻思想讲义 2018 年版［M］. 北京：人民出版社，2018.

④ 丁晖．人民日报：构建媒体融合发展新格局［EB/OL］.（2016-04-28）［2020-12-10］.http：//opinion.people.com.cn/n1/2016/0428/c1003-28309965.html.

⑤ 新华社．习近平出席全国宣传思想工作会议并发表重要讲话［EB/OL］.（2018-08-22）［2020-12-22］.http：//www.xinhuanet.com/politics/leaders/2018-08/22/c_1123311028.htm.

⑥ 央视网．习近平致信祝贺首届数字中国建设峰会开幕强调 以信息化培育新动能 用新动能推动新发展 以新发展创造新辉煌［EB/OL］.（2018-04-23）［2020-12-22］.http：//www.cac.gov.cn/2018-04/23/c_1122723262.htm.

的位置，努力实现更多从‘0’到‘1’的突破”[①]。

近年来，社会化媒体应用、移动互联网、大数据、云计算等技术的广泛应用构成了互联网泛在智能发展的基础，而人工智能、物联网、VR/AR 等技术的发展则成为驱动媒体智能化的直接技术动因，并最终使“智能媒体”成为未来媒体发展的一种主要趋向。媒体的智能化，一方面消融了传统传媒业的固有边界，另一方面正在重塑传媒业的原有生态，在此背景下，人们获取、发布和传递数字媒介的能力越来越受到重视，使得应用型传媒人才培养日益成为一个严肃、紧要且刻不容缓的话题。但由于媒体融合具有的多元性、动态性、复合性、情境性和跨领域性，使得应用型传媒人才培养绝非易事，面临诸多挑战，不同外部环境、不同专业或学科、不同需求对象在人才培养上的侧重点各不相同。

2020 年，国家层面先后出台了媒体深度融合、“新基建”等重要政策，从国家战略高度为媒体智能化发展指明了方向。一方面，作为国家战略的媒体融合正处在爬坡过坎、攻坚克难的关键时期，为了推动媒体融合向纵深发展，中央进一步明确和深化了指导思想和战略部署，提出了媒体融合向纵深发展的总方向，其中特别指出要以先进技术引领驱动媒体融合发展。另一方面，2020 年以来习近平总书记曾多次提出要加快 5G 网络、数据中心等新型基础设施建设进度，从顶层设计为新型基础设施建设按下“快进键”，势必将为媒体智能化升级转型提供更加完备的“新基建”底座。

同样是 2020 年，全球深受新冠肺炎疫情影响，全球政治、经济、社会、科技格局加速演变，媒体领域出现重要变化。后疫情时代国内媒体环境移动化、泛媒化、视频化、平台化发展态势凸显。2020 年新冠肺炎疫情给信息传播领域带来历史性挑战，客观上加速了国内媒体智能化进程。疫情防控既为智能媒体创新提出了新命题，也为后疫情时代智能媒体创新提出了新方向，催化了“智能媒体 + 行业”的强力出圈态势。

媒体融合发展是产业的一次深刻革命，是信息传播的新一轮范式变迁，不能只简单地从技术变迁上理解，而应上升到人类生存和发展的层面来思考与应

① 新华社 . 习近平：在科学家座谈会上的讲话［EB/OL］.（2020-09-11）［2020-12-22］.http://www.xinhuanet.com/politics/leaders/2020-09/11/c_1126483997.htm.

对。在融合语境下，传媒产业格局在变，信息传播图景在变，信息生产和信息服务的方式在变，应用型传媒人才的培养理念、培养目标和培养方式都需要与时俱进。当前，高校的传媒院系都根据自身的办学条件和对媒体融合的理解，纷纷对应用型传媒人才培养模式进行改革，并逐渐摸索出一些经验，但也出现了一些共性的问题：应用型传媒人才培养理念与培养目标的“两张皮”现象突出，在应用型传媒人才培养过程中对学生的学习过程重视不够，应用型传媒人才模式创新的高度和力度不够。

全面深化改革已进入关键期，媒体融合发展进入攻坚期，高等传媒教育改革和应用型传媒人才培养模式创新面临的不仅仅是观念的改变，更有可能是系统性、颠覆性的“范式”变迁。新的范式关涉一个传媒学科的群体主体性，体现出传媒教育者的群体思维，决定高等传媒教育和应用型传媒人才培养的理论取向、实践关怀和价值观念。该范式将直接为应用型传媒人才培养提供主题、工具、方法及前提。当今时代，全球化深入发展，社会深刻转型，包括媒体融合在内的多重时代语境叠加于中国的发展实践，传媒专业教育的局部改革和修补式改革，对应用型传媒人才的培养显得力不从心，应用型传媒人才培养需要从“范式转变”的高度进行模式创新。

随着科学技术的不断发展，新时代对传媒人才的技能水平有了新的更高要求。智能媒体需要匹配“智能 +”的编辑记者，未来的传媒人才队伍应当是复合型的，既需要复合型的个人，更需要复合型的团队，“全媒体编辑记者 + 人工智能工程师”将成为可能。鉴此，在全面认知媒体融合转型新阶段的基础上，进一步对应用型传媒人才胜任未来工作的关键能力及面临的挑战展开研究，为高校制定应用型传媒人才教育框架与实施路径提供参考，可使新型传媒人士更好地通过各种媒介准确表达意见和建议，正确发挥媒体的公器作用，提高媒体服务于人民与改善社会监督的能力，提升公民客观、建设性地解决社会问题的思维。

目录

第1篇　理论篇

媒介作为一种联接关系、缔结网络的特殊介质，在人类历史进程中起着非常关键的作用。从媒介角度来看，媒介融合理念、科学性与价值认同逐步深化，其通过技术层面的产品影响着社会层面的人类行为。新一代智能化、跨媒体、泛内容技术，将加速内容生产、传播与消费的智能化、体验化与个性化，把地球裹挟在知识与信息越来越致密的互联网络之中，使得比特持续占据媒介领域并将推动更为广泛、更有价值的重混。为更好地连接人、物与世界，带来媒介融合的深化与人类认知的革新，中国传媒业应利用互联网技术在云端以人工智能（AI）的方式处理大数据，打开过去供应链的封闭结构，形成完善的生态系统。例如，在过去几年，中国“两会”报道时，各大央媒各出“奇”招，变革着新闻的生产与传播生态。其中，《人民日报》“中央厨房”采用信息整合与分发、多平台互联互通的方式，提升传播效率，实现了精准投递；新华社“媒体大脑”，采用MGC（机器生产内容）方式在数秒生成大数据新闻视频，将人工智能在新闻报道领域的应用推向深入；中央电视台“央视快评”，注重时效性，以“快、精、准、深”为标准，在瞬时内的新媒体舆论场形成了强大的冲击波。

2020年9月，中共中央办公厅、国务院办公厅印发《关于加快推进媒体深度融合发展的意见》，强调尽快建成一批具有强大影响力和竞争力的新型主流媒体，在政策层面吹响了媒体融合纵深发展的奋进号角。伴随着网民规模的持续扩大、媒体融合理念的逐步普及，以及以“云大物移智区加”（云计算、大数据、物联网、移动互联网、人工智能、区块链、“互联网”+）为代表的新一代“智能+”技术集群应用的深化，中国媒体融合发展已从初级整合阶段迈入了深度融合阶段，正在开启媒体智能化演进的智能媒体时代，学者们纷纷有了对媒体融合与智能媒体发展的期许与憧憬，而智能媒体时代也呈现出了一种新的阶段性特征和可能。

1 智能技术赋能下媒体融合新阶段

本章系统梳理了2020年中国新媒体发展的主要研究，对目前研究热点和潜在趋势进行解剖。相比2020年以前学界对新媒体的全方位探索，2020年学界更加偏向智能媒体，呈现出明显的诠释和思辨转向。一方面，较多的研究探讨了媒体纵深融合的新阶段与智能媒体时代的新未来，剖析了5G、人工智能、虚拟数字人、区块链等新一代“智能+”技术对未来传播图景的重塑。另一方面，2020年新媒体研究的思辨性更强，越来越多的学者开始探讨智能媒体时代存在的潜在风险与挑战，如伦理、技术与价值等，反思应通过学界业界共同探讨、高等传媒教育主动适应、数字素养培养等多举措并举加快推进媒体深度融合发展。

1.1 媒体融合新阶段

融合发展并非传统动能的延续，而是新动能的再生和再造。过去几年，中国媒体融合发展经历了以全媒体为代表的“物理反应”阶段到以融媒体为代表的“化学反应”阶段再到以智能媒体为代表的“核反应”阶段。

1.1.1 媒体纵深融合的进阶性特征

学者们分别站在不同的视角，从理论层面对媒体纵深融合发展进行了充分阐释与研究，在一定程度上助推着媒体智能化演进。廖祥忠（2020）在深入研究媒体纵深融合发展的基础上指出，技术融合、人人融合、媒介与社会融合既是媒体融合的本质与进阶性特征，也是寻找驱动媒体变革的主要因素。廖祥忠对中国媒体融合进行了“全景式”描绘并将其划分为三个阶段，即媒体融合期、融合媒体期与智能媒体期。当下的媒体融合属于基于技术融合的融合媒体期；

未来的媒体融合将是基于“智能 +”融合的智能媒体期，在这一阶段，AI 将重组生产端，5G 将统一传输平台，VR 将颠覆接收端。

段鹏（2020）认为，媒体智能化演进代表了媒体融合的高维阶段，不仅是媒体融合发展的集中体现和客观规律，而且是构建智能媒体生态系统的持续过程，还是传统媒体实现“弯道超车”“越代进化”的关键步骤，如基于人工智能的直播与视频监控，可让人力成本节约 90% 以上。他同时指出，业界要抓住实施“四全媒体”建设的全新机遇，可从渠道优化、技术变革、时空拓展、效能延伸四个维度着力。

李沁、徐诚和赵凡瑜（2020）在调研 12 家隶属于长三角地区主流媒体的新媒体平台后指出，我国主流媒体融合不仅经历了三个主要阶段，即“互联网+”阶段、“中央厨房”阶段和“沉浸新闻”阶段，而且呈现出三大发展态势，即基于旧媒养新媒的融合演化、基于“破茧重生”蜕变的新媒体和基于新旧媒体良性互动的全媒体融合。

许志强和刘彤（2020）指出，中国媒体融合经历了从 1.0 全媒体（2012 年之前，“广播电视播出 + 新媒体发布”）、2.0 融媒体（2012—2017 年，媒体融合生产与运营）再到 3.0 智能媒体（2017 年之后，“数据挖掘 + 场景感知 + 精准推送 + 智能匹配”）的转变，并呈现出技术化与全能化、内容融合与渠道融合、跨界合作与反向融合、集约生产与全民写作四大特点和趋势。

张路曦（2020）从媒体融合模式的视角切入，认为传统媒体在媒体融合方面形成了四种模式，即“中央厨房”模式、“平台化融合”模式、“制播分离”模式、“混合所有制”模式，指出人工智能与媒体的融合将是一场系统性的革命，传媒业将呈现出新的趋势。

也有学者对媒体纵深融合的原因做了探讨。邵全红和王灿发（2020）在系统研究媒体生产变革与创新的基础上指出，媒体融合嬗变存在四种深层逻辑，即以新闻生产促进党和国家的宣传工作的政治逻辑、以不断迭代更新的技术推动新闻生产方式变迁的技术逻辑、为新闻生产源源不断注入澎湃动力的资本逻辑，以及生产满足用户需求的新闻产品的市场逻辑。胡翼青和李璟（2020）则认为，在新旧媒介之间已存在一堵无形的“第四堵墙”，这是因为智能媒体的流量法摧毁了传统媒体的盈利模式，智能平台无限开放的内容生产边界摧毁了传统媒体话语权，使得传统媒体处于一种被再度媒介化的困局之中。

“他山之石，可以攻玉。”国外媒体融合发展的探索与启示，对我国媒体的进一步创新发展无疑有着重要的指导与借鉴意义。石磊和李慧敏（2020）以Web of Science数据库为源，通过可视化科学知识图谱软件CiteSpace梳理了从1976年到2017年间国外媒体融合研究领域的重要变迁，包括代表性学者、重要文献、前沿动态与热点议题等，揭示了媒体融合的语境变化与深化实践对传媒业的影响、媒体融合与媒介技术的互构关系等几大研究热点，指出我国的媒体融合实践应将视角放宽到更广阔的社会层面，积极关注受众与消费者对内容生产和传播的影响，通过生产和传播链条的最末端来逆向实施媒体融合或是可选择的路径。

崔士鑫（2020）则从澳大利亚的媒体融合发展创新经验切入，认为拥抱新媒体、提升吸引力、运用新技术、激发新生机是澳大利亚媒体融合成功的关键，指出我国应结合国情认真地“学人之长补己之短”，从重视媒体融合体制机制的科学设计、媒体内容的深度耕耘与价值挖掘、对新闻产品呈现方式的创新探索、对年轻群体的传播效果和媒体融合发展环境的不断优化等方面发力。

1.1.2 国家政策法规为内容生态与媒体纵深融合“保驾护航”

2020年，中共中央、国务院和国家政府部门还相继发布了一系列政策法规，从人力、标准、技术等多个维度推动和保障着内容生态与媒体纵深融合。1月，国家广播电视总局发布“两个人才工程”，为推动传媒产业高质量创新性发展提供坚强的人才支持；3月，由国家互联网信息办审议通过，旨在营造良好网络生态及维护广大网民切身利益的《网络信息内容生态治理规定》开始实施；5月，工信部、国家广播电视总局发布《超高清视频标准体系建设指南》，建立了覆盖采集、制作、传输、呈现、应用等全产业链的超高清视频标准体系，旨在促进我国超高清视频产业健康可持续发展；5月，新基建（新型基础设施建设）首次被纳入《政府工作报告》，以5G、人工智能、数据中心等为代表的关键技术将集合成工具箱并发挥“头雁效应“，诱发“计算、网络、媒介”的“三浪叠加”，构筑起“准公共物品”形态的基础设施；5月，国家明确要求将全国有线电视网络打造为“数字文化传播网”，以深化“宣传文化”与“信息服务”的双重属性，并于6月完成中国广电股份公司的挂牌；9月，中共中央办公厅、国务院办公厅印发《关于加快推进媒体深度融合发展的意见》，旨在加快推进媒体深度融合，建立全媒体传播体系；10月，国家广播电视总局发布《关于推动新时代广播电视播出机构做强做优的意见》，要求推动广播电视播出机构深化改革、完善制度、做强做优、创新创优，加快向新型主流媒体转型发展，切实增强广播电视媒体的传播力、引导力、影响力、公信力；11月，国家广播电视总局发布《广播电视技术迭代实施方案（2020—2022年）》，从媒体域、传播域、接收域、安全域、生态域5个方面，提出未来三年时间通过实施广播电视技术迭代，加快重塑广电媒体新生态，加速重构现代传播新格局，更好地满足人民群众对美好生活的向往；11月，国家广播电视总局印发《关于加快推进广播电视媒体深度融合发展的意见》，要求打造一批具有强大影响力和竞争力的新型广播电视主流媒体，推动全媒体时代媒体深度融合与广播电视高质量创新性发展。

1.1.3　用户的微观互动是媒体走向深度融合的主要驱动

融媒时代，媒体纵深融合注重“用户思维”，即从用户需求角度思考内容的设计、生产与传播，借助社交平台玩法实现低成本引流、分享、获客与变现，以及自媒体等效果（邵全红，王灿发，2020；刘大正，吕春梅，2020；董盟君，2020），实现“交易场景”的要素重组与进化。

喻国明和杨颖兮（2020）认为，从传统媒体时代到智能互联时代，媒体完成了从“相加”到“相融”的演进，数字内容的地位亦得到极大提升，但变的只是人们可根据自身喜好和节奏来配置个性化的媒介菜单和媒介文化消费，而始终不变的是内容为王（优质内容更加稀有而珍贵）、体验至上（贴心体验更加必要且关键）与创新第一（持续创新更加迫切并紧要）。夏德元和刘博（2020）虽然也认可“内容为王”，但他们认为这是一句“正确的废话”，因为对内容产业而言，内容的技术形态、场景形态与媒介形态才是最重要的，归根到底，还是强调用户体验的重要性。

喻国明和刘淼（2020）采用多阶段随机抽样的方法在45座城市发放了

4968份问卷（有效问卷4631份），开展了“全民媒介使用与媒介观调查”，在此基础上研究了用户对传统媒体与新媒体的媒介使用行为，以及包括学历、性别、年龄、家庭收入等在内的影响因素、程度、类别与效应，不仅为媒体融合中的用户媒介接触与使用提供了特征模板，而且认为媒介动机是理解用户媒介使用行为的核心。

方可人和喻国明（2020）通过在全国范围内发放的4986份问卷开展的实证研究，建构了6种以用户为中心的媒介人格模型（外倾型、自由型、利他型、警惕型、建构型与解构型），认为当下的媒体使用者已从“受众”逐渐转向“用户”，用户媒介接触已从被动接受转向主动触达，因此，对用户的解释和划分应该进一步以用户本体为中心，如此才能实现从物理时空场域转向心理价值场景的审视。

也有学者提出，知识平台不仅是智能媒体时代连接“内容—生产者—消费者—传播者”的重要桥梁，更是媒体融合进程中值得关注的焦点（胡玉玺，王雨薇，程海威，2020）。因此，无论是今日头条、澎湃新闻等App推出的“两微一端一抖”，还是“BAT”（百度、阿里、腾讯）等互联网巨头推出的“内容开放计划”“媒体赋能计划”等，其本质均是在多场景满足用户需求的同时，最大限度地深挖用户价值（廖秉宜，谢雪婷，2020）。此外，方师师（2020）还从“知识生产沟”的视角切入，通过注重“质量”而非“流量”的深度学习模型Deepnews.ai，研究了如何通过提取价值增量、测量观间点“距离”来生产“差异性”的个性化内容，再向用户精准定制和推送，因为他们认为，普遍差异化的“知识人”之间的“价值距离”可通过“心理知觉—集体记忆—第三持存”的再生产链条形塑。事实上，该模型与其衍生产品共同建立了一个“新闻价值系统”，不仅以“新闻增值”的概念替代了“优质内容”，而且从“注意力经济”的视角挖掘“新闻—知识”产品。

1.2 “智能+”技术正在重塑未来传播图景

在媒介发展的过程中，信息技术和思维观念的创新很大程度上决定了传媒产业的边界。“智能+”技术加速至深至广，所有要素“乐高式聚合”重新定义了数字化生存和生活方式的范式转移，正在重塑媒体的基本价值、核心能力、商业模式和服务形态（刘铮，2020），构建“智力 + 智能 + 智慧”等为一体的智媒体（解学芳，张佳琪，2020）。由于智能化技术众多，本章主要回顾了跟传媒业最紧密相关的 5G、人工智能、虚拟数字人与区块链技术。“智能 +”技术将为中国传媒产业增长铺平道路，如图 1–1 所示。

图 1–1　“智能 +”技术将为中国传媒产业增长铺平道路

1.2.1　5G 创新技术引领智能融媒体建设与发展

2019 年 6 月，中国广播电视网络有限公司获得 5G 商用牌照，不仅意味着广播电视媒体的融合发展面临新机遇，而且全国广电行业可利用这次契机建设一个高起点的现代传播网络，打造引领具有时代意义的新型智能融媒体生产与传播服务平台。

1.2.1.1　媒体 5G 战略布局是智能融媒体建设的重要着力点

段鹏、文喆和徐煜（2020）以 5G 通信技术为切入点，研究了技术变革在融媒体从智能走向智慧的进程中扮演的关键角色，不仅认为 5G 可扩充未来媒介数据承载，驱动无所不在的智能硬件，使数据从“被动”变“主动”，而且提出了媒介技术迭代发展带来的价值思考，如在“数字化未来”的环境中如何重新定位媒介与人和社会的关系，使人回归身体主体，构建稳定的群落并增加越来越多的公共议题，以及帮助文化记忆与共同体构建等。

5G 在文化传媒领域带来的不仅仅是更高的速率、更大的容量和更低的时延，同时还将与 4K/8K、人工智能、物联网、云计算、虚拟增强现实、H5 等新技术深度融合与创新发展，催生传播范围更大、互动效果更强、科技含量更高的融媒产品。这些产品正通过短视频与增量直播等方式，有效提升着媒体的传播力与影响力，助推融媒体平台平滑地向智媒体平台的转换（陈娜，唐百慧，曹三省，2020）。同时，5G 在媒体内容智能化生产与传播的基础领域，展现出了传媒人的价值位移与人机协同趋势，如基于传感器快速搜集信息、基于用户画像实时生产节目、基于数据算法的场景推送、基于智能剪辑的一键发布等（周芳，2020）。为此，媒体 5G 战略布局要求媒体既要强化在生产端、传播端的互联网思维，更要超越既有平台，重新构建包括媒体产业在内的大融合生态系统（匡野，陆地，2020）。

也有学者指出，尽管 5G 技术无法改变信息传播的内容，但由于它可突破对有限媒介平台的依赖，可融合人类的多重感官文化感悟与体验需求，因此将会在细分应用场景中创造更多的价值（徐敬宏，郭婧玉，2020）。这就如同天猫精灵、百度“小度”、小米智能音响等，各种物态都在 5G 带来的“云大脑”的支撑下变成了生命智慧的探索者和创新者，精准挖掘着用户的潜在需求（徐彬，2020）。

与此同时，5G 也可能会在一定领域内带来负面影响，如 5G 将带来速度与效率的新高峰，极易导致人脑长时间超负荷运转，甚至出现“信息消化障碍综合症”等脑功能障碍（陈伟军，2020）；谣言传播速度与效率将提升 10 ~ 50 倍（董关鹏，2020）；过度的虚拟身份交流或会让人们的意识产生偏差，影响真实的文化记忆和历史（段鹏，文喆，徐煜，2020）；等等。

1.2.1.2 高速数据的多维使用将大幅度提升媒体融合的价值和意义

2019 年，中国正式开启 5G 商用元年，使以数据为关键要素的数字经济成为我国经济社会高质量发展的新引擎（唐绪军，黄楚新，王丹，2020）。

在新闻传媒领域，若能将繁杂的数据信息简单化、关联化，并对其进行多维分析，不仅可让用户在不断变动的数据中找到意义和结构，而且可通过可视化展示帮助用户做好信息重要性和相关性的认知关联。事实上，“视频化”已成为5G时代媒体发展的“标配”，所有媒体几乎都优化着发展战略并朝着“视频”蓄势发力（徐立军，2020）。例如，新冠肺炎疫情期间，央视频借用5G直播开通火神山医院建设24小时“云直播”，不仅让亿万网友“围观”了医院的建设进度，而且实现了直播视频从“被看见的力量”到“参与的力量”的演变（许志强，刘彤，田志，2020）。又如，“5G+4K/8K”超高清直播电影，可让电视的时效性与影院的高品质视听体验精彩结合，既让观众沉浸在直播带来的院线级视听震撼的现场感中，更让观众拥有了参与国家重大历史进程的仪式感（陈娜，唐百慧，曹三省，2020）。未来，“5G+4K/8K”直播将会成为一种标准常态（林小勇，2020）。

也有学者认为，“5G+VR/AR”新闻，不仅可为用户带来身临其境、虚实结合的沉浸式体验，而且可让用户参与到新闻报道与事件的叙事逻辑中，与记者、当事人“共享”新闻事件（匡野，陆地，2020）；“5G+VR/AR”游戏，可让人机交互的方式得以改变，让用户从操控游戏变为参与游戏；“5G+VR/AR+ 社交”，可重构社交交流方式，为用户提供场景化互动体验。在可预见的未来，“5G+4K+VR+AI”，更可提升媒体融合的价值和意义，为媒体融合向纵深发展提供创新驱动（陈娜，胡倩倩，曹三省，2020）。

1.2.2　人工智能创新应用提升媒体生产智能化水平

习近平总书记指出，“要探索将人工智能运用在新闻采集、生产、分发、接收、反馈中，全面提高舆论引导能力”。中共中央宣传部（后简称中宣部）、国家新闻出版广电总局等六部委印发了《关于促进文化和科技深度融合的指导意见》的通知，对新闻单位媒体深度融合方向做出了指导。按照习近平总书记要求和国家战略部署，新闻传媒业与人工智能的结合使得更有价值的新闻传播资源被释放出来，人工智能不仅重塑新闻生产的整个流程，还将改变传媒业态。从西方强势媒体的发展态势看，人工智能在媒体行业的落地更多集中于产品级、工具级。更复杂、更全面的架构乃至以大数据和人工智能为核心的技术生态体系尚处于探索阶段，未来人工智能在传媒业的应用还有更广阔的探索空间，我国的国家级主流媒体应当充分利用资源优势真正从体系化、制度化层面探索改革并逐步构建真正智能化的新闻传播生态链。当下，人工智能已扩展到对人体、环境、大脑之间相互作用的更广泛研究上，为如何思考我们自己和我们周围的世界提供了意想不到的视角（胡泳，2020）。

1.2.2.1　新型主流媒体守正创新，“上新”不断、“爆款”迭出

新型主流媒体是舆论引导的举旗手、社会运转的黏合剂、智能治理的创新者，已成为国家治理能力体系的重要组成部分，并已充分应用于国家现代化治理的各个层面，尤其是 2020 年全国县级融媒体中心的全覆盖，极大地推动着媒体纵深融合的创新实践，不仅赋能了基层治理能力，推进了一体化在线政务服务，提升了网络空间治理水平，而且凝聚着社会共识与完善着基层基础设施（黄楚新，刘美忆，2020）。未来，人工智能和 5G 可实现与所有智能终端的互联互通与高效协作，逐渐在各行各业构建新型智慧的未来 (杜潇枭，2020)。

新华社“媒体大脑”“AI 主播”“智能编辑部”等智能化新闻生产平台，不仅采用了契合人类特征的设计，而且极大地延伸着传媒工作者的“时空”极限，实现了传统生产流程自动化（高慧敏，殷乐，2020）；《人民日报》新媒体中心打造的“时光博物馆”采取“线上线下相结合”的方式，用“新”呈现改革开放 40 年沧桑巨变，让主题报道更加符合传播规律，充分体现了主流媒体推进媒体深度融合的新活力和新生机（张丹，2020）；首个国家级 5G 新媒体平台“央视频”从平台、内容、技术、社交等维度进行了全方位、智能化的融合创新，为主流媒体的融合升级发挥了示范效应（高艺，2020）；《中国青年报》通过包括《回望影像中的 2019》《70 年图鉴：陪新中国一起“长大”》等在内的一系列沉浸式体验新闻的探索与实践，不仅催化着媒介融合质变，放大一体化效能，而且提出应抢占 5G 赋能的竞争新制高点，实现从产品到平台再到生态的升级迭代（曹竞，刘俞希，2020）。

上海报业集团旗下的澎湃新闻虽然以时政新闻和思想分析为内核，但在原创内容和深度报道发力的同时，开辟了“精选”“视频”“思想”等 9 个板块，较好地满足了用户多元需求，实现了“全方位、多形态、立体化”的传播（田龙过，郭瑜佳，2020）。《广州日报》积极转变传播思维，以移动端为桥梁，不仅依

托人工智能、5G、大数据等新一代信息技术，探索了传统纸媒“云传播”的机制，而且在“内容为王”的前提下，紧抓技术迭代的机遇，打造了包括“1+N”融媒体传播矩阵、“短视频＋新闻”等在内的智能化融媒体传播格局（姜翼飞，辛拓，2020）。“四川日报全媒体”的改版迭代可谓纵深融合的实践创新：以“精”做强主流、以“互”优化供给、以“新”年轻迭代，充分赋能传播全流程，在互联网主阵地上打造自主可控的区域智能媒体平台（李鹏，2020）。

此外，《浙江日报》融媒平台“媒立方”（胡永彩，2020）、微信公众号“政已阅”（王奇，2020），《齐鲁晚报》“今日运河”融媒中心（刘大正，吕春梅，2020），等等，无一不创新着智能融媒体的媒介形态与传播理念，促进了用户与优质内容的价值链接。

1.2.2.2 人工智能与算法传播助力新闻生产智能化

人工智能带来了信息采集多元化、内容编写自动化、内容分发智能化、内容审核与监测实时化，正快速颠覆着媒体的价值链，重构着传统媒体产业生态系统（解学芳，张佳琪，2020）。MGC便是人工智能与新闻内容深度融合的产物，它不仅没有任何与内容制作相关的员工，而且主体便是技术运维与研发人员，实现了“智能＋大数据＋图文画”的自动匹配传播，未来有望通过海量数据库进一步提升信度与效度，成为主要的新闻内容生产模式（匡野，陆地，2020）。

算法传播正通过“计算引擎决策一切”将传播链条中的所有元素纳入其中，包括传播的对象、内容、方式与效果等，成为可计算前提下人机交互、虚拟社交等的混杂体，为信息传播嵌入了新知识观、价值体系和行为模式，形成了微目标传播、数据驱动传播和参与式传播三种形态（全燕，2020）。传统媒体要构建完成的价值链，便不能局限于优质内容，应在互联网思维的指引下，通过“PGC（专业生产内容）+UGC（用户生产内容）”“内容＋服务”的方式去吸引大量用户并提高留存率，同时加强基于场景的智能化算法技术和多样化呈现技术的研发投入，毕竟，人工智能技术、算法推荐技术是建设平台型智能媒体的关键（廖秉宜，谢雪婷，2020）。但黄鸣奋站在辩证的视角指出，只有当人工智能的发展水平能够从社会层面提升憧憬性、从产品层面提升虚构性、从运营层面提升创造性时，人工智能才有可能成为与人类生命平等的“艺术家”，不过现在还为时过早（黄鸣奋，2020）。因此，对传媒工作者而言，“人机协同”或将成为未来传媒业发展的新常态（陈小燕，陈龙，2020）。

1.2.3 虚拟数字人打造生动多元的融媒产品

传统媒体已跨越互联网渠道，极大地推进了媒体融合。但是，目前媒体融合的视野更多地被放在新闻内容上，尚未进入影视剧、综艺等娱乐内容媒体。融合没有边界，有连接之处必有融合。《虚拟数字人白皮书》认为，随着“智能+”技术的持续迭变与赋能，以虚拟主播、虚拟偶像、虚拟品牌代言人等为代表的数字人正以多元的姿态在影视、传媒等众多领域大放异彩，不仅为传媒产业带来了更多的可能性，而且助推着媒体融合向纵深发展。事实上，从“过载”到“刷新”，再从“千里之行”到“共生”，人与技术、现实世界与虚拟空间、传统行业与数字技术，不是非此即彼、零和博弈，而是“共生”“共荣”，是相互促进，是多方共赢。资料显示，不少相关企业仅在 2020 年便推出了一系列虚拟数字人，如新华社的 3D 版 AI 合成主播“新小微”，腾讯的“那笙”虚拟助手、虚拟主持人“钟小石”、虚拟导览及虚拟客服“小春妮”，小米的智能助理“小爱同学”，等等。

数字化的本质是“模拟语言”和“数字语言”的此消彼长，我们置身于“模拟世界”与“数字世界”的混合现实中。陆正兰和赵勇（2020）认为，数字技术的进步重新定义了“身体”，无论是“赛博人”“杂揉”的身体与身份、虚拟数字人的身体“互联”与身份映射，还是人形机器的“自动化”与“非人”对抗，都在改造着人类特有的身体感知和空间意义。喻国明和杨名宜（2020）以虚拟偶像为对象研究了虚拟数字人的创新应用，认为虚拟偶像既拥有“人设”所带来的文化消费的基本特征，又具备大众媒介的社会功能，是一种自带“关系”属性的新型媒介文化。当虚拟偶像逐渐演变为“后身体”与“后人类”的代表并为用户分享时，传统意义上代表身体性和物质性的“真实”将逐渐崩解（张驰，2020）。事实上，虚拟偶像也是一个创造性的过程，如果业界把虚拟偶像视为生命而非机器，就应将二次元与偶像的双重属性、人与技术的双重逻辑、现实世界与虚拟空间的双重互动、传统与现代的双重接驳交织互嵌，探讨“技

术 + 艺术”的生命成长（姜进章，刘星伦）。

1.2.4 区块链为传媒业创新发展持续赋能

区块链是集信息传播与价值传播于一体的网络，是互联网思维的进阶（张文娟，宫承波，2020）。区块链与传媒产业的结合，可构建一种新型互联网媒体（周鹍鹏，李翔宇，2020），可给媒体装上一双“透视天眼”（刘建明，2020），可打造一个高度透明、人人平等的信息生产和社区分享平台。区块链去中心化的技术特质可让网络中的各个节点都可以参与到信息生产能力重新迁移的过程中，将最大限度地尊重和保护一切有益于内容生产的劳动（程明，程阳，2020）。

区块链包括两个坐标轴，横轴是产品，纵轴是情感。只有产品轴和情感轴都获得正向发展的时候，才有机会树立“媒体信任”。王军峰（2020）从区块链与新闻生产的视角切入，认为区块链将革新包括用户与版权、数据与算法等在内的新闻生产过程的要素，促使新闻生产呈现“全程化”与“全息化”，激发新闻生产“链式化”透明。张雷和向敏（2020）从区块链与短视频的视角切入，认为区块链可激励内容原创生产、助力平台盈利模式优化、建立平台监管机制、全程自动保护版权与提升用户体验，从而助力短视频行业实现“新益求新”的高质量发展。马茜和许志强（2020）从区块链与社交媒体深度融合的视角切入，认为区块链不仅可提供丰富的娱乐互动增值功能，而且可聚集用户催化社交领域的深刻变革，助力泛娱乐产业高质量发展。刘雅轩（2020）从传媒生态系统的视角切入，认为区块链可避免对信息的篡改与歪曲，改善职业传播者的“角色弱化”的认知危机，促使“信息脱媒”，打破“数据孤岛”与流量作弊等危机。骆欣庆（2020）从信任工具的视角，不仅剖析了区块链的底层逻辑，还指出区块链可助力传媒业实现内容保护、隐私保护与利益保护。此外，高慧敏（2020）还从批判性的视角，指出“区块链 + 媒体”还必须考虑到媒体与公众数字身份的重新建构、信息公开与隐私保护的平衡、人机协作的平衡等，如此才能更好地重新构建媒体信任。

1.3 智能媒体时代的新未来

虽然学者们结合“媒体和媒介”创生了“智能媒体、智能媒介、智能媒体体、智能媒体介、智能化媒体、智能化媒介”等新词（程栋，2020），且目前还无法对“智能媒体”与“智能媒体时代”做出界定，但这样的界定或许是无关紧要的（夏德元，2020）。尽管如此，业界仍需认清智能媒体时代的媒介特性与技术属性，并将国家认放于同置智能媒体体系下进行探讨，如此才能形成无所不至、无所不包的智能媒体传播体系，增强智能媒体时代的意识形态凝聚力和引领力（孙江，李圆，2020）。

1.3.1 智能媒体的媒介特性

智能媒体时代，智能、数据、算法、算力、个性等要素已成为衡量媒体产品与服务供给、生产与消费需求的重要指标（刘铮，2020）。为更深入地认知智能媒体传播体系实践的内容、框架和模式，段鹏（2020）不仅站在宏观视角探讨了智能媒体的纵向建设（中央级媒体、升级媒体、县级融媒体）与横向建设（出版体系、报刊体系、广电体系、互联网体系、智能传播体系、电影与文娱传播体系），而且站在中观视角探讨了传播体系的专项建设（智能新闻建设、智能舆情治理、全息影像与全媒体艺术、智能教育与全媒体建设、国际传播路径），站在微观视角探讨了传播体系的流程（内容的智能生产与分发、业务与服务、安全与监管），通过多尺度、多层面的融合视角推进着我国媒体智能化演进的新思维和新路径。

为提升融媒体文化传播与智慧服务能力，徐延章（2020）将服务思维与设计理念相结合，不仅从融媒体思维引擎、融媒体服务引擎、融媒体大数据引擎、融媒体人工智能引擎 4 个方面创新了融媒体融合引擎，而且从融媒体需求分析、融媒体用户模型、融媒体 App 设计、融媒体体验推广 4 个方面实现了融媒体设计理论创新。

1.3.2 智能媒体的技术属性

科技创新与深度融合让传媒走向了“非线性生产”“融合式服务”“开放式移动”“个性化消费”“点对点传播”的内容生产与传播模式，形成了形式比内容更具影响力的媒介生态（胡智锋，雷盛廷，2020）。智能媒体和媒体转型升级的产物，会从根本上提高人类的内容生产、传播与消费能力，并延伸人类的创新与创意价值，使得媒体系统逐步具备感知智能、认知智能、运算智能、运动智能等能力，大大拓展以往由人所主导的媒体空间，重塑传媒生态的基本范式。在渠道上，传感器、互联网、物联网等技术重构信息渠道，传媒空间边界逐渐扩张；在生产上，大数据、人工智能、AR/VR 等技术正在升级生产运营模式；在连接上，智能互联、推荐算法、感知计算等更加精准匹配链接，激活多样化的内容消费市场。

现阶段的智能媒体已初步构建起“以大数据为基础，以人工智能为辅助，‘云计算 +5G + 物联网（传感器）+ 区块链’协同”的技术体系，未来有望形成从有限连接到硬连接再到智能连接、从有机世界信息化到无机世界信息化再到暗物质信息化、从智能交互到智能增强再到超级智能，且包括“人类智能”和“机器智能”两大内核的智能媒体生态系统（程明，程阳，2020；黄荣，吕尚彬，2020）。媒体大脑、媒体无人机、机器新闻、深度合成、VR 视频、UGC 等都是智能媒体应用的产物（胡玉玺，王雨薇，程海威，2020）。

徐琦和赵子忠（2020）从智能媒体生态的视角对智能媒体的技术属性进行了研究，认为智能媒体生态可划分为基础、技术和应用三个层面。其中，基础层和技术层主要是算力、算据和算法的支撑，应用层主要是面向传媒业价值场景的全链应用与全局赋能，而目前的智能媒体生态已初步覆盖智能采集、智能生产、智能分发、智能风控、智能反馈、版权保护、智能媒资与商业化等环节。未来，媒体智能化演进或将步入从“经历”走向“经验”、以“经验”促进“生长”的创新驱动发展阶段，即从战略蓝图到常态执行、从技术决定到价值引领、从感知智能到认知智能、从单点突破到平台赋能、从跟跑并跑到赶超领跑。

1.4　风险与挑战：伦理、技术与价值

新一代信息技术给传媒业带来机遇的同时，也不可避免地带来了诸多矛盾与负面影响，比如，当推荐算法涉入信息分发，它是否正在剥夺人类选择和判断的权利？当机器手臂的应用成本降低，但效率又不断提升，人类工作者将何

去何从？当人工智能拥有了意识，我们是否会沦为它的臣民？传媒产业面临着来自伦理、技术与价值等诸多方面的风险与挑战。媒体智能化演进从战略部署到全局赋能高质量发展，还有很长路要走，需要业界以动态演化的视角去评测、跟进、规划与革新（张晋升，祁志慧，2020）。

1.4.1 技术之维：算法传播风险更加凸显

基于热点内容的个性化推荐，易现“形式化”“盆景化”“碎片化”等问题，普遍存在“虚假”与“浅表”等情况（胡玉玺，王雨薇，程海威，2020）。这是因为算法传播自身就存在知识风险（如个性化观点等）、容易带来后人类转向（如走向预设的政治选择等）、导致主体性陷阱（如从做选择主体变为被排序和被选择的“数据”等）等问题。因此，智能媒体时代算法传播的风险控制就如同一种政治挑战（全燕，2020），而要真正把正确价值观融入信息产品还任重道远（许志强，刘彤，田志，2020）。

算法并不中立，它是一种价值体系。当下的人类正在将自身的“判断”权利交给算法，当积累到一定程度时，便会意识到可能已走上了一条不归路（刘海龙，2020），这就如同社交机器人正在加剧错误信息和虚假信息的传播一样（严晓梅，2020）。面对“智能+”技术带来的媒介场景变化，业界不仅应正视作为主体的人（公众的意见、态度和情绪）与机器主体（算法、数据和智能媒体技术）共生的舆论场新形态，而且应以凝聚人心为核心“再造共识”，尽快“升级”舆论引导的方法（秦汉，涂凌波，2020）。此外，还须将算法透明度与算法治理作为辅助性治理工具置于网络生态中去考量，既要重视新闻媒体的透明度，又要重视智能媒体算法的透明度，包括为何透明、对谁透明、什么透明、如何透明等（徐琦，2020），如此才能实现巨大的钟摆在两者间的平衡兼顾。

1.4.2 伦理之维：不断被技术所撬动

当下，信息技术革命日新月异，显性信息的获取和传递可以依靠信息技术工具，但隐性信息的生成与获得则必须借助于信息技术思维。一方面，在智能化内容生产中，“技术黑箱”存在的可能性非常之大。其一，算法工程师无法全面删除个人因素对新闻传播的影响，使得内容的生产和传播的伦理判断将遭遇工程师价值观“输入”的风险；其二，算法工程师通常是 IT 专业出生，因此并不具备新闻传播领域的扎实理论功底和丰富实践经验，这将导致他们无法科学考量新闻在算法相关参数和权重方面的价值因素，容易产生“算法偏见”；其三，即便是智能媒体的研发设计人员也未必能完全理解机器自主执行任务的过程（薛宝琴，2020）。另一方面，在智能媒体建构的“拟态环境”中，由于信息已被智能算法框定，人的认知相应地也被智能算法“设定”，从某种意义上看，这种环境可被视为一种为满足人类需求的隐性“欺骗”。因此，在设计和开发智能媒体时，媒体人应优先思考技术设计与使用等规范伦理，不仅应追求算法决策的公平性，而且应强化智能系统的透明性、可理解和可追责，如此才能让“人是媒介的尺度”这一新闻伦理观念得以充分体现，开发出符合人类价值和利益的智能媒体（耿晓梦，喻国明，2020）。

1.4.3　价值之维：价值判断标准转移

智能媒体时代，人与人工智能是一种主体与类主体的关系，因此人工智能技术无法替代人类在伦理审视和价值判断层面的责任与担当。人类如果太过于偏爱“智能”，或会带来情感缺位与伦理滞后，极易造成新闻偏见和新闻价值的缺失（解学芳，张佳琪，2020）。

数字技术的迭变发展虽然能够让用户体验到新技术带来的乐趣，但其暗含的价值信念亦在潜移默化中影响着用户的正确取向，因为智能媒体隐藏着的“致瘾”机制、沉浸式视觉文化消费、“流量经济”等，会遮蔽用户的主体意识与思维能力，磨损用户理性认知与价值判断能力，加剧互联网泛娱乐化倾向，催生网络“偏见共同体”，不断削弱着用户对社会主义核心价值观的情感共鸣（方正，叶海涛，2020）。

1.5　多举措并举加快推进媒体深度融合发展

无论是学界的理论探讨，还是业界的积极实践，一系列活动的举办与一批实验室的开设，为媒体融合的发展营造了更加良好的发展环境。

1.5.1　学界业界共同探讨媒体融合纵深发展的方向

2020 年 1 月，广播电视总局广播电视科学研究院与广东南方新媒体股份有限公司合作组建“广播电视人工智能应用重点实验室”；6 月，媒体融合与传播国家重点实验室（中国传媒大学）面向“媒体融合传播与未来形态”“媒体融合的服务模式”“媒体信息智能处理”3个方向设立了15个开放课题；7月，浙江大学信息技术中心联合成都华栖云科技有限公司成立“智能媒体处理技术实验室”；7月，由西京学院主办、西京学院传媒学院承办的“中国首届西京智能媒体论坛”在西京学院启动，论坛同时在云端直播；10月，上海交通大学媒体与传播学院与国际传播学会举办了以“智能传播与社会关怀”为主题的国际新媒体论坛；10月，成都市媒体融合发展技术实验室在2020中国网络视听大会活动期间正式揭牌亮相；10月，传播内容认知国家重点实验室（人民网）面向“主流价值观精准传播理论科学与计算”“内容智能审核和风控评级”“基于内容传播领域的国家网络空间治理”“智能计算设施在内容传播领域的应用”4个方向设立了开放课题；人民网旗下的北京人民在线网络有限公司在“媒体”和“技术”两大方向持续发力，于12月成功入围教育部“1+X”证书试点单位，成为“舆情监测与分析”“媒体融合运营”“互联网内容风控”三个技能等级证书的培训评价组织，支撑全媒体人才培养的职业技能体系；等等。

1.5.2 高等传媒教育主动适应媒介演进的新形势与新要求

有学者站在高等传媒教育的视角进行分析，认为新闻传播系统通过前所未有的渗透程度，能在信息混杂的“乱码世界”给公民一种清晰的声音，决定着整个社会的运行与发展。高等传媒教育只有坚守人文价值理性，才能超越并引导传媒业态技术工具理性的发展（陈小燕，陈龙，2020）。为此，高等传媒教育需要结合时代背景设立课程体系，改进教学方法，更新教学内容，推进多学科的交叉融合，而多元交叉的新闻理论知识图谱、有机复合的媒体实践创新平台、跨域协作的教研融合思维正在推动当前高等传媒教育向学科融合转型（李华君，2020）。

也有学者从应用型传媒人才需求的视角出发，认为目前应用型传媒人才能力培养还面临诸多困境。未来，应以智能媒体时代应用型传媒人才的核心竞争力为主导，处理好“身体—技术—传播—从业者”之间的多元关系，推动智能技术下的传媒业态与传播生态融入教学内容，并通过“平台”展开媒介实践场景教学，帮助学生提升传媒业所需的“隐性能力”（李明德，王含阳，张敏，杨琳，2020）。巢乃鹏（2020）则以深圳大学传播学院的人才培养模式改革为例，提出他们将在持续构建高水平应用型传媒人才培养教育体系的前提下，加强建设数字素养、技术哲学、新媒介伦理等“隐性课程”，既要培养真正掌握“融合技能”的人才，更要注重培养学生的社会关怀、批判精神以及学术研究能力。

1.5.3　传媒专业大学生数字素养教育，有利于凝聚和引领社会主义意识形态

作为“数字原住民”的大学生，是数字媒介的领先用户，他们作为具备一定数字素养的高知识群体会成为数字知识的“传播源”，具有“续递延性影响”。处在传媒知识汇聚沉淀的自我阶段的传媒专业大学生相比其他专业大学生，他们不仅更需要具备扎实的基本素养、良好的思想道德品质、深厚的理论素养、先进的传播理念和敏锐的洞察力等，而且更需要有与时代相适应的智能媒介能力。

卜卫等（2020）认为，数字素养涵盖了以往的计算机素养、信息素养、ICT 素养和媒介素养等。以人为中心的数字素养“知识”和“信息”，必须根据特定人群的需求，自下而上地发展适宜的教育内容和方法，如此才能利于就业、体面工作和创业。宋毓等（2020）指出，我国还未形成数字素养教育体系，不仅国家层面未出台相关政策，而且行业协会也未启动相关项目，此外图书馆及高校也并未开设专门的课程。

于文娟（2020）指出，智能媒介之所以给社会带来了一些负面影响，是因为媒介技术更新速度远超国家完善相关政策法规的速度，因此需要从内容消费的源头去考虑如何提升用户数字素养，如培养他们具备更深的媒介认知能力、更高的信息甄别与使用能力、更强的媒介思辨能力等。朱新江（2020）则站在数字素养的视角研究了高校道德教育的重构，认为当前的教育若只是将数字虚拟空间嫁接到高校道德教育中，是一种典型的低维认知，因此，业界应用高维认知思维来审视其发展，应赋予其定位新使命与新价值，如此才能开展与时代相匹配的融合教育。而在 2018—2022 年教育部高等学校动画、数字媒体专业教学指导委员会（以下简称教指委）第四次全体工作会议（2020）上，教指委全体委员也一致认为：新文科建设是新时代、党中央和国家对人才培养的新要求，应凝聚各高校教学资源，培养符合时代发展趋势、具备媒介素养与认知能

力的优秀人才。

2 媒体融合迭代与智能媒体生态

从国际上看，Thomas Baldwin（托马斯·鲍德温，美国）等学者在电信法的重大改革之后，结合媒介融合的宏观环境从技术、政策与市场等方面进行了研究 。随着传媒业与人工智能的融合创新，根据媒介进化特征与潜在进化形态，研究者试图从不同的研究立场和视角对其进行探索，具体表现在如下四个方面。第一，传媒业与新一代信息技术，如 Rodney Heisterberg（罗德尼·海斯特伯格，美国）、Roger Fidler（罗杰·菲德勒，美国）等学者对技术与媒体的融合，以及相关预测分析进行研究；第二，媒介业务融合的研究，Stephen Quinn（斯蒂芬·奎恩，澳大利亚）等学者结合世界各地的案例，深层次揭示了融合新闻生产、传播的商业模式；第三，传媒业与人的结合，如 Paul Levinson（保罗·莱文森，美国）、Winfried Schulz（温佛里德·舒茨，德国）等学者结合人本主义，提出“共进共存”和“人性化趋势（anthropotropic）”理论；第四，传媒业融合的研究，体现出传播学、文化学、出版学、经济学、计算机科学、社会学的交叉，对传媒业与人工智能、媒体智能化的类型和发展方向进行多学科辨析。

而在中国，喻国明、彭兰、陈昌凤等学者从进化、传播、产业、形态、应用、案例、思维 7 大视角，就智能媒介进行了系统性思考。具体的研究领域包括：①从进化视角，关注人工智能的演化，如石妍凤等结合人工智能与主体进化，向安玲等结合“全息、全知、全能”，殷乐结合智能技术与媒体等；②从传播视角，关注人工智能对传媒生态格局的影响和对传播边界的重构，如彭兰结合以人为本，张洪忠结合技术逻辑，吴国盛结合技术哲学，陈卫星结合媒介域等；③从产业视角，关注人工智能对媒体融合的影响，如喻国明、匡文波、梁智勇、李彪等学者结合人工智能对“新闻传播生产—消费过程”的重构，包括内容生产、内容产品、内容分发、内容接受过程中的智能化升级等；④从形态视角，关注人工智能环境下的传媒新形态，如彭兰结合机器新闻、传感器新闻等，许志强等结合对话式新闻、虚拟与增强现实新闻等；⑤从应用视角，关注个案研究，如厉文芳结合传统媒体，廖秉宜结合广告产业，李亚铭结合电视行业，喻国明等结合智能音箱等；⑥从案例视角，关注个案研究，如李鹏基于封面新闻，徐园基于浙报集团"媒立方"，张宗兰基于"AI 合成主播"，陈毅华基于"媒体大脑"等；⑦从思维视角，关注人工智能对传媒业的反思，如彭兰结合传媒业的挑战、陈昌凤等结合人工智能价值理性与工具理性、张志安等结合技术驱动与价值反思等。

通过文献梳理发现，以往的媒介智能化研究多从宏观层面聚焦传媒业与人工智能的创新进化、现状与趋势、媒体智能化与技术社会、人工智能带给传媒业的反思，对中国智能媒介的发展产生了良好的理论指导作用，在一定程度上推动了智能媒介的发展。但这些研究尚未从生态学的视角加以研究，更少从生态体系构建层面加以探讨，需要学者尽快做出回应。

2.1　媒介生态视角下的媒介种群融合迭代

从某种意义上来说，人类衣食住行需要依赖社会环境，媒介的生存发展也需要依靠媒介生态系统，即媒体赖以生存的环境。西方媒介生态理论与社会文化发展、生态危机、科技危机的反思有着直接的联系，能够为观察、理解媒介系统发展的状况提供一个整体性的视角。

2.1.1　媒介生态

中国学者邵培仁 2001 年在《新闻界》发表的《传播生态规律与媒介生存策略》以及在《新闻大学》发表的文章《论网络生态的五大观念》是中国学界对于媒介生态系统最早的研究性文章，侧重对传媒政治、经济、文化等实用层面的生态环境及传媒生态系统内部各个要素之间的考察。当然，媒介生态作为一个整体性观念，不仅包括政治、经济、文化和意识形态等宏观层面的结构性要素，也包括中观层面不同类型的媒介组织、机构构成的传媒生产与消费系统，以及微观层面的传播者、媒介、传播内容、受众这一具体的传播体系。这一复合体系内部诸要素之间既相互依存，又相互竞争。

需要进一步明确的是，本书所运用的媒介生态概念不等同于媒介环境，媒介生态学更不等同于媒介环境学。20 世纪 60 年代末，传播学者 Marshall McLuhan（马歇尔·麦克卢汉，加拿大）首创了媒介环境学这个术语；1970 年，Neil Postman（尼尔·波兹曼，美国）在纽约大学创立媒介环境学博士点；1998 年，美国媒介环境学学会正式成立。中国学者在运用这两个概念时常常出现一定程度的混淆，2004 年，学者崔保国首次将 Media Ecology 引入我国，在《理解媒介生态——媒介生态学教学与研究的展开》中虽然运用媒介环境学思想介绍了关于媒介生态的研究，但在文中他表明“媒介生态”是一个宏观的概念，“媒介环境”则是一个中观的概念，他建议采用“媒介生态”概念描述媒介生态系统。因此，这一阶段中国关于媒介生态学的研究其实不同于纽约学派、多伦多学派的媒介环境学研究，最早对“媒介生态”内涵的界定也与媒介环境学相去甚远。但是，在此后研究媒介环境学时，部分学者却沿用了“媒介生态学”的说法来表述“媒介环境学”，因此发生了概念的混淆。

本书所指的媒介生态学是从生态系统角度考察传媒，侧重运用生态学的一些概念进行传播研究，如生态环境、社会系统、种群、群落、生态位等，在发展层面要求系统内的各组成部分既能保持“共生”的关系，又能在“竞争”中保持一种动态的平衡。事实上，在一定周期、地域范围内的媒介的生存条件总是恒定的，即用户资源和广告主资源几乎是不变的。因此，将媒介领域视为相互关联的系统，并用生态学中种群的原理与方法辩证地理解整体性媒介生态与各类媒介之间的复杂互动关系，是一件十分有意义且颇具挑战性的事情。

2.1.2 种群与媒介种群

种群，指在时空的限制下，由多数的同类个体所组成的集合体，这种集合体并不是单纯的“物种”的相加，而是有着复杂互动的内部关系网络。

媒介种群，指在特定的时间内具备相同运营模式且占据相似的媒介场域资源的同类媒介的集合体，其组成包括文学艺术、新闻出版、广播影视事业等。而影响媒介种群密度和种群增长的因素主要包括外界“物理因素”（政治、经济、文化、技术和意识形态等）和媒介生态圈内的“生物因素”（用户资源、广告资源、媒介生态种群数量与特点等）。

"物理"与"生物"双重因素互动，助推着媒介种群的更迭。若以技术对人类生活和文化造成影响的结果为依据，Patrick Geddes（帕特里克·格迪斯，英国）教授提出了古生代技术时期和新生代技术时期；学者 Lewis Mumford（刘易斯·芒福德，美国）则按照不同时期的典型生产材料分类，其在 Patrick Geddes 的基础上将技术史划分为始生代（"水能—木材"体系）、古生代（"煤炭—钢铁"体系）和新生代（"电力—合金"体系）三个相互渗透、相互重叠的技术时期。实质上，无论是始生代、古生代还是新生代，每个时期都具备有着特定发源地的不同技术体系，虽然每个特定的技术阶段的推进方向不尽相同，但都在一定程度上传承并进一步发展了社会传统，都孕育着下一阶段技术的萌芽，这与自然界中生态种群的演进过程十分相似。

2.1.3　媒介种群的相互依赖

在广播出现之前，媒介的种间竞争主要在两个"种"（报纸和书刊）之间进行。电视出现之后（新媒体出现以前），传统媒介的生态格局基本定型——媒介的种间竞争在三个"种"（报刊、广播、电视）之间进行。伴随着数字技术的不断进步与普及，以互联网、移动互联网为基础的新媒体带来了更加人性化、个性化、多媒体化的产品，深刻影响并改变着传统媒介的生态格局、种群格局、产业格局等，由此，媒介的种间竞争则扩散到 *N* 个"种"（报纸、广播、电视、网络媒介、移动媒介、楼宇媒介、户外媒介等）之间进行。

当然，新媒体出现之后，除使传统媒介种群快速扩散外，还数字化了包括传统媒介在内的所有媒介，使得不同媒介种群之间得以相互融合，即媒介融合。与传统媒介种群相比，"当下"的媒介种群已突破了传统媒介种群的清晰边界，同时在新媒体的融合推动下，新媒体媒介种群也开始一体化发展。由是观之，无论是为了在所属"媒介种"获得更好的生态位段以让自己更好地生存，还是为了争夺生态位以让"媒介种"更好地生存，媒介的竞争其实是同种媒介种群的种内竞争与不同种媒介种群的种间竞争。

2.1.4　媒介种群的相互竞争

面对新媒体环境下的 *N* 个"种"，用户的选择可以是多样的，既可在某一类媒介种群中选择某一种或多种媒介，又可在不同类媒介种群中选择某一种或多种媒介。通常，用户会根据其“时空”选择媒介种类和时间以获得“满足机会”，但随着所用媒介对用户行为（搜索、点击、暂停、订阅、回看等）分析、用户画像的持续构建与不断优化，用户在面对具有同样功能的媒介时将更倾向于选择“懂”自己的媒介。而在传播的过程中，为获取更多的生存空间，这 N 个“种”便会不断互相竞争和对抗，这种现象与生态系统中的种群竞争过程类似。

现以 Logistic 模型为例，由于媒介的生存条件是恒定的，对其数量演变的描述便为：

$$\frac{\mathrm{d}x}{\mathrm{d}t}=rx(1-x/N)$$

容易得知，$x=N$ 是自治系统的稳定平衡点，它表示当时间 t 趋于无穷时，$x(t)\rightarrow N$。

如果一个自然环境中存在两个或两个以上种群，那么种群之间，主要存在着四种关系，一是竞争关系，二是依存关系，三是捕食关系，四是无关系。虽然新媒体成就了 N 个“种”，但为了便于理解竞争，现将媒介种群泛化为两个大类，即“传统媒介种群”和“新媒体种群”两个种群。

模型假设：当传统媒介与新媒体两个种群都存在于社会环境中时，其数量变化服从 Logistic 规律。

设：$x_1(t)$、$x_2(t)$ 分别是传统媒介与新媒体两个种群的数量，r_1、r_2 分别是传统媒介与新媒体两个种群的固有增长率，N_1、N_2 分别是传统媒介与新媒体两个种群的最大数量。

于是对传统媒介种群我们有：

$$\frac{\mathrm{d}x_1}{\mathrm{d}t}=r_1x_1(1-x_1/N_1)$$

式中，因子 $1-x_1/N_1$ 反映了传统媒介对用户的消耗导致的对其本身增长的阻滞作用。

考虑到新媒体所消耗用户对传统媒介的增长的影响，我们在因子 $1-x_1/N_1$ 中再减去一项，该项与新媒体种群的数量 x_2 成正比，于是对传统媒介种群有：

$$\frac{\mathrm{d}x_1}{\mathrm{d}t}=r_1x_1(1-x_1/N_1-\sigma_1x_2/N_2)$$

其中，σ_1 的意义是：单位数量的新媒体种群（相对于 N_2 而言）消耗的传统媒介种群的用户数量为单位数量的传统媒介种群（相对于 N_1 而言）消耗的新媒体种群用户数量的 σ_1 倍。

类似地，我们有：

$$\frac{\mathrm{d}x_2}{\mathrm{d}t}=r_2x_2(1-x_2/N_2-\sigma_2x_1/N_1)$$

于是我们得到模型：

$$\frac{\mathrm{d}x_1}{\mathrm{d}t}=r_1x_1(1-x_1/N_1-\sigma_1x_2/N_2);$$

$$\frac{\mathrm{d}x_2}{\mathrm{d}t}=r_2x_2(1-x_2/N_2-\sigma_2x_1/N_1)$$

这里的 σ_1、σ_2 一般是相互独立的。但在某些特殊的情形下，我们有 $\sigma_1\sigma_2=1$。

当 $\sigma_1\sigma_2\neq 1$ 时，我们令：

$$f(x_1,\ x_2)=r_1x_1(1-x_1/N_1-\sigma_1x_2/N_2)=0;$$

$$g(x_1,\ x_{2)}=r_2x_2(1-x_2/N_2-\sigma_2x_1/N_1)=0$$

得到四个平衡点：

$P_1(N_1,\ 0)$;

$P_2(0,\ N_2)$;

$P_3\,[\,(N_1(1-\sigma_1)/(1-\sigma_1\sigma_2),\ N_2(1-\sigma_2)/(1-\sigma_1\sigma_2)\,]$；

$P_4(0,\ 0)$。

根据上述公式可以判断出，当两类种群都达到饱和状态时，就达到了所谓的平衡点 P。而根据公式中的推导信息可知，影响平衡点 P 的主要因素包括四个：x_1、x_2、σ_1、σ_2。在 $\sigma_1>0$ 的情况下，两类种群是负相关的关系，而传统媒介最终消失的情况是在 $\sigma_1>N_2/N_1$ 时。所以，σ_1 越大，传统媒介越有可能消失。

不过，传统媒介是一种载体，这种载体一旦产生，就会永远存在，除非将其彻底抹清，但是这在现实中是完全不可能的。所以，即便是上述传统媒介最终消失，也只是传统媒介失去自身的渠道优势，或不再具有传播的效力，与物种消失并非同一概念。也就是说，当传统媒介无法再吸引用户的时候，就等同于其已经消失，而这也就造成了传播话语权的新变动。

2.1.5 智能媒介种群的开启

当前，全新的技术革命已成为深化媒介融合发展的核心驱动力，包含人工智能在内的新技术元素正在将媒介产业引向一条加速变革的快车道，从而构成了高度灵活的智能内容生产、传播与消费模式的新传播格局，开启了一个全新的传播范式——智能传播。在这种变迁的暗流涌动之上，是传统大众传播业态的分崩离析与组合重构。站在辩证的视角来看，今日的传统媒介，历史上曾经是新媒体；今日的新媒体，未来也会是传统媒介。那么，全新开启的智能媒介，未来是否也会不断地迭代乃至“消失”呢？恐怕是不能的。

事实上，互联网在中国发展20年（1998—2018）后正在进入下半场，使得“当下”媒介（无论是传统媒介还是新媒体）都实现了数字化和网络化的管理与运营。换句话说，“当下”媒介由于已体现出数字化和网络化的技术特征，其在媒介形式和内容传播等方面均已成为融合化的媒体。从某种意义来说，媒介产业已从产业链向生态链进化，要素资源之间形成了更紧密依存的“连接”，正是如此，过去对传统媒介与新媒体的界定标准或已丧失了根本意义。同样，这也标志着媒介融合的进程已发展到新技术元素驱动下的跨界融合与智能媒介传播时代，更标志着信息传播正在以前所未有的广度和深度散布、融透在社会肌体的每一个角落，将创造一个从人与人的连接到万物互联（Internet of Everything）、万物智能（Intelligence of Everything）的全球化信息生产与流动的智能传播景观。

未来，伴随着新的信息传播技术有机融合进新经济的通用技术与基础设施中，所有接入其中的人、事、物等将不再仅仅局限于信息和内容的消费者，而更多地扩展到信息和内容的生产者和传播者。然后，由于这些接入其中的人、事、物将具备媒介的基本属性和功能，这必将进一步推动形成智能媒介与媒介泛在的融合景观。不难看出，作为新种群的智能媒介，本质上并非一种可以从历时性层面来划分的“当下”和“未来”的媒介种群，而是一种共时性因素下的种群复合形式，更重要的是其自身是由多元种群所杂糅孕育、向所有内容和服务敞开大门，并不断衍生出更适配用户特性和需求的新功能的一种媒介生态系统，必将引导“当下”的媒介种群区别弱化并走向“共生融合”之路。

未来的智能媒介，最核心的竞争力就是智能感知、智能搜集、智能处理和分析的能力，其或将改为内容端和分发端，内容创作将分为PGC、UGC与混合协作三种，媒介形态也将分为图文、音频、视频、游戏（注：此处的游戏并非传统的游戏，而是指能够以实时、交互形式进行的新闻创作模式，如传感器新闻、场景化新闻等）和VR/AR五类。如此一来，媒介也将变得“不仅可读、可听、可看，还可用、可玩”，将促使各类媒体进入一种新的媒介传播模式，也将从根本上提高人类的内容生产与消费能力，延伸人类的创新与创意价值。因此，若仅将智能媒介视为某一固定的媒介种群，便无法深入认知和整体把握智能媒介的时代特征。而对智能媒介的逻辑起点及生态体系进行研究，既关乎过去，更关乎现在和未来。

2.2 信息技术代际变迁与媒体融合升级转型

传播学“扩散S曲线理论”告诉我们：随着时间的推移，一种新产品（服务）一般会呈现出“起步→渗透率迅速提升→逐渐饱和”的曲线现象。从三网融合到“互联网+”再到“传媒+”，从新媒体到全媒体再到智慧媒体，从数字化到网络化再到平台化、数据化与智能化，新型媒介在管理模式和运作方式上均已呈现出“扩散S曲线”的过程，并出现远超传统媒介的“高维”特征。

2.2.1 系统技术的纵深化与融合化

一方面，包括互联网技术在内的诸多信息技术作为独立的技术领域，必将遵循客观发展的规律，向着立体纵深的方向前进，越来越智能。另一方面，IABCD（物联网、人工智能、区块链、云计算、大数据）以及计算机视觉、生物识别、深度学习、VR/AR/MR等新兴科技不断发展壮大，并将与包括网络直播、全景视频、媒体无人机、全息影像等在内的传媒产业发展加速融合，而传媒产业的发展又会使信息技术能够向更前沿、更纵深、更先进的方向发展，如此正向循环，推动以信息技术服务平台为特征的媒体平台整体代际变迁。

2.2.2 信息处理的云集化与泛在化

一方面，初期的信息处理在单一服务器上进行，后分散到多台服务器上，而随着云计算虚拟化技术的快速推进和广泛普及，信息处理呈现出集中化、云化、网随云动的发展趋势。另一方面，数据化的智慧中心技术日益成熟和大规模应用，将促使网络互联不再局限于桌面，用户可以通过手持设备、可穿戴设备或其他常规与非常规设备，无障碍地享用计算能力和信息资源。而通用的信息接入（包括媒体内容、业务交互等）、个人通信（包括个人与终端的移动性等）和能灵活控制的泛在设备（包括传统的通信终端，以及大连接的“万物”）将存在于未来泛在网络之中，继而推进县级融媒体在机器新闻、数据新闻、传感器新闻等传媒领域的发展。

2.2.3 信息服务的共性化与个性化

一方面，初期的信息服务以单向线性为主，更多地呈现出“线下、单向、广播”的共性化特点。另一方面，数据网络的广泛普及以及人类分解信息能力的提高，信息技术已使媒介逻辑从以时间面向为主导、以传播效果为目标的单向转化为基于日常生活的以空间面向为主导的多元实践逻辑，把“受众”变为“用户”，并能为用户全面、高效地提供个性化、实时化、精准化服务，让其在轻松接受媒体信息的同时能够参与到媒体中并与其进行交互，更多地呈现出“线上、互动、社群”的个性化特点，并将推进县级融媒体在可穿戴设备、短视频、场景化新闻、个性化新闻等传媒领域的发展，未来信息服务或将拥有与人类器官相近的媒介体验。

2.2.4 平台供给的协同化与智能化

一方面，以互联网为基础的数字平台，将促使县级媒体实现更多元的连接、更高效的感知、更智能的融合以及包括协同创新、用户创新等在内的可持续发展创新，引发资源的重新配置，并促使县级融媒体中心成为县域综合智慧平台。另一方面，从人机单向信息传达的单一自动化到人与物之间和谐自然且自发的交互关系的转化将得以实现，从而促使人与人、机器与机器、人与机器的交流互动愈加频繁，并建立以个人为中心的智能共享网络建立起全新的智能服务模型，在实现成本、效率、体验升级的同时，实现县域信息治理体系和信息治理能力的现代化。

2.3　数据思维：三重空间数据全面创造价值

数字时代，媒体数据主要有内容数据、业务数据、传播数据、影响数据、用户数据、标签数据、收视数据、舆情数据、经营数据、设备数据等，可为内容生产辅助、传播效果分析、内容运营分析以及精准推荐营销等诸多环节提供全方位支持。

2.3.1　三重空间数据全面融合处理

布吕尔夫松教授解释说，数据的测量正是显微镜的现代等价物。如今，随着数字技术的飞速发展和日益普及，在人类文明发生以来，从未遇到过对人的个体行为或群体行为如此全面、深入、细致的观察（或者理解为监视），数据、表情、行为、语义等分析正成为用户行为分析新的重要方式（尽管并非全部方式）。站在哲学的高度理解，新一代智能化、跨媒体、泛内容信息技术，将让越来越多的人和物在信息空间中留下愈加清晰的数字痕迹，使人和机器、在线和离线的活动、物理和虚拟世界、自然和人工的界限变得模糊。

由此可见，基于海量、多元的用户行为数据积累和结构完善的知识图谱既可描述信息空间（表达、流动、隐私、安全等），又可描述客观物理空间（物联、车联、人联、业联等），还可刻画人类社会空间（家庭、社区、城市、政治、经济、军事、国家等），将成为集资源管理、协同传感、数据预处理、数据分析以及应用于一体并全面融合“信息空间（Cyber Space）—物理空间（Physical Space）—人类社会空间（Human Society spoce）”三元世界的纽带，正在以这种或那种方式影响着每位用户的生活，构建并决定着媒介融合创新的力度和走向，已成为实现新型数字生态的基础要素。

2.3.2　数据创造价值

数字经济时代，包括传媒业在内的诸多产业纷纷面向网络化、自动化与智能化转型升级，竞争和博弈亦从物理空间延展到了信息空间（如图 1–2 所示）。以互联网为基础的智能媒介平台，将现代传媒中包括连接、激活、分享及表达在内的诸多属性表现得淋漓尽致，完成“监测—匹配—推荐—再监测—再匹配—再推荐”的循环，激发用户从被动接受的“沉默的大多数”到积极主动参与，其价值不断彰显。从连接属性看，互联网让“人—机—物”三者彼此间能够被检索、被发现、被整合；从激活属性看，每位用户又可与互联网上具有相同兴趣与价值观的用户连接，聚合成社群；从分享属性看，点对点、即时性的分享可在瞬时内把信息、态度、心情、资源等无限放大；而从表达属性看，极具便捷性的释放平台和渠道，让每位用户都拥有了自由表达的权利。

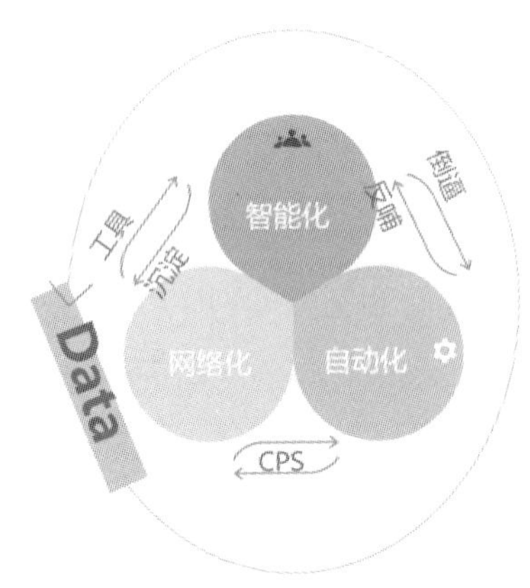

图 1–2　数据创造价值

无所不在的信息追踪、信息交互和信息过滤意味着人类可以以优惠的价格将自身多个方面的信息整合成用户档案，这一档案可以引导开展任何需要的定制服务。为实现“数据→信息→知识→决策”贯穿于流程始终的应用变现链条，传媒机构应更多探索如何为最理想的位置、最理想的时间提供最理想的内容，并且以最理想的方式、最理想的频率做出反馈，可利用聚类分析、因子分析、主成分分析等模型构建大数据处理能力平台并对全样本数据进行采集或追迹，实现包括用户个人直播行为统计排序、用户回看或点播行为关联分析及其关联推荐、个性化广告贴片服务等媒体内容标签化，从而使数据从提供支持的低级阶段进入到拥有自身独立产业链的高级阶段。

2.4　重构：“智能 +”技术驱动下的媒介生态思维演变

技术的高度在一定程度上决定了思维的高度，毋庸置疑，智能媒介不是某项单一的技术，而是以数据作为基础资料，综合运用“云大物移智区加”等新一代跨媒体智能技术群，来促进社会生产方式的变革。目前，虽然新一代“智能 +”更多局限于技术操作层面，而从技术概念上升到思维的广度、深度、高度和远度，还需要一定的时间和梯度才能够完成，但未来，“智能 +”技术的内在逻辑与思维必将带来新闻传播学的大变革。“智能 +”技术的综合运用如图 1–3 所示。

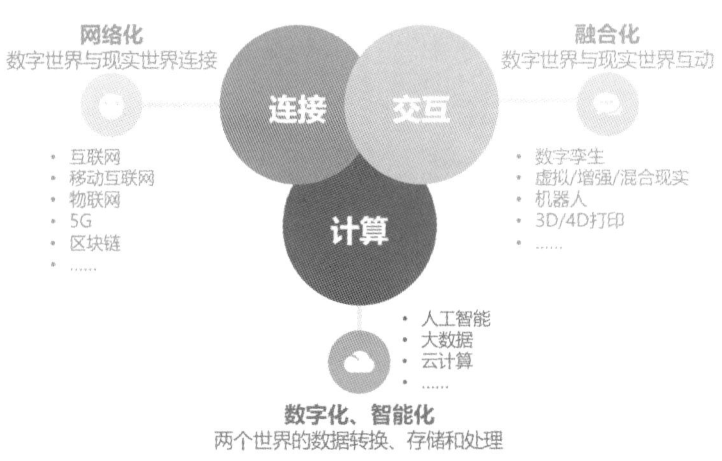

图 1–3　“智能 +”技术的综合运用

2.4.1　智能媒介技术树

“智能”与“融合”正逐步演化为以互联网为基础的智能媒介平台发展的核心特征，智能媒介在管理模式和运作方式上已呈现出远超传统媒介和新媒体的“高维”特征。新型智能硬件正由环境感知类设备向自动控制、语音交互类设备发展，智能软件正在由语音识别、动作识别、人脸识别等单点技术向音视频识别、视频摘要、融合识别等主动、多模态融合技术发展。

未来媒介，或是建立在“云大物移智区加”等信息技术之上，集感知、认知、决策于一体的高度智能化的新形态媒介，并可根据主要功用划分为智能决策、智能交互、智能感知、自然语言理解及动态知识图谱等多层体系。智能媒介技术树如图 1–4 所示。

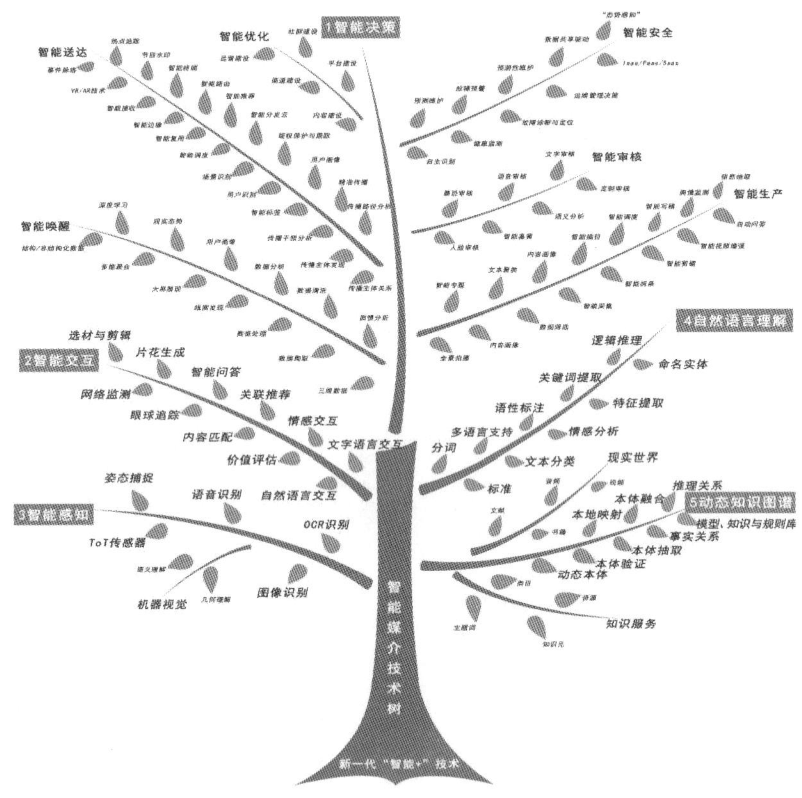

图 1–4　智能媒介技术树

（1）智能决策：主要指机器智能环境下的决策，主要包括智能唤醒、智能生产、智能送达、智能审核、智能安全与智能优化等。

（2）智能交互：主要指突破海量异构媒体一致性描述、内容关联以及多维度聚合，实现“人—机—物”三者之间的智能化交互，包括文字语言交互、自然语音交互、价值评估、关联推荐、生成片花、网络监测、内容匹配以及选材与剪辑等。

（3）智能感知：主要指各类数据的采集，包含 OCR 识别、语音识别、图像识别、计算机视觉、声纹识别、IoT 传感器等。

（4）自然语言理解：主要指通过机器智能的方式对采集到的数据进行分析处理，包括分词、语性标注、情感分析、关键词提取、特征抽取、逻辑推理等。

（5）动态知识图谱：主要指采用大数据的思维和工具对数据本体进行动态更新（对象、属性和关系等），包括动态本体、本体验证、本体映射、本体抽取、本体融合、事实关系、推理关系以及模型、知识与规则库等。

2.4.2　媒介的进化趋势与未来可能

为用户创造更多文化交融、感官愉悦、价值共享、新知及便利，使得“任何人”在“任何地点”和“任何时间”获取“任何想要的东西”，这是所有媒介在智能化时代发展的内在驱动力和终极目标。未来，媒介越来越像是一种存在，无处不在，永远开启，暗藏不现，正在成为满足融媒体业务开展需求、满足平台资源调度一体化需求、满足融媒体业务创新变化需求、满足融媒体业务增长需求、满足融媒体平台开放性需求的关键工具。

未来媒介，将朝着什么方向进化？或感官延伸，使机器能听会说、能看会认；或认知延伸，使机器能理解、会思考；或决策延伸，使机器从辅助人类决策到全部自主决策；或人机融合，随时随地获取信息；或边界消解，媒介接触划分族群，语言隔阂消失，数字鸿沟消灭。未来媒介，将在动态和多维数据收集的基础上，在提升资源效率、传播效率与服务效率的同时，促使传播渠道朝着移动化、平台化与多元化方向演变。

2.5　赋能：智能媒介生态体系构建

当前，新的智能技术集群正在将媒介产业引向一条智能化变革的快车道。在即将来临的全知、全能、全息的智能媒介传播时代，集成内容感知与分析、理解与思考、决策与交互的智能内容服务平台已导致传统大众传播业态分崩离析，必将催生智能媒介时代的大量新产品、新模式和新业态。

此时此刻，传统媒介与新媒体虽然用户群体可能不一样，但均须以人为本，从用户期望（娱乐有趣、个性化、真实性等）出发，挖掘数字技术（AI、AR/VR/MR、区块链、机器学习、网络空间安全等）潜力，改善智能互联、信息整合、人机协作与数据决策的应用，通过顶层设计布局改善常用的业务接触点，逐步打造服务、数据、能力的共享、开放与协同的应用聚焦，实现基础设施资源、数据资源、IT 能力、生态链、应用服务的统一运营，从而构建不断迭代升级的融媒体内容“智”造支撑体系，让技术更好地赋能传媒业的发展。由于篇幅有限，下文仅以智能媒介生态体系中的智能决策层为例进行相关探讨。

2.5.1 智能唤醒：数据获取与表现

智能唤醒是利用 AI 与“智能逻辑”的方式，将每一个比特数据集成到融合媒体采编存管播的全链之中，并使之变得更加有用、有价值且更“聪明”，从而实现对全业务的支撑。传统的二维互联网产业连接着个人消费者和企业，但其已被阿里、腾讯、百度瓜分完毕。随着时间的推移，数据必将成为城市可持续性发展中比土地资源更为不可或缺的基础性战略资源。大数据加持下的三维互联网，将唤醒散落在城市各个角落尚未转化为数字格式的暗数据资源，并通过 AI、云计算等技术实现个人消费者、企业和政府的全覆盖，继而打造一个智能平台。

未来，智能唤醒环境下的媒体平台，将促使人类生产、生活及治理的数据基础和信息环境得到大幅加强和显著改善。在内容供给端，可通过搭建“中央厨房”实现内容资源的数据化、网络化与智能化，同时助推各类媒体基于不同的用户定位、不同数据的内容表现形式打造不同的平台，如中央媒体打造全能型旗舰媒体，省级媒体打造省级公共服务平台，县级媒体打造地方综合信息服务平台等；通过持续提升数据获取的量级和频率，可在空间序列上交叉验证与复现多角度、多层次信息，可在时间序列上持续呈现与创新和用户的实践与交往有机联系的连续性数据；可通过多层次、多维度的数据集，实现对于某一个人、某一件事或某一个社会状态的现实态势的聚焦；可通过与运营商合作，建立集舆情分析、线索发现、大屏展现等功能于一体的面向媒体和泛媒体的视频服务和通信网络；可通过机器人写稿、VR 制作、4K 制作等技术充分利用数据并使之表现出人类生活的温度，从而挖掘数据信息的衍生价值。

2.5.2 智能生产：内容生产与创作

智能生产是目前 AI 在新闻传播领域的一个现象级应用。未来，基于数据驱动、软件定义、平台支撑、服务增值、智能主导等新技术的自强化生态系统，内容生产将发生智能演化——获取各种形式（APIs、XML、CSVs、spreadsheets 等）的相关数据后，通过分析其内在联系、多层次知识挖掘与环境匹配，提炼观点和建议，并按照一定的分类标准、逻辑结构和次序生成叙述性的长短文章、报表、可视化图形等，最后通过 API、JSON、XML、Twitter、E-mail 等渠道实时推送，实现信息内容与用户需求智能匹配的媒介形态。内容生产的变与不变如图 1-5 所示。

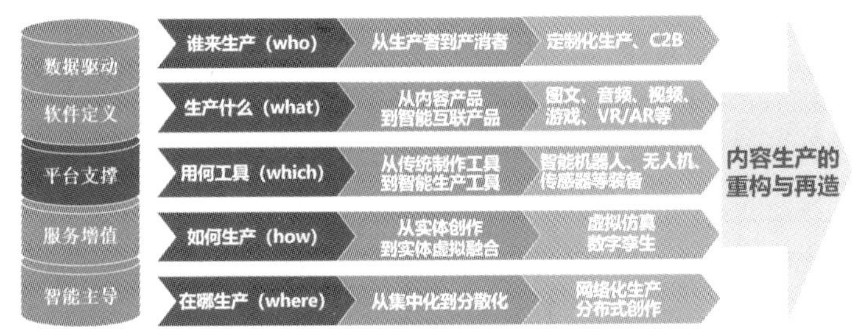

图 1-5　内容生产的变与不变

未来，智能生产环境下的媒体平台，将对内容生产流程带来全方位、全环节的变革。越来越多的竞争将是数据平台与数据采集、处理能力的竞争，算法将在极大程序上帮业界完成数据化工作，从而带来“人机共生、人机协同”的融合局面。未来，智能采集、智能编目、智能拆条、智能审核、智能剪辑、智能写稿、智能视频增强、舆情监测、对话式问答以及机器人写稿与编辑等机器人程序负责数据挖掘、分析等枯燥无聊的程序化工作以及可以设置固定模板的突发短信，而创作者可以从中解放出来从而有更多时间从事垂直、细分领域需要大量情感、情绪和情商等更高维的创造性生产和创意发掘的“心力劳动”，同时能为用户提供可以尝试的多种类型的内容，从而使其能够涌现在原来无法用于创造与创意的领域和利基市场（niche）空间。

2.5.3　智能送达：内容分发与传播

智能送达是在采集动态、多维、互联互通的传媒业务数据（特别是受众和用户行为的数据化）的基础上，借助自然语言理解、大数据分析等能力解构广播网与互联网可持续发展的瓶颈问题，从而高效、低成本地打通“圈层受众”的“最后一公里”，实现媒体内容的“5A”（Anyone/Anytime/Anywhere/Anyway/Anyservice）服务。智能送达主要涉及智能引擎、广播网以及双向网。其中，智能引擎负责整合全网运行、动态调度资源；广播网和双向网则分别负责传输共性内容和个性内容，并能支持多样灵活业务。

未来，智能送达环境下的媒体平台，包括智能媒介云、智能标签、智能复用、智能路由、智能边缘、智能终端、智能接收以及智能推荐等模块，将是智能媒体的“聚变”与社交媒体的“裂变”共同作用的结果，必将改善社交分发中“人脑算法”的人为屏障。在具体设计时，首先应对已掌握的关键主题内容、覆盖的用户群以及重点关注用户进行分析，完成用户识别；其次抽取用户主体以及交互反馈构建具备用户标签与分析模型的标签体系，完成属性定义；最后根据事件脉络、主体发现、用户画像、关系发现、复杂网络、传播路径以及干预转化等将泛化内容反复细化精滤并构建传播评估体系，助推视频衍生扩散过程中的颗粒化加工、多维度调用及多渠道传播等，从而完成智能送达的实体应用。此外，还可结合采编生产数据，实现对采编人员的传播影响力分析；结合对所属机构外的同业媒体的稿件传播分析，形成同业传播影响力比较；以及对指定新闻稿件的内容进行跟踪传播监测，对热点事件的发展脉络进行跟踪展示等。

2.5.4 智能审核：内容提取与审核

智能审核是在大数据基础上，采用人工智能实现视频文件或直播中的人脸、声音、文字、物品、行为、场景等信息的快速识别。面对复杂多维的海量内容，人工审核已呈现出劳动力密集、内容堆积及需要牢记的东西太多等痛点，导致审核质量与效率低下。智能审核可化繁为简，将视频、直播等内容转化为人工智能可以判断的内容，比如图片和文字，通过图片识别、语音语义识别等人工智能技术对特殊物体如人体、刀具、枪支等做判断。在机器去除大量明显非敏感视频后，再由人工进行二次审核，机器审核降低人工审核的工作量，人工审核进一步提高审核准确率。机器的优势在于计算速度快、存储量大、不会疲倦，而人的优势在于推理和知识发现的能力更强。

未来，智能审核环境下的媒体平台，依托深度学习引擎和海量数据库，可准确快速地完成人脸审核（如落马官员、政治敏感人物等）、暴恐审核（如极端主义、政治游行等）、智能鉴黄（如低俗、色情、污秽等）、语音审核（如吸毒、罂粟花等）、语义分析（如施事者与受事者等）、文字审核（如批发发票、OCR 文字提取与比对等）、定制审核（如特殊呈现需求等）。此外，还可通过技术审核，完成对诸如色差、条纹、彩条、泛白、黑边、马赛克等内容的检测。如此，在“智能 +”技术的双重审核下，提升劳动力效率、审核效率与质量及保持最新审核标准。

2.5.5　智能安全：内容监测与防御

智能安全是通过打造“BASIC”（区块链、人工智能、安全、物联网、计算）等自主可控的技术底盘，对包括网络融合、业态融合、融合新闻、融合生产、工业控制等在内的复杂问题，进行前瞻性和实时性的自主识别、判断与推理，从而构筑全方位、立体化、主动式的防御系统。在媒介领域，OA 业务和 BOSS 系统的构建，催生了网络安全的应用；共平台生产、多渠道分发的媒介融合模式的构建，催生了制播域的保护体系建设；以互联网为基础的智能媒介平台的构建，催生了服务媒介融合；融媒体的发展和大数据、云计算的普遍应用，要求云非编、云桌面等融媒体云安全；数据共享驱动安全，要求将安全防护方案由原有单独的系统纵向防护调整为向 Iaas（基础设施作为服务）/Paas（平台作为服务）/Saas（软件作为服务）横向分层防护转变。

未来，智能安全环境下的媒体平台，还须构建具备基于 IPv4/IPv6 网络全流量数据分析、安全态势感知以及主动防御的闭环系统。以数据为支撑，通过信息安全等级保护和信息安全监测两个维度，实现过去发生的可查、当前发生的可防、未来发生的可知，从而提升传媒领域信息安全的智能化保障能力。具体而言，网络安全“态势感知”的范畴可以理解如下：态，即关联、统计、分析、告警及处置等，主要指采集各类安全状态信息，分析汇聚安全事件、行为轨迹等；势，即融合、挖掘、学习及预测等，主要指分析预判安全风险、挖掘信息安全趋势等；感，即获取、采集、探测、监测、发现及捕获等，主要指实时感应与主动聚焦风险威胁等；知，即理解、感知、熟悉、掌握、预测及洞悉等，主要指智能关联因果关系，预知安全症结与隐患等。

2.5.6 智能优化：平台商业与价值

智能优化是在智能生产、智能唤醒、智能送达及智能安全等智能化变革有效整合的基础上，从客户集成、智力集成、纵向集成、横向集成以及价值链集成五个维度将智能化的价值凝聚在一起，从而形成全价值链的融合。未来，用户无需拥有、维护或储存，而只需要使用某种服务，正如优步并不拥有一辆车却是世界上较大的租车公司，Facebook 并不拥有内容却是世界上较大的媒体公司，阿里巴巴没有库存但却是世界上较大的零售商。事实上，以互联网为基础的智能媒介平台尚存在诸多痛点，例如对用户的服务上，AI 并未发挥真正的价值——创造视频、归集散碎视频及个性化、定制化、精准化视频等。未来，在 AI 的支撑下，可生成个性化内容，快速实现产品千人千面（如个性化频道）；可帮助用户精准定位，让整个互联网成为个人视频库；可强化用户对产品的依赖性与留存时间，实现多平台内容、一平台呈现与视频归集化；可便捷植入社交元素，扩大产品影响力，并打造关键意见领袖（Key Opinion Leader，KOL）；可实现精准营销，提供更加个性化的投放服务等。智能优化：平台商业与价值如表 1-1 所示。

表 1-1　智能优化：平台商业与价值

类别	现在	未来
内容建设	PGC	UGC+PUGC+PGC+AGC
平台建设	资讯提供者	服务提供商（APP+SNS+O2O+LBS等）
渠道建设	内容+渠道	形式+情感+场景+内容+渠道
社群建设	主观需求	客观需求+消费习惯+精准推送
运营建设	效率成本	效率成本+以人为本+跨界整合+协同创新

未来，智能优化环境下的媒体平台，须实现内容、平台、渠道、社群以及运营等在内的诸多领域的突破性解放和创新融合，全方位提升媒体平台的商业与价值。在内容建设上，须从“PGC”向“UGC+PUGC+PGC+AGC”（“用户原创内容 + 专业用户生产内容或专家生产内容 + 专家或媒体生产内容 + 算法生成内容”）共融的生态方向重构；在平台建设上，须从传统的“资讯提供者”向“服务提供商”（“App+SNS+O2O+LBS”等）共融的平台方向重构；在渠

道建设上，须从传统的“内容 + 渠道”向“形式 + 情感 + 场景 + 内容 + 渠道”共融的模式方向重构；在社群建设上，须从“主观需求”向“客观需求 + 消费习惯 + 精准推送”共融的思维方向重构；在运营建设上，需要从“效率成本”向“效率成本 + 以人为本 + 跨界整合 + 协同创新”共融的赢利模式重构。

3　媒体深度融合时代的传媒产业发展

媒体融合理念、科学性与价值认同的逐步深化，以及技术层面的产品持续影响着媒介形态和传媒业态的变迁，不仅给人们的感觉和感官带来了“新图像”“新内容”，而且助推人们迈入了一个视觉、听觉、触觉、心理、生理等全方位感官体验综合延伸的全景化时代。可以说，技术的助力成就了整个产业格局的转型与升级。

3.1　智能媒体与传媒产业发展

3.1.1　媒体融合的嬗变

近年来，为促进传媒产业创新性高质量发展，壮大主流舆论，党和国家积极部署新媒体发展格局，制定和出台相关法律法规、方针政策，为新媒体发展提供良好的政策保障和社会环境。

2014 年 8 月，中国共产党中央全面深化改革领导小组审议通过了《关于推动传统媒体和新兴媒体融合发展的指导意见》，强调推动传统媒体和新兴媒体在内容、渠道、平台、经营、管理等方面的深度融合，强化人才队伍建设，加强领军人才和复合型人才队伍建设，科学运用先进传播技术，增强信息生产和服务能力。2016 年 2 月，国家新闻出版广电总局发布《关于进一步加快广播电视媒体与新兴媒体融合发展的意见》，要求促进广播电视媒体转型升级，提升广播电视媒体在网络空间的传播力影响力公信力和舆论引导能力。2018 年 9 月，国家广播电视总局设立媒体融合发展司，旨在协调推进三网融合，推进广播电视与新媒体新技术新业态创新融合发展。2018 年 11 月，习近平总书记主持召开中央全面深化改革委员会第五次会议，审议通过《关于加强县级融媒体中心建设的意见》，提出通过整合县级媒体资源，提高宣传效率，完善基层传播体系，提升基层媒体传播力、引导力、影响力、公信力。2019 年 1 月，中宣部和国家广播电视总局发布《县级融媒体中心建设规范》《县级融媒体中心省级技术平台规范要求》，为县级融媒体中心省级技术平台规范要求规定了操作指南和建设规范。2019 年 1 月，习近平总书记在中共中央政治局第十二次集体学习时指出，全媒体不断发展，出现了“全程媒体、全息媒体、全员媒体、全效媒体”，信息无处不在、无所不及、无人不用。2019 年 4 月，中共中央宣传部新闻局、国家广播电视总局科技司共同发布了《县级融媒体中心网络安全规范》《县级融媒体中心运行维护规范》《县级融媒体中心监测监管规范》，要求和规范的出台呼吁各级广电部门行动起来，切实推进县级融媒体中心建设，贯彻落实规范标准。2020 年 9 月，为全面贯彻落实习近平总书记关于媒体融合发展的重要论述，中共中央办公厅、国务院办公厅印发了《关于加快推进媒体深度融合发展的意见》，强调推动媒体融合向纵深发展，要深化体制机制改革，加大全媒体人才培养力度。

2014 年媒体融合上升为国家战略，经过多年的发展，媒体融合的深度和广度不断拓展并取得显著成效。新媒体在发展过程中衍生了由全程、全息、全员、全效媒体组成的“四全媒体”，其主导的全媒体格局深刻影响了传播主体、渠道、方式等各个环节。因此，深度融合不仅是我国现实所需，是媒体行业生存的路径，更是传媒学子未来要面对的职业语境与卓越应用型传媒人才培养的现实语境。

在媒体融合进程中，互联网公司依托大数据、人工智能等先进技术手段，实现从单一功能的“平台媒体”到多功能的“媒体平台”、从“入口”到“媒体”、从流量变现到用户价值的升级。例如，“今日头条”便是迅速崛起的平台型媒体的典型代表，微信公众号便是大量不断涌现的自媒体平台的典型代表。这不仅直接打破了传统媒体一家独大的媒体格局，颠覆了传统媒体中心化内容生产和运作模式，而且使传统媒体受众规模出现萎缩，产能分布与受众需求之间的错配突出，导致传统媒体经历了从“顶”到“谷”的降维过程。

从产业发展的视角看，“新”“旧”媒体，媒体 / 非媒体平台，用户生产内容的并置、叠加、互嵌和融合所形成的复杂且具有高度不确定性的媒介环境成为我们探讨媒体融合及其社会影响的经验场景。伴随着传统媒体的衰落与网络媒体的兴起，专业化生产的规模在萎缩、社会化生产的实践在扩大，机构媒体的影响力和公信力在降低，自媒体和平台媒体的生命力在增强，传媒业呈现出了一种“大媒体产业”格局——传媒、电信、互联网和相关产业融合形成的跨地域、跨行业的新型信息传播行业。同时，在基于互联网的信息生产和传播平台的社会化媒体实践下，个体与信息的连接演变为基于平台的连接，为大众传播媒介提供着“内容”与“社交”的双重补偿。数字媒体产业展望，如图 1–6 所示。

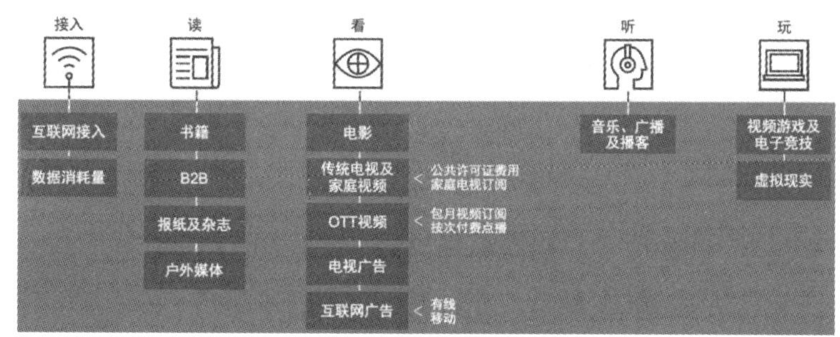

图 1–6　数字媒体产业展望

从产业结构的视角看，国内传媒行业横跨众多子行业、领域、场景，涉及的服务与需求十分复杂。“传媒蓝皮书”（《中国传媒产业发展报告》，社会科学文献出版社）自 2004 年开始立项，近年对传媒产业的产业结构界定进行了一些调整。在 2012 年以前，“传媒蓝皮书”将传媒产业分为了 10 类，即图书、报纸、期刊、广播、电影、电视、音像、互联网、移动媒体和广告。但从 2013 年开始，“传媒蓝皮书”将传媒产业划分为“四足鼎立”的格局（四个类别），即印刷、广电、PC 互联网和移动互联网，在一定程度上佐证了传媒产业发展的新结构。当下的传媒产业结构如图 1–7 所示。

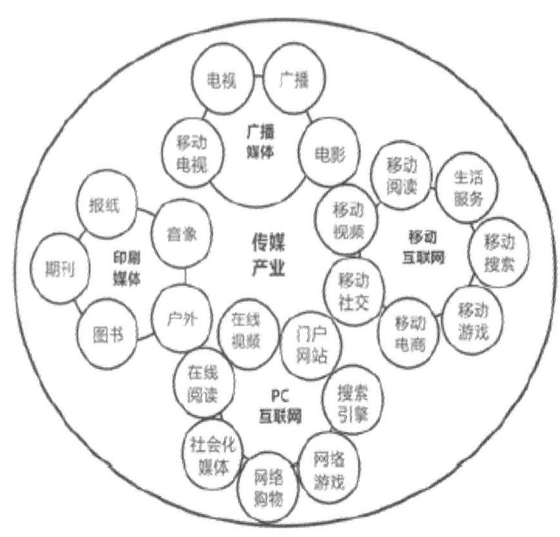

图 1–7　当下的传媒产业结构

从产业技术的视角看，国内传媒行业需要技术融合与产业协同的综合交融与平台化发展，涉及的技术领域众多。伴随着以“云大物移智区加”为代表的新一代“智能 +”技术集群应用的深化，传媒产业呈现出了新闻与信息、技术与艺术、文化与传播交融的融合文化，不仅重塑着传媒产业的渠道（智能识别与传感、互联网、物联网、5G 等）、生产（智能写作、AI 主播、人机协同、数据新闻、机器审阅、可视化新闻、沉浸式新闻等）、连接（智能互联、推荐算法、感知计算等）、传播（多屏互动、制播同步、无缝连接等）与消费（4K/8K 超高清、虚拟增强现实、交互式反馈等）等，而且使人们从互联信息时代迈入了一个视觉、听觉、触觉、心理、生理等全方位、感官体验全景化延伸、“万物皆媒”、现实社会与虚拟空间并存的智能信息时代。

为进一步推动媒体融合发展，国家科技部还于 2019 年 11 月发布了《关于关于批准建设媒体融合与传播等 4 个国家重点实验室的通知》。通知称，为适应全媒体时代发展需求，推动媒体融合向纵深发展，强化科技支撑，经专家评审，科技部决定批准建设 4 个国家重点实验室，即依托中国传媒大学建设媒体融合与传播国家重点实验室，依托人民日报社人民网建设传播内容认知国家重点实验室，依托新华社新媒体中心建设媒体融合生产技术与系统国家重点实验室，依托中央广播电视总台建设超高清视音频制播呈现国家重点实验室。4 个实验室获批建设，意味着我国社科领域也将有国家重点实验室，对推动媒体融合发展将发挥非常重要的作用。批准建设的国家重点实验室名单，见表 1–2 所示。

表 1–2　批准建设的国家重点实验室名单

实验室名称	依托单位	主管部门
媒体融合与传播国家重点实验室	中国传媒大学	教育部
传播内容认知国家重点实验室	人民日报社人民网	人民日报社
媒体融合生产技术与系统国家重点实验室	新华社新媒体中心	新华社
超高清视音频制播呈现国家重点实验室	中央广播电视总台	中央广播电视总台

据悉，2021 年 4 月 30 日，湖南省隆重举行了脱贫攻坚总结表彰大会，《湖南日报》推出 8 连版大型全景式新闻漫画特刊《十八洞村：走上幸福大道》，首次以新闻漫画这一艺术形式，全方位、全景式地展现十八洞村波澜壮阔的脱贫之路，成为湖南报业史上的一大创举。作品格局大，整体用一条大道串联起来，从左下角蜿蜒至上，寓意致富之路、小康之路越走越广阔。这一条路，既是空间概念，更是时间概念，同时起到了分割画面的作用，将 18 个精准脱贫的小故事，化零为整，构成一幅完整的脱贫画卷。主创人员透露，第一难在“大”，漫画宽 154 厘米、高 51 厘米，整体把握非常难；第二难在“繁”，叙说 8 年的脱贫故事，而且每个故事都需要设计剧情，每个故事之间又要有一定关联；第三难在“实”，漫画的所有素材源于事实和新闻，艺术上虽然有很多夸张和拟人的表现手法，但内容的真实背后需要付出大量的艰苦劳动。同时，这还是一张会动的报纸！报纸搭载了 AR 动态扫描技术，静态漫画经新湖南客户端扫描，呈现出融媒互动的新视界。正是这样一笔一画、精耕细作，绘成了一幅饱含深情、践行“四力”的精彩长卷。

3.1.2　被智能重新定义的媒介及其产业边界

如果在“数字域”时代，媒介还局限于人体的延伸，那么在“智能域”融合创新的当下及未来，媒介或将成为人体的重要组成部分。因此，媒体融合的高级阶段将不再局限于传统媒体与新兴媒体或智能媒介的简单汇流与平台整合，而是新型传媒生态环境中人与媒介的“传媒重组”，强调的是基于“智能 +”技术与传媒产业的重新组合（包括业务维度和管理维度两个层面）与全面变革，而要达到这一境界，必须加强认知媒体融合所呈现出的六大新型特征，即在线化、数据化、平台化、移动化、智能化和万物皆媒。

当下，“智能”与“融合”正逐步演化为以互联网为基础的智能媒介平台的核心特征。在这种变迁的暗流涌动之上，所有介入其中的节点（包括机构、用户、物体、事件和流程等）都将具备媒介的基本属性和服务功能，这不仅意味着传统视域下的传者定位、内容打造、渠道选择、受众需求、效果呈现都可以持续“融合”与“细分”，而且预示着以往少数机构拥有的媒介权力将流向多数人并引发传播的民主化，这将是传统大众传播业态的分崩离析与组合重构。

3.1.2.1　5G 技术媒体平台引领高新视频技术和直播技术新应用

2019 年 6 月，中国广播电视网络有限公司获得 5G 商用牌照，不仅标志着其成为了通信运营商，而且将促进全国广电行业“利用这次契机建设一个高起点的现代传播网络”。广电 5G 正在加速互动式视频、沉浸式视频、VR 视频等高新视频端到端等研究与应用。同时，多屏同看、360 度可拖拽全景观看、“子弹时间”等“5G 新看法”不断被应用在新闻、体育赛事直播中，极大地增强了用户的临场感。

例如，2019 年全国两会召开期间，5G 首次实现会场覆盖，为多家媒体传输高清素材、进行全景 VR 直播提供了保障，成为新闻生产的新生力量。山东广播电视台首次在北京搭建 5G 信号全覆盖的融媒体平台，推出“5G+4K+VR”大直播，呈现极速、清晰、立体的全国两会新闻大餐。

在“中国人民解放军海军成立 70 周年多国海军活动”报道中，新华社首次应用卫星（Ka、Ku）“动中通”、无线宽带数据语音自组网（MESH）传输技术，实现海上舰与舰、舰与直升机、舰与陆上发稿中心的全媒体稿件传输和通信。

在 2019 年中国北京世界园艺博览会的报道中，北京广播电视台山新闻节目中心使用“卫星直播 +5G”“网络直播 +5G 网络回传”实现全方位技术保障，演播室三个演播区互为呼应完美呈现，虚拟植入技术提升呈现效果。

湖南广播电台推动国网整合实现了 5G 高新视频多场景应用国家重点实验室的挂牌和产品落地。芒果 TV 已联合中国移动、华为等战略合作伙伴建立 5G 研究室，开展 5G、AI、VR 等新技术的应用研究。

2019 年，江苏首个 5G 融媒体实验塔在新华报业集团诞生。新华报业集团全媒体指挥中心投入使用，以中央信息厨房引领生产方式提档升级：“交汇点”新闻客户端完成 4.0 版本迭代，功能日益彰显，把 AR、机器人写作、人数据等新技术转化为实实在在的生产力，下载用户总数超过 2000 万，日活用户同比增长 20%。

3.1.2.2　人工智能创新应用提升媒体生产智能化水平

“广播电视人工帮能应用”“智能媒体制播应用”“广播电视与视听新媒体智慧监控”“超高清视频产品测试”“5G 高新视频多场景应用”5 个行业顶尖用点实验室设立；各地广电机构加速建设步伐，技术应用场景落地越来越多，如“人工智能编辑部”、机器生产内容（MGC）、人机协同智能审核、AI 虚拟主播、智能语音、智能推荐、智能策划和传播分析系统、用户画像等。

新华社建成全球媒体首个智能化编辑部，同时不断完善媒体移动采访包，精选智能穿戴设备、无人机、应急通信设备等 8 大类 22 件智能装备，实现视频直播、音频转写建稿、信息实时推送等功能。新华智云自主研发的国内首个媒体人工智能平台“媒体大脑”推出 3.0 版，以“区块链技术 + 版权”和“AI 内容风控”方向为特色功能，提供一套完整的融媒中心智能化解决方案。

新华社新媒体中心与搜狗公司联合发布了首个站立式 AI 合成主播。AI 合成主播由“搜狗分身”技术打造，这项技术让机器首次做到逼真地模拟人类说话时的声音、嘴唇动作和表情，并且将三者自然匹配，创造出人类的 AI 分身，进而帮助人类提高信息表达和传递的效率。

2019 年全国两会召开期间，新华社首次应用智能检校，实现自动核校纠错：首次应用语音实时转写及智能翻译功能，准确率高达 95% 以上。除此之外，新华社的 AI 合成女主播“新小萌”结合现场视频和图片等素材，准确无误地完成了自己的新闻播报“首秀”。福建省广播影视集团使用智能机器人“小闽”“小新”和虚拟主播“小冰”，推出《智能小新说两会》《微软小冰，聊聊两会吧》等专栏和融媒体产品。

上海报业集团着力探索构建“智能媒体体”战略布局，突出以技术创新为引领，积极抢占全媒体时代的技术高地。集团与华为公司签订战略合作协议，确定在基于华为云和 AI 能力助力“智能媒体矩阵”建设、云上联合创新实验室、5G 媒体应用探索、新媒体渠道及内容合作、智憩园区建设 5 方面开展深度合作。

3.1.2.3　4K/8K 技术广泛应用加快从高清向超高清发展

2019 年，中国 4K 超高清产业发展渐趋成熟，超高清技术随着电视终端的普及大规模应用。国家广播电视总局联合工信部、中央广播电视总台发布《超高清视频产业发展行动计划（2019—2022 年）》，北京、上海、广东、四川、重庆、湖南、安徽、江苏、浙江、福建、广州、青岛等 10 余个省市先后发布超高清发展实施方案。北京市围绕 2022 年冬奥会和重大项目建设，打造国家级内容生产基地和协同创新平台，推动典型场景示范应用。上海市着力打造全球领先的超高清视频产业内容中心、芯片研发中心、标准专利中心。广东省以“超高清视频产业发展试验区”建设为目标，构建广东高质量发展的新“名片”。

在 2019 年庆祝中华人民共和国成立 70 周年直播报道中，中央广播电视总台采用 5G+4K/8K+A1 的创新实践，推进我国首个国家级 5G 新媒体平台建设，开播 4K 超高清上星卫视频道 CCTV-4K，推进 5G+4K、5G+VR 制播应用，成功实现我国首次 8K 超高清内容的 5G 远程传输。

未来，随着越来越多省市加入超高清视频产业发展大潮，行动计划提出的 2022 年 4K 电视终端全面普及，超高清视频用户数达到 2 亿等既定目标将逐步实现。

3.1.3　智能媒体时代的开启

过去十年，中国媒体融合发展不仅从被动融合、做新如新、点线带动、借船出海的初级整合阶段（主要是形式、内容、网络、移动、个体、各自等领域的融合），步入主动作为、做旧如新、全面突破、造船出海的深度融合阶段（主要是体制、机制、区域、市场、整体等领域的融合），而且经历了从 1.0 全媒体（2012 年之前，“广播电视播出 + 新媒体发布”）、2.0 融媒体（2012—2017 年，媒体融合生产与运营）再到 3.0 智能媒介（2017 年之后，“数据挖掘 + 场景感知 + 精准推送 + 智能匹配”）的转变，并呈现出技术化与全能化、内容融合与渠道融合、跨界合作与反向融合、集约生产与全民写作四大特点和趋势。

全媒体是媒体融合初期的产物，在发展伊始主要追求媒介内容、种类、形态、时空的“全”，可将其视为一种物理层面的变化；融媒体是当下的媒体融合产物，努力通过“智能 +”技术将各种要素与资源重新嫁接与创新并形成合力，可将其视为一种化学层面的变化；在正在发生的未来之中，自然智能与人工智能始终无缝融合于智能化的媒介生态中，而信息传播又被置于数字化生存和媒体融合的双向互动中，实现了从“功能”型向“智能”型、“智慧”型的转变，成就了智能媒体，可将其视为一种基因层面的深度变化。

所谓智能媒体，是指以大数据为基础，以人工智能为核心，借助物联网技术全场景的数据采集、5G 技术高速率和低延时的信息传播、云计算技术强大的算力和区块链技术独有的信任机制而逐渐形成的具有强连通性和强交互性的智能化媒体系统，具有数据挖掘（分析）、精准推送（更新），以及智能感知（猜测）等特性。

从技术逻辑的视角看，智能媒体可实现对融合媒体的智能化补偿，而驱动媒体智能化的就是智能技术；从分发逻辑的视角看，智能媒体可改善融合媒体带来的信息泛滥（主要体现在信息的真伪难以甄别和信息的有用性鱼龙混杂两方面）；从联通逻辑的视角看，智能媒体可促使融合媒体时代的平台连接转变为需求联通，这是因为智能媒体将带来一种全新的智能信息传播模式——一种以用户感知为导向的信息联通，它不仅可通过挖掘用户的行为数据构建用户画像，而且可满足用户个性化的信息需求并进行实时反馈。

未来媒介，或是建立在“云大物移智区加”等信息技术之上，集感知、认知、决策于一体的高度智能化的新形态媒介，将具备“智能交互化”“内容个性化”“渠道移动化 / 多端化”“形态多元化”“时空虚拟化”等特征，并可根据主要功用划分为智能感知、自然语言理解、动态知识图谱、智能交互及智能决策等多层体系。

为用户创造更多文化交融、愉悦感官、价值共享、新知及便利，使得“任何人”在“任何地点”和“任何时间”获取“任何想要的东西”，这是所有媒介在智能化时代发展的内在驱动力和终极目标。智能媒介和媒体转型升级的产物，会从根本上提高人类的内容生产、传播与消费能力，并延伸人类的创新与创意价值，正依靠技术效应从“感知”走向“认知”，使得媒体系统逐步具备感知智能、认知智能、运算智能、运动智能等能力，大大拓展了以往由人所主导的媒体空间，重塑着传媒生态的基本范式，并表现在渠道、生产与连接三个方面。在渠道上，传感器、互联网、物联网等技术重构信息渠道，传媒空间边界逐渐扩张；在生产上，大数据、人工智能、AR/VR 等技术正在升级生产运营模式；在连接上，智能互联、推荐算法、感知计算等更加精准匹配链接，激活多样化的内容消费市场。智能媒体时代大布局：建设新型主流媒体大厦思维导图如图 1–8 所示。

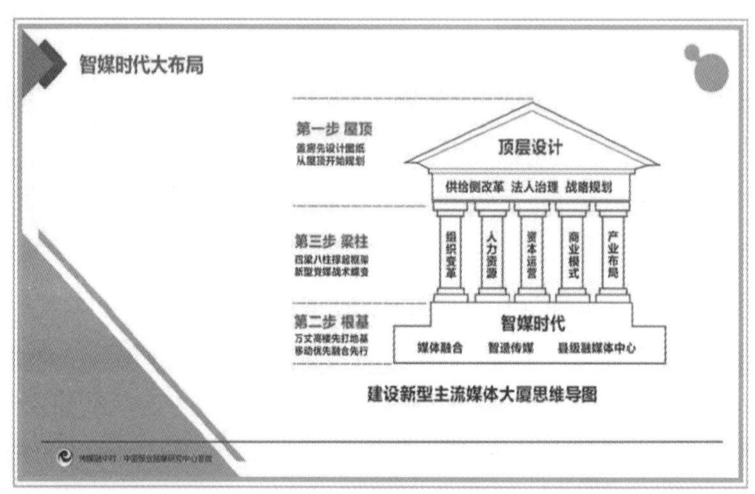

图 1–8 智能媒体时代大布局：建设新型主流媒体大厦思维导图

近年来，无论是学界从理论层面的充分阐释与研究，还是业界从实践层面的技术创新，都在一定程度上助推着媒介的智能化发展。

上海交通大学媒体与传播学院与国际传播学会（International Communication Association，ICA）已连续多年共同举办国际新媒体论坛，且大多以“智能媒体”“未来媒体”为主题，如“智能传播与社会关怀”（2020）、“人工智能时代：新兴媒介、产业与社会”（2019）、“智能传播：机遇与挑战”（2018）、“智媒时代：交流与协商”（2017）、“未来媒体：机遇与挑战”（2016）、“互联网 + 时代的传播：颠覆与重建”（2015）。2021 年 1 月，国家广播电视总局批复同意在厦门软件园设立“中国（厦门）智能视听产业基地”，标志着厦门在打造国内一流、国际领先的智能视听产业基地方面迈出了坚实步伐；2020 年 7 月，由西京学院主办，西京学院传媒学院承办的“中国首届西京智能媒体论坛”在西京学院启动，论坛同时在云端直播；2020 年 7 月，中心智云实验室联合成都华栖云科技有限公司成立“智能媒体处理技术实验室”；2020 年 1 月，国家广播电视总局广播电视科学研究院与广东南方新媒体股份有限公司合作组建“广播电视人工智能应用重点实验室”；2019 年 12 月，新华社新媒体中心试点建成新华社首个智能化编辑部，该编辑部以人工智能技术为基础，以人机协作为特征，对新闻生产进行全环节、全流程、全系统再造，旨在大幅提高新媒体产品创意创新能力和生产传播效率；2019 年 9 月，人民日报与百度联合成立“人工智能媒体实验室”；2019 年 9 月，人民日报智慧媒体研究院宣告成立，体现主流算法的人民日报客户端 7.0 版、短视频客户端“人民日报”、人工智能媒体实验室、全媒体智慧云和融媒体创新产品研发与孵化项目正式亮相；2019 年 7 月，央视网与百度智能云达成战略合作，双方拟共建人工智能媒体研发中心，联合打造媒体产业人工智能产品，将“云 +AI”能力深入应用到央视网各个场景中；2019 年 6 月，国家广播电视总局设立首个省级广播电视台（上海广播电视台）“智慧媒体制播应用重点实验室”；2019 年 5 月，国家广播电视总局批复国家广播电视总局广播电视科学研究院成立“广播电视人工智能应用国家广播电视总局重点实验室”；2019 年 5 月，中央广播电视总台与上海交通大学合作组建“超高清与人工智能媒体应用实验室”；2019 年 5 月，中央广播电视总台 5G+4K+AI 媒体应用实验室在上海揭牌；2018 年 8 月，由科大讯飞与上海广播电视台共建的“SMG 科创智能媒体实验室”揭牌成立；2018 年 5 月，新华社安徽分社与科大讯飞签署合作框架协议，双方联合成立“新华讯飞智媒体实验室”；2017 年 9 月，北京师范大学新闻传播学院牵头，联合封面传媒、新华传媒共同发起的“人工智能与未来媒体实验室”正式挂牌成立；2016年6月，中科院自动化所和北京影谱科技股份有限公司合作成立的“智能媒体计算联合实验室”正式举行揭牌仪式。

作为主流媒体“领军者”的三大央媒（中央广播电视总台、新华社、人民日报社），更是全面探索着“媒体 +AI”的智能化建设，最大限度地发挥了引领传媒变革方向的“头雁”效应。例如，新华社推出的全球首个 AI 合成女主播“新小萌”正式上岗，新华智云发布“媒体大脑 3. 0 融媒中心智能化解决方案”，新华社首个智能化编辑部正式建成并投入使用；《人民日报》首款 AI 虚拟主播“果果”公开亮相；中央广播电视总台成功实现我国首次 8K 超高清内容的 5G 远程传输，央视网“人工智能编辑部”发布系列创新产品，等等。三大央媒研发应用人工智能技术成果举措如表 1–3 所示。

表 1–3　三大央媒研发应用人工智能技术成果举措

媒体名称	主要成果举措
人民日报	人民号、党媒算法、创作大脑等
新华社	AI 合成主播、媒体大脑、智能化编辑部等
中央广播电视总台	“5G+4K/8K+AI”战略、“央视频”新媒体平台、央视网“人工智能编辑部”等

由此可见，一场新闻生产与传播的智能化革命正在上演。为了更好地理解智能媒体时代与互联网时代的数字内容差异，笔者特意从具体时段、典型技术、媒体类型、典型应用、主要形态等维度对它们进行了比较。尽管如此，我们也注意到，虽然智能媒体时代数字内容的地位已远远超越了互联网的任何时代，但内容为王（优质内容更加稀有而珍贵）、体验至上（贴心体验更加必要且关键）与创新第一（持续创新更加迫切并紧要）的重要性从未改变。互联网时代与智能媒体时代数字内容产业比较如表 1–4 所示。

表 1–4 互联网时代与智能媒体时代数字内容的地位比较

时代		具体时段	典型技术	媒体类型	典型应用	主要特征	主要形态	数字内容的地位
互联网时代	早期互联网时代	1969—1989 年（20 年）（1969 年 ARPANET 诞生，1989 年 WWW 诞生）	1G、主机技术等	文本	电子邮件、文件传输协议（FTP）、资料检索系统	信息单向、单点传播，开启“人—网”连接	广播、电视闻、单机游戏等	数字内容无力与传统信息传播业竞争，传统信息行业（包括电信、电视、新闻、出版、广告等）占主导地位
	PC 互联网时代	1990—2009 年（19 年）	2G、WWW、Web2.0、宽带网等	多媒体	搜索引擎、新闻、电子商务、论坛、聊天、视频、文件共享	信息单向、多点传播，信息获取渠道拓宽，开启“人—网络—人”连接	以 PC 端为主的门户新闻、PC 游戏等	数字内容提高了传统行业效率，与传统信息传播业分庭抗礼
	移动互联网时代	2010 年至今	3G/4G、移动宽带网、Web3.0、IPv6、Web Services、网络计算等	富媒体	移动客户端、社交媒体、在线客户关系管理、一体化服务	信息多向、多点传播，互联网成为平台，开启“人—平台—人”连接	基于移动端的移动新闻、手机游戏、移动音/视频、问答社区、社交应用等	数字内容占绝对统治地位，2009 年，数字出版产值第一次超过了传统出版，美国标杆传统期刊 *Reader's Digest*（《读者文摘》）破产
智能媒体时代	智能媒体时代	2017 年至今	5G、智能识别与传感、云计算、大数据、物联网人工智能、区块链、3R 技术 (VR、AR、MR) 等	智媒体	AI+ 场景应用、媒体大脑、机器新闻、智能推荐等	信息多向、多点、多屏、实时传播，开启万物互联，开启“跨界融合、人机共生”	智能互联、云 + 屏幕、人机协同、交互式反馈、万物皆媒下的短视频、AI 直播、机器新闻等	“智能 +”技术集群正重塑数字内容的渠道、生产、连接与消费，使人们迈入了一个视觉、听觉、触觉、心理、生理等全方位、感官体验全景化延伸的“万物皆媒”世界

智媒体时代，以人的“魅力”为核心，采用各种工具将其传播和扩散出去并获得认可。“魅力”是最核心的要素，各种平台和内容的形态充当的是媒体和工具的角色。人的“魅力”是一种更高段位的“内容”。内容的发展：从“以内容为中心”到“以人为中心”，如图 1–9 所示。

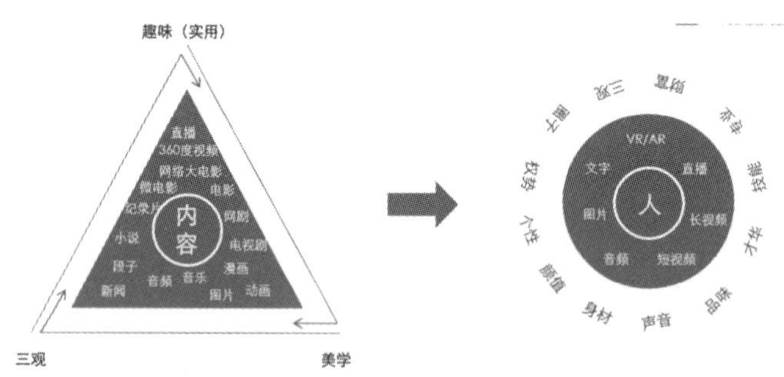

图 1–9　内容的发展：从“以内容为中心”到“以人为中心”

3.2　智媒体的技术特质及其影响

随着技术更新迭代与传媒行业持续变革，智能媒介的“形态”将会变得“极简”（如移动、轻便、随处、无形等），而“内容”将会变得“极繁”（如功能、场景等）。研究智能媒介的技术特质及其影响，也就成为研究基于万物互联、跨界融合、人机共生的智能媒体的重要逻辑起点。智媒技术赋能传媒产业如图 1–10 所示。

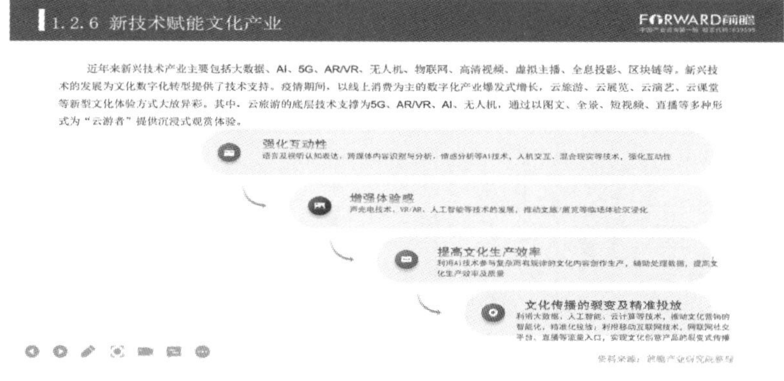

图 1–10　智媒技术赋能传媒产业

3.2.1　智能交互化

智能交互化是智能媒介最重要的技术特质。一方面，智能交互可使信息生产、消费、传播与接收的主体身份可以实时切换且互动；另一方面，可使信息不再局限于人与人之间，而是扩展到了更大范围并可实现人机高度交互和人机协作，比如生物识别（如指纹、脸象等）、计算机视觉（如人脸识别、情感分析等）、情感计算、算法推荐等，并由此产生了很多相应的关键技术，如多模感知、上下文感知、情感智能、环境智能等。不仅如此，智能交互还可以行为捕捉、用户感知为手段，用有趣、生动的方式同用户沟通，并创造出更多新的交互性叙事创新场景和内容，在使内容生产更高效、更精准的同时，革新内容的样式形态和传播模式。在移动终端上，通过短视频、H5等实现交互性叙事，可让机器更懂“你”，让用户更加自如，让内容变得更加生动有趣。而从移动互联到万物智联的价值重构，或将让更多样化的内容与多元化的“节点”融入网络。未来，智能媒介将越来越回归自然，也就是越来越人性化，人与机器的“和谐共处”将引领“人机新世代”。

3.2.2　内容个性化

内容个性化是一种根据用户兴趣和动机提供相关内容的策略。它根据用户的地理或行业特定细分信息，提供的策略涵盖从具有高度针对性的Calls-to-action到回旋Landing page（登录页）。智能互联网时代，每位用户都会成为媒体传播的动态节点，成为传播中心与传播的基础设施、“内容—关系—服务”的连接点与资源链接的单元。千人千面的个性化场景与服务可作用在包括传媒产业在内的各行各业，传媒机构可通过技术支持实时获得用户的“节点化”数据，并及时为他们提供定制化服务，使内容由“大海捞针”转入“私人定制”。当然，在个性化推荐的同时，系统还会推送当前的热门内容，或者通过兴趣探测的方式，使用户接触到没有在兴趣范围内的内容。一方面，可通过用户特征（如兴趣、年龄、职业、文化、社群、硬件、软件等）、场景特征（如时间、地理位置、网络情况、天气情况、人性心理等）、内容特征（如关键词、主题词、标签、热度、时效性等）、行为特征（如点击、缩放、刷新、关闭、点赞、留言等）等基础数据初步构建起用户画像；另一方面，可通过对用户画像数字价值向用户提供精准的服务指向。未来，智能媒介可通过算法推荐而实现媒介内容的精准推送、高度个性化和定制化，让昔日的个性化服务得到更好的延伸和更大的价值，传媒机构甚至有可能比用户还要了解他自己的需求。

3.2.3 形态多元化

媒介形态是同样的内容通过不同的形式包装成适合不同媒介的产品，提供转换事物新知觉和新视野的途径，实现了从“多种媒介，一个声音”到“一个媒介，多种声音”的转变。而不同形态的媒体之间相互支撑、宣传和反馈，起到了一个正向循环的促进作用。过去，传统媒体的传播形态主要集中于图文或音视频，形式较为单一；如今，基于智能技术，传统媒体已经涉足几乎所有的基于不同媒介、不同接收终端、不同互联网应用平台的新媒体种类。此外，在更多、更优质的图文与音视频深度渗透的同时，还呈现出包括全息影像、360度全景视频、裸眼3D、VR/AR等在内的诸多沉浸式媒体，使媒介形态得到了更多元化的表达。未来，媒介形态和内容的整合或重组，也并不代表单一化是未来的产品类型，而伴随着用户的媒体使用习惯和共性被打破，媒介产品的相互嵌入，媒介形态或将更多元化、个性化与小众化，并向特定场景的个体提供一整套解决方案——“内容＋社交＋基于同一场景的关联服务”。

3.2.4 时空虚拟化

时空虚拟化是基于互联网平台、虚拟现实、增强现实等媒介技术，打破原有海量内容呈现在时间、地域、速度等的极限与限制，扩展和探索个体参与和群体协作的力量，直接而深入参与到他们的现实生活场景中。时空虚拟化或将催化现实世界（物质世界）和虚拟世界（数字世界）相互渗透与融合，人类的群体行为实时互动和真实在场彼此分离等“脱域”化特征，促进社会从“社会性”的社会演变为“流动性”的社会。如今，我们的购物、旅行、用车、吃饭等都被智能手机场景化了，这就如同梅洛维茨在《消失的地域：电子媒介对社会行为的影响》中提出的“电子媒介将许多不同类型的人带到相同的‘地方’，改变了每个人的‘亲身参与’对于经历社会事件的重要程度”。智媒体带来的媒介“内爆”，使得媒体生产逻辑从“空间连接”向“关系链接”转变，塑造着全面交互、浸入、共享、体验的虚拟现实。未来，在因媒介而虚拟化的时空中，人类的生存方式与社会的“操作系统”或将发生持续变革，并将进一步带来基于社交网络的分布式信息生产与消费及情感、关系与信息、意见的交融与混合式全网传播。

第 2 篇　产业篇

新闻学与传播学是一门应用性和实践性很强的学科。从历史演变看，新闻传播教育素来拥有学科交叉融合的特质；从现实角度看，在媒介融合、新技术发展、新闻业与传播业急剧转型的时代，新闻传播教育多学科交融的特性越来越明显；从未来态势看，新闻传播教育与其他学科的交融将会更加全面深入。展望新闻传播教育的未来，多学科交融的人才培养将会更加深入彻底，更加全方位和立体化。

随着我国媒体融合向纵深发展，主体复杂多变、关系交织错杂是“人—机—物”混杂的新环境，传统的媒体生产运营机制无法满足新环境的要求，这就要求以新的视角和格局对媒体要素进行重构，打造“信息 + 技术 + 基础设施 + 思想 + 社会治理 + 经济生活”的跨界融合生态。为此，越来越多的媒体机构开始有计划、有步骤地引入人工智能、大数据、云计算等先进技术。

未来 5 年，5G、人工智能、物联网等将会成为信息技术发展的引擎，这些技术应用到全媒体领域，将会形成“四化”的特点：一是全媒体内容“海量化”，5G 带来的移动宽带能力提升会促使媒体信息采集能力、传输能力、信息存储能力、信息处理能力都大幅提高，在全媒体传播体系中，传播者、信息内容、受众、终端表现都会有更大的数据传输，更加丰富的内容信息形态；二是全媒体流程云化，全媒体传播体系建设中，数据储存、运算和处理的云化成为媒体发展的趋势；三是全媒体终端物联化，当终端连入网络，在云计算和 5G 信息通道的保障下，每种终端都会成为一个媒介，全媒体终端形态将完全开放；四是全媒体传播模式智能化，全媒体智能模式下，人工智能深度参与内容创作，将从简单的数据处理到提供创作灵感的智能型参与。

据悉，第28届中国国际广播电视信息网络展览会（CCBN2021）于2021年5月28日至30日在北京隆重举行。该届展会以习近平新时代中国特色社会主义思想为指导，深入学习贯彻党的十九大和十九届二中、三中、四中、五中全会精神，贯彻落实习近平总书记关于宣传思想工作的重要论述和关于广播电视工作的重要指示批示精神，紧紧围绕“十四五”规划发展纲要相关要求和国家新闻出版广电总局关于广播电视、网络视听科技创新发展的工作部署，对照国家新闻出版广电总局“六大工程”和“一五一”工作格局，围绕开局“十四五”，立足新发展阶段、贯彻新发展理念、构建新发展格局，努力把本届展会办成具有新时代特色、展示创新成果、激发创新智慧的广播电视和网络视听行业科技盛会。该届展会以“智慧全媒体 5G 新视听”为主题，彰显5G背景下广播电视和网络视听在智慧化、移动化、高清化等方面的科技创新成果，将聚焦全国有线电视网络整合和广电5G建设一体化发展，聚焦智慧广电创新发展成果，聚焦媒体融合发展和县级融媒体中心建设，聚焦高新视频创新和应用，聚焦广播电视公共服务标准化均等化，聚焦广播电视和网络视听监测监管体系建设，聚焦人工智能、云计算、大数据、区块链、物联网等新技术在广播电视和网络视听融合应用中的自主创新成果，聚焦智能电视操作系统生态建设和创新应用，聚焦视听冬奥科技创新，聚焦文化大数据体系建设……诠释新兴信息技术与广播电视和网络视听的深度融合与创新应用。

本篇试图通过对媒体融合转型中可能面临的产业转型升级进行探讨，旨在通过案例诠释转向和思辨转向，从而帮助读者更好地理解传统媒体智能化转型、智能媒体发展内在逻辑、新型人机关系、智能媒体伦理与应用型传媒人才胜任未来工作的关键能力等。

1　5G与广电价值创新

第五代移动通信（5th Generation，5G）是国际移动通信系统（International

Mobile Telecommunications，IMT）的下一阶段，是第五代移动电话行动通信标准。其对标 4G 的主要提高如下：5G 的速度将达到 4G 的 100 倍，峰值速率达到 20Gbps。这意味着 5G 环境下用户下载 8GB 的 HD 电影只需要 6 秒，而在 4G 和 3G 网络下则分别需要 7 分钟和 70 分钟。

2019 年 1 月，中宣部将“发展广电 5G”列为当年重点工作之一，这标志着中国广电网络将进入“广电 5G 元年”，推动传媒业进入全媒体加速融合的新阶段。在接下来的几年中，每一家媒体机构都应在 5G 网络出现后紧跟浪潮，例如在视频分发和内容投资上，以新的方式进行思考。

综上所述，广电 5G 是一个相对较新的领域。目前，对广电 5G 的多数研究主要是从一个或几个角度加以分析论述，较为零散，缺乏系统性梳理和总结。因此，笔者主要针对广电 5G，从系统论的角度归纳，将其概括为机遇、挑战、价值创新三个维度进行分析，希望为我国广电 5G 高质量发展提供根本性参考。

1.1 从 1G 到 5G：媒体融合之势锐不可当

移动通信技术的迭代史，就是一部媒体融合发展史。若 1G 代表大哥大时代（美国先发制人）、2G 代表短信时代（欧洲后来居上，全面触网）、3G 代表照片时代（中国登场亮相，互联网热潮）、4G 代表视频时代（中国有世界上最好的 4G 和移动互联网生态），那么 5G 则代表万物互联的新时代（高速度、泛在网、低功耗、低时延 、重构安全等）。

1.1.1 5G 概述

在全球 5G 发展规划中，中美日韩四国领先其他国家，特别是韩国 5G 进度最快，于 2019 年 3 月实现全国商用。中国移动、中国电信、中国联通三大运营商的步调基本一致，2018 年进行小规模试验网的建设，2019 年集采 5G 终端进行入网测试验证，2020 年达到大规模商用。中国从 2G 跟随，3G 突破，4G 同步转变到 5G 时代的领跑者，在标准和技术话语权等方面影响力日益凸显。

5G 与 4G、3G 不同，除进一步提升人与人之间的增强型移动宽带 eMBB（enhance Mobile BroadBand），还增加了超高可靠低时延通信 uRLLC（ultra Reliable &Low Latency Communication）和大规模（海量）机器类通信 mMTC （massive Machine Type Communication）两个应用场景，既能满足移动通信，又能满足物联网的高速率（100Mbps ~ 1Gbps）、大容量（百万 / 平方公里的连接数密度）、低时延（1ms 的空口时延）以及接近 100% 的业务可靠性和超低功耗、超低成本等需求，因此 5G 在用户体验速率、流量密度、连接数密度、时延、可靠性等方面均提出了要求。数据显示，到 2023 年将有 10 亿 5G 移动宽带订户，未来 6 年 5G 将覆盖全球 20% 的人口；预计从 2020 年至 2035 年间，5G 对 GDP 增长的贡献将相当于与印度同等规模的经济体。5G 的三大应用场景如图 2-1 所示。

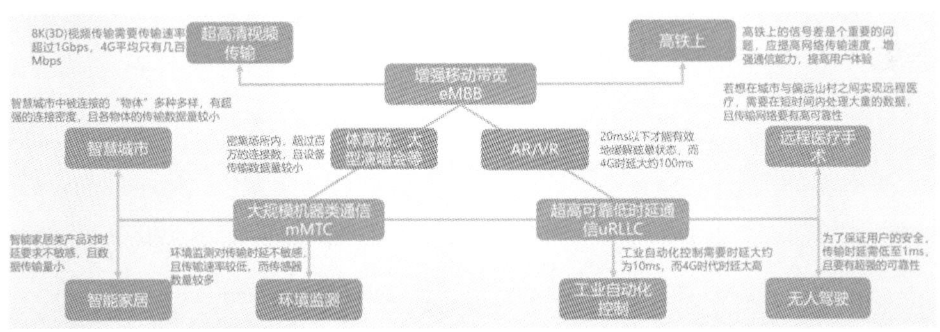

图 2-1 5G 三大应用场景

1.1.2 移动通信的演进与特性

移动通信技术从模拟通信（1G）演进到目前已经普及的 LTE（4G），其网络架构、网络协议、设备形态等都发生了巨大的变化，经历了从模拟通信到数字通信及从文字传输、图像传输到语音传输、视频传输的演进，实现了“人与人”“人与信息”互联，网络峰值速率从 2G 时代（1991 年开始）的 100Kbps 到 4G 时代（2008 年开始）的 1Gbps，实现了万倍的增长，极大地改变了人们的生活方式。对于通信的速率与延时的要求，4G 能够满足大多数需求，例如远程遥控、灾情警报、个人云端、高清视频等，但其在带宽、时延、功耗、移动性、安全性、连接数等方面还有较大的局限，需要具有全新网络架构的 5G 的通信速度和响应速度来满足，例如超高清 VR/AR、远程医疗、无人驾驶、垂直行业应用等物联网应用场景。

5G 的重要作用在于互联(人人、人物、物物),互联的结果在于交流沟通,沟通的深层次在于体验与情感分享,5G 将进一步帮助人们迈入深层次沟通(体验与情感分享)。站在技术的视角来看,5G 是在 4G 基础上的进一步升级、演进;但若站在移动通信对经济社会影响的视角来看,5G 将成为继蒸汽机、电力、汽车、互联网之后的一种新的“通用性基础技术”。未来,十倍于 4G 的峰值速率、毫秒级的传输时延和千亿级的连接能力的 5G,将与云计算、大数据、人工智能、虚拟现实等技术深度融合打通“人与物”“物与物”的界限,将开启面向全新业务、智能生活、智能生产的万物广泛互联、人机深度交互的新时代,并渗透各个行业,其意义将类似于电力之于电子、电气行业,并逐步演化成为不可或缺的生产要素。移动通信的演进与特性如图 2-2 所示。

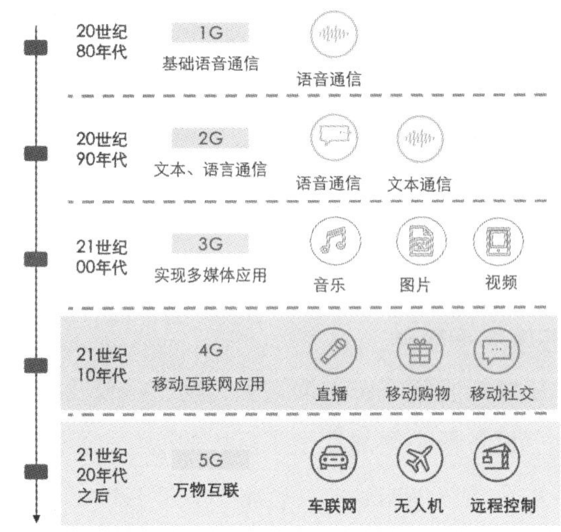

图 2-2 移动通信的演进与特性

1.2 智能融合:5G 给广电带来崭新机遇

媒体的未来,不再仅仅是内容和传播,而是数据和服务,生产与传播高度融合。得益于 5G 所带来的技术提升及 5G 网络如火如荼的建设,其将成为中国广电行业加速发展的催化剂。结合媒体制播流程,基于现阶段 5G 网络承载能力,同时根据已取得的实践经验与成果,推导出基于 5G 网络的媒体制播业务应用形态：采集传输、移动云制作、VR 制作及分发等，如图 2-3 所示。

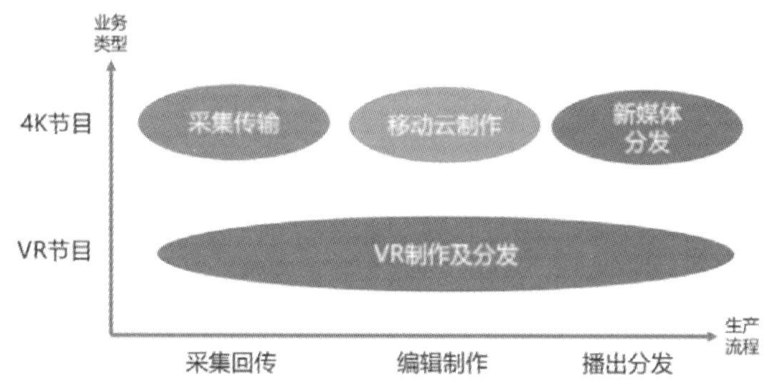

图 2-3　基于 5G 网络的媒体制播业务应用形态

1.2.1　优质内容生产水平和产能提升

4G 虽已广泛地应用于诸如 4G 直播等视频内容制作，但受阻于速率和时延等指标，其并未很好地满足内容生产的需求（尤其是在新闻直播期间）。得益于峰值传输速率、毫秒级的时延、1000 倍于 4G 的流量密度等性能的提升，5G 可为广播电视带来更大的操作灵活性以及有效性（如远程音频和视频制作、远程编辑、“身临其境”的特殊视角等）、更多新的应用（如通过“5G+ 移动通信边缘计算”，直接面向用户进行个性化、定制化、交互式、沉浸式的点播式新闻直播等）、成本降低等，将为传媒产业搭建起支撑优质内容生产的公共平台，大幅度提升广播电视在内容生产方面的水平和产能。

在传统媒介资源不断得到消解的时代背景下，只有坚持“内容为王”，才能聚合用户，使产品与用户之间产生黏性。对广电而言，权威的优质内容、强大的采编团队、专业的内容生产能力既是其生存发展的基础，又是其优势与核心竞争力。但需要注意的是，若站在广义的视角来看，优质内容资源既可包括媒体自身生产的内容，也包括由媒体整合、用户生产的内容，因此广电机构可聚拢各方资源，形成融合发展合力，如此才能助推广电转变自身角色，努力发掘新的盈利增长点并成为优质内容的生产者。例如，为向用户提供优质的视频服务，从而为 5G 商用做战略储备，英国广播公司（British Broadcasting Corporation，BBC）、美国奈飞公司（Netflix）、亚马逊（Amazon）仅在 2016

年就投入超过 30 亿美元，康卡斯特（Comcast）收购欧洲付费电视机构 Sky 等。优质内容对移动通信技术的需求不断提升如图 2-4 所示。

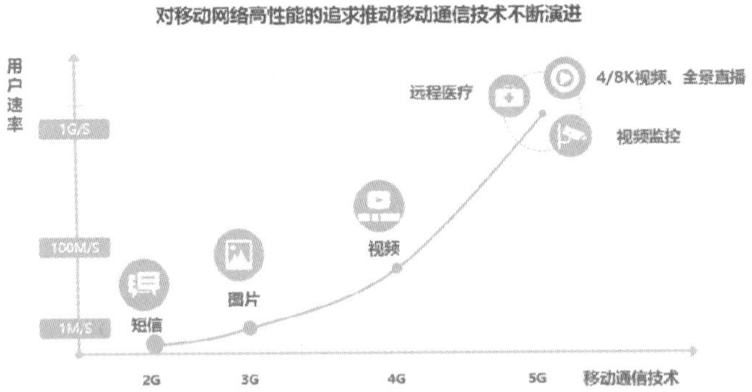

图 2-4　优质内容对移动通信技术的需求不断提升

1.2.2　满足极致用户体验需求

得益于消费互联网（个人生活数字化）发展，包括个人数字化体验急速提升、海量物联泛在连接、工业 4.0 与人个性化连接等在内的产业物联网（全社会数字化）对通信网络提出了更高要求。通过对 5G 的行业分析不难发现，5G 应用场景将从增强型移动宽带（eMBB）起步，该场景侧重于多媒体类应用如视频、游戏娱乐，集中表现为超高的传输数据速率、广覆盖下的移动性保证，需要在用户密度大的区域增强通信能力，实现无缝的用户体验，其主要应用领域如高清及超高清视频（4K/8K/16K）、AR/VR、云端游戏等，例如，2018 年平昌冬奥会便推出了 5G 网络服务支持赛事直播，能为用户提供沉浸式 5G 体验服务，包括同步观赛、互动时间切片、360 度 VR 直播等。又如，用户可在任何时间、地点观看 Netflix 和进行视频通话并将视频及时、高速地传至他们的 Facebook 和 Instagram 账户等。

从高清、超高清视频（4K/8K/16K）到 AR/VR、云端游戏，从远程控制到远程医疗，从智慧交通到智慧城市，视频需求的演进对网络要求从量变到质变，其已经渗透到“5G”社会的方方面面并成为 5G 社会的“重要元素”。5G 为丰富智能产品种类、实现万物互联提供了可能，eMBB 作为 5G 的最先商用的情景，例如消费类的流媒体 / 视频、音乐增强等功能，将为媒体行业实现新发展提供重大机遇。全方位视频化——超级视频化趋势如图 2–5 所示。

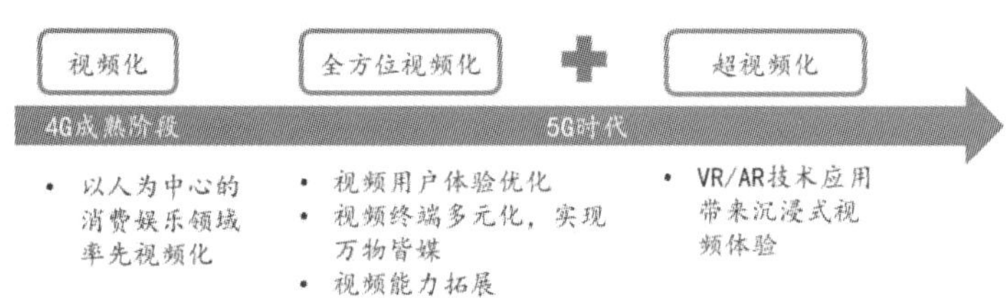

图 2–5　全方位视频化——超级视频化趋势

1.2.3　“5G+AI”形成正向循环

从工业视觉到计算机视觉、从人机交互到智能驾驶、从虚拟现实到物体自动识别、从智能解释到遥感解译，大数据环境下的智能互联平台，一方面可将具有海量的内容资源（血液）从终端汇聚到云端（心脏）并进行智能化处理（大脑），让人从繁琐枯燥的图像剪辑、后期制作中解放出来，极大释放普通人的创意和才华；另一方面无所不在、具备自我学习计算能力（神经网络）的终端又能不断地从云端汲取智慧，如高速刻画用户画像，获知用户需求并与用户互动，或者通过 AI 技术进行画面重生，实现高清内容智能转换等，如此正向循环，不断创造价值。5G、AI、物联网、云计算等基础技术创新融合，还可在构建（优化）大量通用技术的同时，赋能不同行业应用场景下的差异化需求。比如，在媒体的运营与经营中，“5G+AI”可实现在语言、视觉、图形和听觉之间语义贯通，并实现联想、推理、概括等智能，架构起跨媒体的桥梁。5G 与 AI 互为依赖，如图 2–6 所示；“5G+AI”引领智能物联新时代，如图 2–7 所示。

图 2–6　5G 与 AI 互为依赖

图 2–7　“5G+AI”引领智能物联新时代

站在应用的视角来看，若将连接视为触觉，无触觉则不会产生 AI；若将带宽视为内容，则大带宽将带来具备更全面的互联互通和更深入的智能化处理能力的 AI；若将时延视为反应，则低时延将带来具备更透彻感知、更快响应速度的 AI。由此可见，有 5G 才有万物互联，有万物互联才有 AI 成长的基础，而有 AI 才有 5G 成功的动力，AI 将成为 5G 发展的必然选择并成为引领其发展的第一动力。

1.2.4　广电成第四大运营商且手握 700M 黄金频段

近年来，随着移动通信的迅猛发展，无线电频谱被大量消耗，频谱资源也被认为是比黄金还要珍贵的资源。为充分发挥 5G 中频段兼顾大容量和连续覆盖的技术优势，中华人民共和国工业和信息化部门（简称工信部）于 2018 年 12 月向三大运营商颁发全国范围 5G 中低频段试验频率使用许可，中国联通、中国电信在 3.5GHz 频段各获得 100MHz 的频谱资源，中国移动在 2.6GHz 频段获得 160MHz，在 4.9GHz 频段获得 100MHz。此外，中国广电已于 2019 年 6 月获得工信部颁发的移动通信资质和 5G 牌照，意味着中国广电将结束“陪跑”，同三大运营商一样拥有固移全业务运营能力，不仅能够为中国广电提供新业务增长点，而且还能更好地与传统业务相融合。

与此同时，对低时延与海量链接意义重大、最适用于移动通信、效益最大化的黄金频段 700MHz，多个国家地区已将其大部分资源分配（或拍卖）给运营商（如美国为将该频段用于移动通信和公共系统，于 2011 年完成了该频段的全部拍卖；欧洲为将该频段用于 5G 等无线宽带服务，于 2020 年 6 月底前释放该频段），但在我国，由于该频段原本用于承载模拟电视，在模拟电视向数字电视升级后就被释放出来，如今一直掌握在广电手中（96MHz），尚不属于 5G 新频段，处于待分配状态。因此，从广电自身的发展考虑，700MHz 频段或将成为其实现低成本建设 5G（"大塔地面广播 +700MHz 蜂窝广覆盖 + 中高频热点覆盖"三层网络架构）、拓展蓝海市场、打开发展新局面的重要筹码。

1.2.5　新一轮换机周期与潜在用户增长

当前，全球无线已进入后 4G 时代，并加速向 5G 迈进，与此同时，全球范围内 TOP 运营商已经启动 2G、3G 退网计划。资料显示，3G 使得通信终端实现了从语音通信到支持图片和基础互联网，而 3G 商用始于 2008 年，并于 2009—2012 年步入高速成长期；4G 使得通信终端支持视频和丰富的互联网，而 4G 商用始于 2010 年，并于 2011—2014 年步入高速成长期。2019 年，5G 进行商用，参照 3G、4G 时代通信终端的升级历史，不难发现新一轮换机周期均是在新一代通信终端商用后的 2 ~ 5 年。为此，广电应抓住 5G 风口，实现产业变革，全力完善网络应用生态并提升服务体验。

5G 时代，用户将不再局限于智能手机用户，常规的家电亦可与 5G 互联互通，正是如此，5G 的潜在用户（终端）将会持续增长。此外，5G 时代不仅将颠覆媒体组织内容生产的方式，也将为已经爆发的"短视频"市场带来新机遇。因此，广电应发挥原有的视觉媒体优势，搭乘 5G 快车，力争成为智能城市的中控站和连接枢纽。

1.3　生死存亡：5G 给广电带来严峻挑战

根据 TRIZ 理论（发明问题的解决理论）的 S 曲线进化法则可知，技术有"生"有"死"，每个技术系统的进化一般都要经历如四个阶段（婴儿期、成长期、成熟期和衰退期）。因此，理论层面上 5G 虽然可能给未来广电发展带来诸多机遇，但在商业进程中仍然会带来严峻挑战。

1.3.1 思维视角：惯性思维成为绊脚石

时代在变，信息技术与媒介生态在变，但广电人的思维似乎总是滞后于时代变化的步伐，如缺乏全国统一标准和产业生态、“规模为王”等，导致广电行业曾经的优势逐渐丧失。媒体的经济属性从本质上要求媒体产品必须满足消费者的使用需求，“互联网 + 传媒”的理念将颠覆大众过去对于媒体的定义。若以用户思维考量媒体，传统的媒体受众（Audience）和消费者（Consumer）已转变成为产消者（Prosumer）和使用者（User），内容产品构成也由“内容 + 形式”二个要素上升到“内容 + 形式 + 关系 + 场景”四个要素，因此其绝不仅是现有媒体形式及信息生产流程的整合，更应是对用户需求与用户思维的融入。未来，具有产品即场景、分享即获取、跨界即连接、流行即流量四大表征的场景应用将以个人社交体验为逻辑起点，体验作为底层逻辑主导着这场革命的发生、发展、衍化与变迁，将带来一场从兴趣精准到需求精准的关乎未来的思维变革。5G 时代，以移动智能终端为载体的新媒体必将呈现出更加广阔的发展前景。为此，广电人应积极熟悉并主动运用用户思维、媒介融合思维、互联网思维、移动互联网思维、全媒体思维及产业链思维等，从而变“媒体受众”为“媒体用户”，重建用户连接模式。

1.3.2 人力视角：通用型人才匮乏

随着数字原住民的长大，未来的数字化消费群体还会呈现出扩大的趋势，但生产优质内容的通用型人才却较为缺乏。首先，广播电视是一门文理工艺多学科交叉的应用型学科，这需要业界和学界加强合作，加大培养横跨文理工艺的数字生产与传播人才；其次，包括 5G、“云大物移智区加”在内的信息技术变革日新月异，这些都需要非常专业的互联网技术人才（如数据科学家、算法工程师、人机交互界面设计、数字开发等）来推动实施；再则，广电系统数十年的发展历程中对于纯正市场化的人才培养和储备还有待补足，而这些正是广电人才的短板。由此可见，既熟悉广播电视又掌握 5G 等新兴互联网技术，拥有独立思考能力、复合型知识结构以及注重实践的通用型人才，将成为广电在推进 5G 应用中面临的重要挑战。为此，广电应有针对性地改善原有人才评价机制与队伍结构，逐步形成一支由记者、编辑、设计师、程序员等构成的多元人才队伍。

1.3.3　用户视角：缺乏移动端业务

自“三网融合”概念提出以后，移动运营商早已迅速切入了家庭大屏市场。但由于牌照的限制，广电运营商不仅迟迟未能分得移动通信市场份额，还使本身的传统优势业务遭到了严重冲击。除“全国一张网”的体系架构因素外，缺乏移动端业务更是造成当前困局的重要因素。对广电运营商而言，他们无法提供移动端业务，宽带出口基本也是租用，需要支付高昂的租用费，单纯依靠传统的大屏端业务根本毫无出路，而且大屏端 ARUP 值逐年递降也成为一种市场趋势，导致盈利能力越来越弱，甚至是面对供应商的议价能力也逐渐丧失。为此，广电人应通过 5G、700MHz 等资源统合内部结构，借机完成“整合全国广电网络”使命。此外，还可以引入外部合作资源，在资源和技术上实现共享，共同运营优质产品。

1.3.4　市场视角：业态变迁的潜在威胁

伴随着包括 5G 在内的数字技术的“裂变式”迭代和媒介社会的多元化与重构，媒体边界不断拓展并愈来愈多地呈现出了阶段性特征，将重新定义用户的生活和感知，从而进一步激发基于互联网的融合型新产品、新业务、新模式、新业态。但是，5G 要实现大规模普及应用，还必须经历更多的应用场景、消费者对 5G 更有温度的感知，以及与不同技术间的协同融合。此外，5G 在未来一段时间内还会和 LTE、LTE-A（真正的 4G）共同发展，加之毫米波等技术相关标准的发布，未知领域各种潜在威胁亦将使广电面临挑战。

1.4　价值创新：智能技术群“核聚变”推动“智能 +”时代到来

5G 作为一种“通用性基础技术”，将与包括广电在内的各个行业应用相结合，并衍生出更多的新业务，未来市场十分广阔。广电运营商要想在新媒体崛起的环境中实现价值创新，应摒弃互联网作为其延伸和补充的定位，从战略层面思考如何推动移动通信网和广电网络融合，并“以服务用户为中心”更加重视用户的个性化服务和用户体验，在互联网技术新平台的基础上重新寻找自身的社会价值，以服务大众、传播主流文化和满足新时代的新需求。“智能 +”

将推动广电快速扩展，如图 2-8 所示。

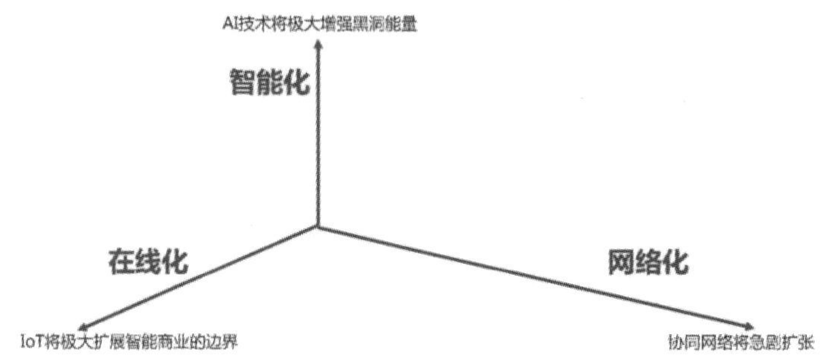

图 2-8 “智能 +”将推动广电快速扩展

1.4.1 “5G+Cloud+VR/AR”，增强沉浸式深度体验

虚拟现实（Virtual Reality，VR）、增强现实（Augmented Reality，AR）和混合现实（Mix reality，MR）是能够彻底颠覆传统人机交互内容的变革性技术。5G 网络的高带宽、低时延、虚拟化（云化）核心网等技术特点，可使 VR/AR 业务从固定场景、固定接入走向移动场景、无线接入，从技术实现上赋能 VR/AR 的交互性和沉浸式体验，通过“再语境化”的信息拓展，带来消费感官新体验，从而开拓实体操控新空间。未来，可将其应用在音乐、游戏、演艺、动漫、直播等文娱领域，涉及虚拟社区、VR 巨幕影院、VR 全景直播等；可将其应用在“VR/AR+ 商贸创意”等其他领域，涉及“AR+ 广告”“VR+ 家装”“VR+ 房产”“VR+ 时装”等营销场景。例如，2019 年全国两会期间，山东广电《拜托了两会》更是全程使用了“5G+VR”直播，同时结合大数据和 AI 等新一代信息技术让“全息”更“全效”。

实质上，VR 终端成本高、移动性差已成为其普及发展的弊端。5G 时代，通过部署“5G+Cloud+VR/AR”，VR 终端可将采集的动作等数据传输到云端服务器，并将部分数据存储、内容处理和高速计算能力部署在云端实现并下沉至网络边缘层，可大大降低终端对处理的性能要求，与此同时，5G 毫秒级延时可满足强交互“Cloud+VR/AR”的时延需求，可实现超高体验的游戏和建模、基于云的混合现实应用等。广电一直在直播领域和内容资源等方面比三大运营商更有优势，可通过调整业务模式和产品，成为全面的云服务提供商，从而更好地提供云 VR/AR 服务。

1.4.2　5G 广播与无线交互广播电视，多维度覆盖目标用户

5G 广播与无线交互广播电视是 5G 时代为充分发挥广电在传统领域的优势（如优质的内容资源、直播版权和其它运营资质等），对当前传统无线广播电视进行升级改造的产物。未来，综合利用网络的组播和广播特性，5G 无线交互广播电视可满足较多的业务场景，可将其应用在公共场所、景区、商业区等人口集聚区域，针对广播大屏幕或者手机终端，实时直播重大赛事视频、视频节目、广告视频、图片或突发事件应急信息等；可将其应用在偏远地区，通过机顶盒接收无线交互电视视频广播的方式实现用户覆盖，同时支持宽带上网；可将其应用在市场和工地等人口密度较高的临时性区域，使得用户可以通过移动终端直接收看视频节目，真正实现随时随地看电视。例如，国家广播电视总局广播电视科学研究院发起成立无线交互广播电视工作组（Advanced Interactive Broadcasting，AIB) 确定了将在 2022 年北京冬奥会期间，提供基于 5G/ 无线交互广播电视技术的超高清广播电视网服务，实现超高清内容回传、超高清电视广播和移动接收。

实质上，国家广播电视总局广播科学研究院为推进广播电视网与移动通信网的深度融合，承担了国家科技重大专项“新一代宽带无线移动通信网”课题；国家广播电视总局科技司为制定与 5G 融合的新一代无线交互广播电视的系统和组网标准，于 2018 年 4 月发起成立了无线交互广播电视工作组，聚合产学研用力量开展规模技术试验等。

1.4.3　“5G+4K/8K”和云游戏，打造数字家庭娱乐中心

未来，高清与超高清并存将成为内容传播的主要格局，超高清内容将让用户再重新回到电视前，进而提高用户付费转化率的重要利器。除 8K 视频的带宽需求超过 100Mbps 外，其他基于视频的应用，如 4K、多视角、实时数据分析等，同样需要 5G WTTx（固定无线接入）的支持。“5G+4K/8K”直播能真正让电视媒体插上科技的翅膀，促进电视的转型升级，为用户带来更佳的视听体验。而云端游戏对终端用户设备的要求较低，所有的处理都将在云端进行，用户的互动将被实时传送到云中进行处理，以确保高品质的游戏体验。例如，2019 年

春节档热映的 3D 电影《流浪地球》，就可以让用户和家人躺在家里面非常流畅地欣赏到高品质内容；又如 2019 年全国两会期间，中央广播电视总台首次使用“5G+4K”手机设备进行网络直播；再如，2020 东京奥运会灵活部署 8K 拍摄并采用 8K 信号多路直播回传，单节目带宽超 100Mbps，5G 正好可以应对类似网络容量的这一重大挑战。

实质上，5G 是传输载体，4K/8K、云游戏是消费升级，电视、游戏和其他家庭应用已将移动运营商置于数字家庭娱乐中心。5G 将会在视频内容的采、编、播、传等各个环节带来革命性的变化，将为 4K/8K 视频技术的大规模应用提供必备基础。通过 WTTx，运营商还可提供智慧家庭增值服务平台，并通过集成 AI 数字助理，分析汇总后的数据和开发新应用进一步提升平台中的服务品质，5G 将以 90 fps 的速度支持快速响应式和身临其境的 4K 游戏体验。

1.4.4 “5G+ 无人机”视频回传，构建天地一体“网联空间”

“5G+ 无人机”视频回传可实现全景 4K 实时超高清图传、远程低时延控制、永远在线等应用。未来，通过无人机挂载全景 VR 直播业务，可完成视频采集、拼接处理与视频流处理，通过连入 5G 网络上行链路将 4K/8K 全景视频传输到核心网侧视频服务器，再通过下行链路传输给多位用户。而用户只要戴上 VR 眼镜，就都可以随时随地无延迟地体验激动人心的现场。未来，可将其应用在娱乐、信息消费、编队飞行等场景，实现超视距无人机互联互通、高清视频传输；可将其应用在巡检、安防、测绘、救援等领域，360° 全视角、不间断地进行现场实时跟踪，同时可以回传高清视频用于人眼或计算机的分析识别；可将其应用在 AI 云端处理技术，通过蜂窝网结合 AI 技术形成一个数以千万计的无人机智能网络，彻底实现 7 × 24 小时无缝地提供航拍、送货等各类个性化及行业服务，进而构建一个全新的、丰富多彩的“网联天空”。

实质上，“5G+ 无人机”，若能与网络切片、边缘计算能力结合，将进一步拓展无人机的应用场景，极大地加速民用无人机应用之普及，从而助推低空数字化经济。例如，2018 年 5 月，搭载 5G 通信技术模组的无人机在上海虹口北外滩，成功实现了一场基于 5G 网络传输叠加无人机全景 4K 高清视频的现场直播。又如，在我国雄安新区第一栋地标性建筑“市民中心”的建设过程中，无人机的高清视频直播便实现了从空中俯瞰的实时回传 1080P 30 帧高清视频，为近距离观察市民中心建设情况提供了极大的便利。

1.4.5　“5G+ 物联网”，构筑信息传播与智慧城市“双融合”平台

物联网概念由来已久，但由于受制于传输速度、端算力等因素，其在高速场景方面的应用推进一直较为缓慢。随着 5G 建设完成解决高速场景要求，边缘计算兴起解决端算力制约，物联网核心瓶颈将被打破。实质上，物联网的本质与 5G 将打通“人与物”“物与物”的界限相得益彰，均是让整个世界都能变成一种“在线”状态。广电机构，应充分发挥 5G 的技术优点搭建“双融合”平台，在职能上从单一的信息服务平台转型为公共服务平台，构建“线上＋线下”的全场景服务体系，构建“智慧城市服务主平台”，挖掘创新服务模式。

实质上，物联网整个产业的盈利模式还未明朗，工业、农业、交通、零售、消费、家居等领域市场潜力还在释放，市场壁垒还未形成，广电在物联网领域尚有很多机会。广电在物联网领域，相比其他运营商具有频段优势，其拥有的 700MHz 频段在相同成本下，建设端到端的专用网络将比三大运营商覆盖更广，建网更快。借助性价比优势，广电将在物联网市场获得很多发展机会。

2　信息技术与县级融媒体中心

自 2014 年 8 月《关于推动传统媒体和新兴媒体融合发展的指导意见》出台拉开“媒体融合”改革序幕以来，国内各级媒体在实践与探索中不断互动、互补、互融、互利，使得传统媒体与新兴媒体融合发展已成为主流趋势。

从“+互联网”的初步探索到“互联网+”的全媒体生态融合再到“人工智能+”的智慧升级，以互联网为基础的数字平台以及连接一切、跨界融合、创新驱动、开放生态等信息技术逻辑，已成为新技术、新应用引领和推动媒体融合发展的基本逻辑，正持续深刻地加速媒体生态圈重塑。为顺应社会构建与媒介技术演进，媒体融合的工作重点已经从中央、省级主干媒体层面进入到打通“最后一

公里”支系媒体的攻坚阶段。

2.1 县级融媒体中心建设的基本情况

2018年8月，习近平总书记在全国宣传思想工作会议上强调，“要扎实抓好县级融媒体中心建设，更好引导群众、服务群众”。2018年9月，中宣部部署县级融媒体中心建设，要求2020年底基本实现全国的全覆盖，2018年先行启动600个县级融媒体中心建设。2019年1月，《县级融媒体中心建设规范》《县级融媒体中心省级技术平台规范要求》同时发布，为媒体融合向纵深推进提供了根本遵循和强大动力。由此可见，县级融媒体中心建设已全面上升到“国家战略”高度。

2.1.1 为何重视媒体融合的“最后一公里”

为何国家如此重视打通媒体融合的“最后一公里”呢，笔者认为至少有三层因素。首先，从功能视角看，县级媒体是媒体的最基层单元，是连接用户的“最后一公里”，相较于主干媒体在空间向度上更易于了解民众所思、所想、所盼与所急；其次，从传播视角看，县级媒体面临体制机制瓶颈、技术基础薄弱、运营能力局限、后备人才不足等困境，导致其思想宣传和舆论引导工作呈现弱化趋势；最后，从生存视角看，县级媒体虽从物理增量上建设了以“两微一端”为代表的新媒体平台，但由于对县级融媒体中心的本质和核心定位并不清晰，导致其在内容生产、传播效果、用户黏性等领域未能产生良好的质变反应，造血功能衰减，面临着严重的生存危机。

2.1.2 如何扎实抓好县级融媒体中心建设

如何扎实抓好县级融媒体中心建设，关键在于能否充分利用媒体的“四全”特性（全程、全息、全员、全效），实现“融为一体、合而为一”。首先，应以“媒体+”思维，全面整合报刊、广播、电视、网站、“两微一端”、第三方账号等公共媒体平台资源，按照“中央厨房”模式分布式采集、统一上传、分类加工、多元传播，盘活不同端口的资源共享能力，完善传播矩阵建设；其次，应以“用户+”思维，打通交通、医疗、教育、金融等公共体系，通过垂直类信息服务渗透到社区和个人，释放县域各项资源的综合活力，回归“内容为王”

的媒体本质；最后，应以“互联网 +”思维，实现互联网技术下沉，打通县级融媒体中心与省 / 中央级平台的连接，形成上下贯通、旁系融通的复合传播体系，从而使传统主流媒体掌握网络空间舆论主导权。

2.2　构建信息技术“创新矩阵”

当前，人类的感知世界、生活世界、交往世界逐步由全面网络化转为初步智能化，层出不穷的智能传播技术不仅开始渗透进社会各领域并成为人类社会的基础设施，还成为一种连结资本，将集成内容感知与分析、理解与思考、决策与交互等。面对技术变革，县级融媒体中心在建设过程中应把构建信息技术“创新矩阵”放在重要战略位置，在媒体融合转型过程中融入智能技术、汇聚智能思维、完善智能业务能力、提升智能公共服务水平。

2.2.1　人工智能介入到信息传播生产与消费流程

随着信息环境和数据基础的深刻变革，人工智能迈入新一轮发展阶段，并将成为推动县级媒体融合的关键技术力量。学者唐绪军认为，2016 年以来，在“互联网 +”政策的推动下，“人工智能技术引领传播技术创新，媒体‘智能化’发展，媒体融合步入提速升级阶段，内容创业步入快车道”。

对县级融媒体中心建设而言，包括内容生产、传播方式、组织机构、经营模式等不同板块都将在人工智能技术的引领下进行无边界重构，尤以职业媒体人为主体的新闻生产—消费过程将被完全打破。以智能写作机器人为例，早在 2007 年美国 Automated Insight 公司就推出了撰写财经、体育新闻的 Wordsmith 写作机器人；国内媒体运用机器人写作起步较晚，2015 年 9 月腾讯开始启用 Dreamwriter，同年 11 月新华社“快笔小新”上线。对新闻生产其他环节来说，人工智能同样能够帮助媒体提高生产力，例如亚马逊 Alexa 和谷歌智能助理等新兴的语音激活技术，可对观众访问内容产生重大影响。因此，无论从战略层面还是实践层面，县级融媒体中心都应将人工智能技术当作智能“创新矩阵”建设的排头兵，通过人工智能技术赋能媒体融合、优化信息生产、传播与消费流程，从而提升智能传播能力。

2.2.2 广电 5G 网络的铺设与升级

5G 作为 4G 系统的延续，将成为传媒业的一块关键拼图，是一场面向全新业务、智能生活、智能生产的网络变革，正开启万物互联时代。

对县级融媒体中心建设而言，5G 首先能够成为业务融合的基本手段促进媒介产品和服务的多样化，超高清 VR/AR、全景视频似乎都可以变为流行的视觉产品，从而充分满足用户信息消费视频化的趋势。与此同时，视频转发量已是图文的 12 倍，视频流对图文的侵蚀可能会进一步加剧，视频内容的“专业化生产—消费”或将成为县级融媒体中心的主干业务。此外，5G 的传播特性还能够支持数字医院、智能工厂、无人驾驶、垂直行业应用等智慧生活应用场景，促进更多行业发生智能化转型。因此，县级媒体可发挥原有的视觉媒体优势，搭乘 5G 快车，力争成为智能城市的中控站和连接枢纽，助力提升智慧城市的公共服务能力。

2.2.3 物联网公共信息采集与处理

物联网是指人类生存环境中的万物通过信息传感设备与互联网连接，从而进行信息更新的大型网络系统。一方面，物联网是互联网的延伸和拓展，其核心和基础仍然是互联网。另一方面，物联网将网络节点从人与人之间扩展到了任何物体与物体之间，例如冰箱、洗衣机、汽车、水杯等，并在之间进行通信，使得相互连接的设备数量和数据量呈指数倍增长。由此可见，如果说今天的互联网平台是人与人交流的平台，而未来的互联网平台则是人与物借助数据进行“对话”的平台。

对县级融媒体中心建设而言，应深化与有线网络等机构的合作，搭建物联网生态圈。例如，可在政府倡导的医养结合领域，通过中心平台创造全新的医患对接、公共服务与家庭养老之间的对接，又如，可在智慧城市公共服务物联网和智慧农业公共服务物联网等领域，尽早实现设备与设备之间的沟通、对话和交换信息，从而尽早实现“价值共创社会”。

2.2.4 区块链技术对媒体生产关系的重构

区块链本质上就是通过纯数学方案建设交易各方信任机制，其基本结构是人们把一段时间内的信息，包括数据或代码打包成一个区块，盖上时间戳，与上一个区块衔接在一起，每下一个区块的首页都包含了上一个区块的索引（哈希值），然后再在页中写入新的信息，从而形成新的区块，首尾相连，最终形成了区块链。由于区块链中的每一份被存储的数据都不能造假，具有去中心化、可追溯、防篡改、公开化特征，因此在版权保护、信源认证、新闻审阅、数据隐私保护、网络行为失范治理、数字资产管理方面，区块链能够提供底层技术架构。

对县级融媒体中心建设而言，接入区块链技术不仅能够在业务层面帮助媒体工作者进行信息来源、信息真实性和准确性的核查，提高优质内容生产效率，建立健康的传播环境；而且能够对信息传播路径进行追踪，因此可以有效核查媒介产品在不同时段不同渠道不同终端的传播效果，为信息进一步增值预留空间。此外，区块链更加去中心化的特性又能够推动县级融媒体中心、客户和用户之间建立起信任链，为媒体在组织结构、业务流程和治理体系方面的深度融合提供新的方案。

2.3　智能化县级融媒体中心建设的生态体系

对县级融媒体中心建设而言，融合不是目的，转型才是根本所在，而转型的根本目的则是尽快打造成基于互联网的智能化媒体融合新平台。转型首先是传播理念与思维模式的转型，然后才是业务层面的转型，未来应重点在品牌化、用户化、数据化及地方化四个领域突破。

2.3.1　以品牌化为目标，在资源整合平台上重构传媒价值链

互联网的技术向度与网络社会的核心逻辑都在于连接，因此县级融媒体中心不应是一个封闭的中心或机构，而应是通过跨界连接、打破体制界限整合传播资源、充分汲取主干媒体和商业媒体优势的新型传播平台。随着媒体融合进一步深化，融媒体中心应加快市场化运营步伐，一方面加大融媒体建设财政投入，采取多种方式吸引投资、融资；另一方面提高经营管理水平，争取多元创收。因此，品牌化县级融媒体中心建设，应借鉴商业媒体开发、运营的重要经验，从媒介与消费关系角度精耕细作。以抖音为例，数据显示，2018 年抖音上经过认证的媒体账号超过 1340 个，累计发布短视频超过 15 万条，累计播放量、

获赞次数分别为近800亿次、超过26.3亿，其中人民日报、快乐大本营、人民网抖音号分列平面媒体、广电媒体、网站/新媒体影响力榜首；数据还显示，2020年日均视频搜索量突破4亿，有54个抖音账号粉丝年增长破千万，其中增长最多的抖音号是“人民日报”，一年涨粉6527.2万。按此逻辑，县级融媒体应充分借力有影响力、流量充足、转换率高的商业媒体延伸传播能力，通过在今日头条开设头条号，或在抖音、网易新闻、一点资讯等平台开设官方账号等，形成跨区域、跨渠道、跨媒介、多模态内容的综合化信息发布端，在不同平台、渠道进行品牌化运营以吸引大量粉丝、深挖渠道传播价值。

2.3.2 以用户为中心，强调移动优先与场景化智能适配服务

如果说“70后”“80后”是网络移民，“90后”“00后”则是互联网和移动互联网的原住民，县级融媒体产品应以消费升级背景下主流人群的内容需求和社交体验为逻辑起点，复合“功能+场景+体验”三大要素，深挖用户意识消费。同时，低幼和白发用户开始进入用户市场、填补版图空白（如3岁就用iPad的儿童或会抢红包的老年人），县级融媒体产品应充分考虑人群泛化背景下这一新增“白纸型”用户的消费偏好和需求。另外，用户的移动消费习惯使得包括移动、体验、互动、高效与智能等诸多特点在内的场景化服务正在成为基础性的传播模式，而基于移动终端、传感器、社交媒体、大数据、定位系统提供的应用技术以及由此营造的一种“在场感”，也正在革新着消费时代用户体验，县级融媒体产品还应打通线上线下的界限，弥合现实生活与虚拟时空，将传播连接到工作、生活、娱乐、休闲等不同场景。

2.3.3 以大数据为引擎，实现多维度智慧跨界连接

无论是国外Netflix还是国内的今日头条等新兴媒体，之所以成功“抢走”众多主流媒体的受众，关键在于通过社交关系、算法调整等手段吸引用户媒介消费时间，进入“获取用户时间和数据→更好地服务用户→取得更多的时间和数据→挤压竞争对手的时长”这一正循环。但需要注意的是，大数据不应局限于信息传播下发端，而应贯穿于信息内容生产、传播与消费的每个环节，因此，应让大数据成为县级融媒体中心高质量发展的新引擎。但是，由于县级媒体经济能力和技术水平的限制，其并没有能力自行搭建数据化的智慧中心，所以县

级媒体应与省级媒体、科技公司、高校、科研机构建立合作关系，建立共享式云资源平台，协同提供服务，从而缓解县级融媒体在创建初期软硬件设施资源不足的情况。例如，长兴传媒集团便与科技公司合作建设运维云数据中心，形成“智慧枢纽”，打造多维度的智慧跨界连接，助力信息内容生产、传播与消费。

2.3.4　以地方性为根本，构筑信息传播与公共服务“双融合”平台

“县级”作为融媒体中心建设的关键词，突出了其地方性。地方性意味着县级融媒体中心应因地制宜，充分发挥地方特色和区位优势。由于“背靠县级基层政府……发布内容以当地党政机关新闻、政策公告为主，整体上对本地特色文化、便民服务关注不够”，所以县级融媒体不仅应当注重提升舆论引导力、文化宣传力，还应当提升本地服务力。县级融媒体中心应当从纯线上的模式过渡到线上线下相结合的模式，并在职能上从单一的信息服务平台转型为公共服务平台，成为向本地用户提供包括政务、交通、教育、医疗等在内的公共事业服务和购物、饮食、养老等在内的综合生活服务的“双融合”平台。例如邳州银杏融媒的“银杏甲天下”App就集新闻资讯、手机电视、智慧城市、民生服务（交水电费、违章罚款等）等于一体，成为邳州百姓喜闻乐见的手机客户端，形成了强大的用户聚合力。

3　人工智能与机器人写作

人工智能是指让计算机能够像人一样拥有感知、认知、决策及执行等方面的能力，是一个多学科互相交叉、互相渗透的系统科学与工程，其目的是建立一个智能机器体。当前，AI通过深度神经网络（如1011个训练样本、10^7个参数且每个参数可更新10^9次等）、全脑模拟（如美国“大脑活动图谱计划”、欧盟“人类大脑项目”、中国“中国脑计划”等）以及智能动力学（Intelligence Dynamic，类似飞行之关键的空气动力学）等领域的不断进化，已促使机器具备了感知智能（能听会说、能看会认）、认知智能（能理解、会思考）、运算

智能（能存、会算）以及运动智能（能抓会握，能走、会跑）等领域的能力。

人工智能技术与新闻业的融合，一方面达到了机器替代人工完成相应工作的目的，实现了多场景、多渠道、多平台的新闻制作，重塑了新闻生产过程并变革了新闻传播形式。另一方面，由于当前人工智能技术尚处于初级阶段，相应的技术并不完善，具有很强的破坏潜力，存在逻辑运算难以实现语义理解、数字冲突难以转化为趣味表达、非结构化数据难以被机器运用等现实困境。因此，研究人工智能时代机器新闻写作的原理、现状与未来，具有一定的学术意义和实际应用价值，希望能对新闻从业者和新闻生产带来积极启示。

3.1 人工智能与机器新闻写作

随着“云大物移智区加”等新一代“智能 +”技术的持续迭变与普及应用，包括新闻传媒产业在内的各行各业为应对技术变革带来的产业变化，积极尝试将人工智能引入整体流程中，推出了机器新闻写作等应用。

3.1.1 人工智能

AI 自 1956 年诞生以来，在过去的 60 多年里取得了迅速发展，已成为一门涉及数据挖掘、数据提取、机器学习、神经网络、计算机视觉等智能技术的交叉前沿科学，为包括机器新闻写作在内的新闻传媒领域的壮大发展提供了新动能。同时，依据其对人脑智力模仿的强弱程度，AI 还可分为弱人工智能和强人工智能两个大类。

3.1.2 机器（人）新闻写作

机器（人）新闻写作（Robot Journalism）指通过算法语言对获取的信息与数据自动进行整理、合理化布置与科学优化，并利用 AI 实现从“数据→信息→知识→决策”的一套完整的应用与变现模式，可自动生成完整新闻报道的一整套计算机程序。机器新闻写作作为 AI 技术在新闻领域实践应用的现象级产品，赋予了新闻媒体“更强的自我”，使得新闻生产过程具备协同、融合、集约化等特点，重构了传统新闻生产模式和机制——平台内容自动生成、多元场景智能聚合和用户服务精准匹配，不仅可在一定程度上代替人工完成新闻写作，加快新闻集成优势的建设，而且可基于用户数据的智能化捕获和分析，构建全新的“社会物理学”系统，改善用户的信息消费体验与“时空”限制，进一步促进新闻传媒的竞争核心由“传播力”向“联合力”的转化。

3.1.3　机器新闻写作的主要应用领域

从《华盛顿邮报》Truth teller（2012 年 6 月）写作新闻开始，到《洛杉矶时报》Quakebot（2014 年 3 月）、美联社 Wordsmith（2014 年 7 月），再到腾讯财经 Dreamwriter（2015 年 9 月）、新华社快笔小新（2015 年 11 月）、今日头条张小明（Xiaomingbot）（2016 年 8 月）等，机器人写作似乎正从概念变为现实，其适用范围主要集中在突发新闻、体育新闻、财经新闻与娱乐新闻四大领域。

（1）突发类机器新闻写作，指通过机器人及时报道涉及现实生活中毫无征兆、突然发生的自然性灾害或人为破坏事件，如地震、洪灾或政治事件、公共卫生事件等。例如，2017 年 8 月 8 日，四川九寨沟县发生七级地震，“中国地震台网”官方微信率先发出一则近 600 字、图文并茂的新闻稿件，这便是“机器”用 25 秒自动编写的作品。

（2）体育类机器新闻写作，指通过机器人及时报道涉及具有多样性、竞技性与悬念性的体育赛事。例如，今日头条机器人张小明具备 2 秒写稿、智能配图与拟人表达等功能，仅 2016 年里约奥运会，张小明便平均每天发布 30 多篇稿件，6 天发布 200 多篇稿件。

（3）财经类机器新闻写作，指通过机器人及时报道涉及消费领域复杂数据的财经事件。例如，美联社于 2014 年与 Automated Insights 推出了 Wordsmith（“语言大师”）平台，该平台具备每秒生产 2000 篇财经文章的能力；腾讯财经机器人 Dreamwriter 于 2015 年 9 月率先推出了全国首篇自动生成的新闻《8 月 CPI 同比上涨 2% 创 12 个月新高》，引起了广泛关注。

（4）娱乐类机器新闻写作，指通过机器人报道涉及明星隐私或衣食住行的浅层次娱乐新闻资讯。例如，诸多新媒体平台通过大数据技术抓取热点音视频资讯，在此基础上自动匹配相关图像与自动提取字幕，批量生产了大量的合成视频。数据显示，到 2019 年 12 月，网上的合成视频总数达到近 15000 个。

3.2 机器新闻写作的技术原理

新闻业从属于更高一级的“创意产业”，是具有清晰产业逻辑的行业。在机器新闻写作的运作系统中，数据是基础，算法是核心，算力是关键，智能操作是“持久”动力。因此，机器新闻写作亦可被划分为四个步骤，即数据积累 + 知识构建→数据提取 + 机器撰稿→自动纠错 + 智能审核→智能签发 + 智能分发。机器新闻写作的技术原理如图 2–9 所示。

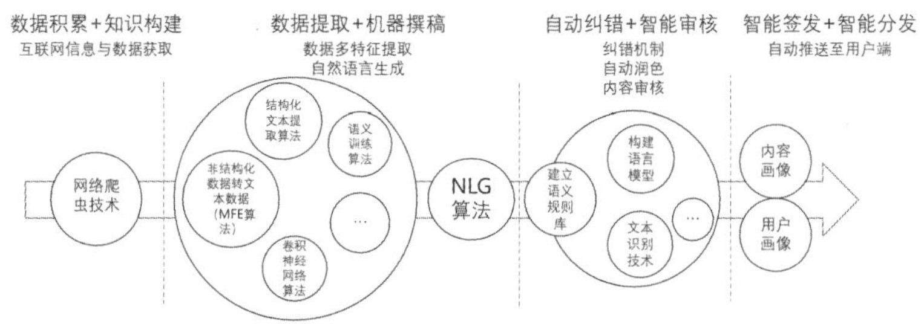

图 2–9 机器新闻写作的技术原理

3.2.1 数据积累 + 知识构建

在新闻写作中，有些“内核”并不随着技术的变革而被消除，只是换一种形式而存在。无论是传统模式还是机器新闻写作的方式，都必须有前期的素材积累。不同之处在于传统模式主要通过大量的人力完成，而机器新闻写作则是在通过网络爬虫“获取”互联网海量信息、数据的基础上实现智能化标签、聚类、彼此匹配，并根据具体需求整理成以建构“互相核对、互相补充、互相延伸、互相纠错”的数据库、语料库、词汇库、知识库等。

3.2.2 数据提取 + 机器撰稿

在传统模式中，记者完成采访后会获取到相应的大量素材信息，然后进行多次筛选以选取到最有新闻价值的信息，但该过程时间长、耗费精力大。而机器新闻写作在进行该过程时，主要借助强大的数据分析能力，不仅可快速、择优地提取多特征的碎片化信息，挖掘隐藏于其间的差异、趋势与内在关系等，而且可通过自然语言生成等技术将非结构化数据转为文本数据，比如体育赛事中的足球赛事，关于比赛开始列表分数、红黄牌的数量、双方球员的运动轨迹与犯规等比赛数据，从而让更多的数据和知识在机器中“活”起来。此外，机器新闻写作还可通过语义算法匹配语言模板，以将关键数据填入其中并自动生成新闻主体。例如，美联社的新闻写作机器人 Wordsmith 就拥有超过 100 种的报道类型及 3 亿个不同语调与写作风格的模板，有效提升了同质化模板内容下的客户体验。

3.2.3　自动纠错 + 智能审核

机器撰写的稿件虽然具有新闻必备的“5W1H”要素，即 Why（原因）、What（对象）、Where（地点）、When（时间）、Who（人员）与 How（方法），但若直接发布机器生成的手稿，新闻的可读性必然会受到较大的影响。例如，2016 年里约奥运会时，机器人便在两天内发布了两则羽毛球女子单打比赛的新闻，虽然这两则新闻具备“5W1H”要素，但由于其并未对具体的比赛细节进行充分描述，因此饱受诟病。为尽量避免此类情况再次发生，业界又尝试在原新闻写作机器人的基础上，通过语义规则库、语言模型、文本识别、自动纠错、自动润色、内容审核等功能或技术，在减轻模板新闻带来不良体验的同时，保障了新闻的可读性。

3.2.4　智能签发 + 智能分发

传统模式的新闻稿件在正式发布之前，编辑均会对手稿进行重写和签名。而在机器新闻写作中，越来越多的媒体开始尝试让新闻写作机器人独立完成新闻的写作和发布，以实现新闻报道的全程高度自动化。例如，今日头条新闻机器人张小明撰写的体育新闻文章，便在没有人类编辑参与的情况下，实现了从写作到签名的整个过程的自动化。随着智能签发技术的升级迭代，人类编辑签发在某些报道领域的参与度预计会越来越低。不过值得特别一提的是，部分内容的签发或将一直由人类编辑负责，如编写地震报道的新闻机器人，即便在地震发生后迅速完成新闻报道的编写，但根据相关部门的要求，类似内容必须通过相关部门的审核后才能向外发布。

参照机器新闻写作的技术原理，不难得到机器新闻写作的简化版工作流程，如图 2-10 所示。

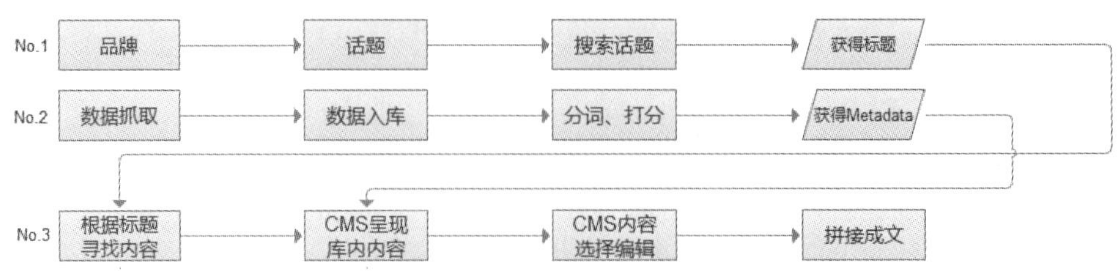

图 2-10　机器新闻写作的简化版工作流程

3.3　机器新闻写作的发展现状

虽然机器新闻写作具有人类无法比拟的优势，如写作速度快、稿件产量高等，但机器新闻写作也具有一定的局限性，如报道领域有限、稿件模式僵化等。因此，对机器新闻写作的优势与局限进行透视，将有助于传媒从业者认知与接受 AI 技术并将其运用到新闻生产中。

3.3.1　机器新闻写作的优势

（1）提升生产速度。新闻写作机器人具有强大的计算能力和数据处理能力，不仅可提高数据信息的处理速度，还可有效避免数据出现错误，使其能够瞬间完成信息的收集和新闻的写作、发布，这是人类编辑无法企及的。例如，机器人可在 2 秒内生成一篇足球新闻，或在 4 秒内生成一篇包含 10 多个数据的重大突发新闻，虽然这类 AI 文章或算不上深度报道，却是可让读者一口气就能读完的“即食新闻”。

（2）拓展生产时空。新闻写作机器人不仅写稿速度加快，还支持 7×24 小时不间断地工作，加之机器不会像人类一样需要 5 ~ 10 分钟的反应和分析时间，因此稿件的日均产量必然更多。例如，“一财全球”在启用后的半年时间内便生产了近 20000 篇稿件，这个数量相当于同时期单一人类编辑的 15 倍。又如，美联社运用 AI 来生成需求数据报告，使其将报道对象的数量从 300 个提升到了 4000 个。

（3）降低生产成本。虽然机器新闻写作包括程序开发和数据库建设等多个模块，前期投入极大，但一旦投入使用，新闻写作机器人就会根据预先设定好的程序，进行无止境的数据处理（如数据追踪、交互、过滤等）和内容输出，尤其是对那种高数据密度、高信息透明度、低语境的财经类、体育类、民意调查等新闻报道，几乎可不费吹灰之力便可挖掘出数据之中隐藏的规律，这必然会使稿件的边际成本迅速下降，并长期维持在一个较低的水平。

（4）遵循中立性态度。新闻写作机器人是一个没有生命的机器，没有情感因素和社会关系。机器新闻写作的稿件以客观数据为基础，可在不受主观因素（如人类编辑的感知洞察、价值偏好、经验判断等）干扰的情况下，挖掘出单个看似意义不大的数据和文本的社会价值，给人以超乎局部观点和眼界的全局视角，这将最大限度地降低由于人类编辑的主观因素对新闻稿件造成的影响。

3.3.2　机器新闻写作的局限

（1）应用领域有限。目前的 AI 技术还只能支持对包括比赛得分、投票数据、财务报表等在内的结构化数据的分析处理，在面对现实生活中的大量非结构化数据时，AI 技术的处理能力并不一定可以超越人类，这也是当前的应用领域有限的主要原因。此外，要训练更好的 AI 模型以让其做出迅速而正确的响应，又必须依赖于高质量的数据“投喂”，才能不断验证优化算法结构。因此，唯有新闻从业者提升自己的逻辑思维与动手能力，才能将 AI 技术下沉与深度融合到新闻实践中。

（2）同质化严重。可读性是指新闻报道对于受众的吸引程度，同时也是评估新闻生产与传播效果的重要依据。机器新闻写作主要是通过算法进行数据收集，在获得数据后迅速将数据填入提前编好的表达模板之中生成稿件。一方面，机器并不能像人类一般进行思辨，缺乏非模式化思维与创造能力，使得机器新闻写作的稿件千篇一律，模板化程度非常严重。另一方面，不够丰富的模板和较为单一的语言，又无法增强新闻的传播效果，无法帮助扩大新闻报道的受众群体。

（3）稿件缺乏逻辑。一篇优秀的新闻稿件，除基本的新闻要素以外，还应考量段落衔接、事实与逻辑的合理性两个重要因素。在机器新闻写作的过程中，为不改变匹配的模板（无论是自动还是人工方式），稿件通常只能在小范围内变化选择词汇与修辞，这不仅会在一定程度上影响机器新闻写作的内容质量，而且很容易在段落之间产生逻辑混淆。

（4）无法判断信源真伪。一方面，缺乏自我意识的 AI 算法，若获取到的信息本身就有错误，将输出错误的结果。另一方面，AI 并不具备有经验的人类编辑一般的信源真伪辨别能力。此外，由于发展中国家尚不具备机器新闻写作的研发能力，以及“网络主权”“数据主权”的保护能力，或将加剧发展中国家对发达国家在机器新闻写作上的“被迫依赖”，并陷入信源真伪的“失衡螺旋”。

3.4 “重塑”与未来

机器新闻写作作为 AI 技术与新闻生产的结合，一经出现便吸引了学界热议和业界追捧，不仅为新闻传播注入了新鲜血液，也对新闻传播的主体、受众、内容、形态与体验等带来了巨大的影响，将从目前先锋实验性质的形态逐步转变为新闻报道的常态，“重塑”新闻业的进程。

3.4.1 机器新闻写作对新闻业的“重塑”

（1）加快新闻媒体转型升级。多元化传播延伸了用户对内容的认知和体验，并反哺了智能媒介的发展和媒体融合纵深发展。一方面，传统模式的新闻生产往往需要耗费大量的时间、人力，但机器新闻写作不仅只需要几秒时间，而且还可生成全自动化的稿件，可在降低生产成本的同时，让新闻稿件的生产数量与效率得到大大提升。另一方面，机器新闻写作通过极强的智能数据采集与处理能力，可让新闻稿件的准确性和客观性得到大大提升。因此，传统媒体完全可依托其数据库资源优势通过机器生产新闻，并以最快的速度将这些内容分发给用户，或能实现内容和用户的突围，加快新闻媒体转型升级。事实上，机器新闻写作对传播技术、媒体格局与受众对象的改变不应局限于“写”，而是覆盖到了新闻业的全领域、全要素与全过程。

（2）促进媒体融合走稳走好。当前，中国的媒体融合已步入深水区。一方面，AI 技术可在较短的时间内收集与处理各类零散信息，不仅可将处理后的内容提供给新闻写作机器人用作素材，而且可将生产出的新闻稿件自动发布到各类媒体平台。另一方面，机器新闻写作当前已可代替人类编辑开展内容筛选、改编、推荐配图等工作，并可实现基于 2D 的人脸替换、人脸再现、人脸合成、语音合成、视频生成甚至基于 3D 的全身合成与数字虚拟人等诸多应用。因此，在媒体数据库的建立与共享方面，机器新闻写作不仅起到了至关重要的作用，而且有望成为一个特定形式的媒体融合子集，借此促进机器新闻写作从“外部嫁接”迈向“内部生长”、从“模糊”走向“清晰”、从“效果”转向“效益”。

（3）对新闻从业者进行重新洗牌。自然语言理解、互联网数据挖掘、自动翻译、群智形式的修正反馈等技术日益成熟，使得机器可通过提取概念、梳理人物关系、分析情绪等多种方式来量化文本，并使得新闻的选编、写作甚至思考均不再是人类的特权，这或将带来一场范式变革——新闻生产的模式从 PGC（Professional Generated Content，专家或媒体生产内容）到 UGC（User Generated Content, 用户原创内容）并向 AGC（Automatic Generated Content，算法生成内容）转变。智能化时代，机器人可在几秒钟的时间内迅速获取、分析与处理大量的信息，正在越来越多的领域解放人的体力和脑力，这不仅要求人类编辑对复杂世界进行更为深入的思考，以更好地把握事物内在的逻辑联系，而且要求人类编辑会熟悉机器人的操作技能并把握其规律，以生产更多更有深度、更有内涵的高价值报道。但需要注意的是，人类编辑不应把机器人视为竞争对手，而应视其为新闻生产过程中的助手和伙伴。

3.4.2　机器新闻写作的发展趋势

（1）从低层次转向高质量应用。虽然一直有“威胁论”和“恐慌论”称“机器新闻写作或将完全替代人类编辑”，但这只是危言耸听，因为受限于技术发展阶段的弱人工智能并不能模拟出复杂的人类情感。事实上，人类技术进步的原动力一直是持续改善和提高人类生活质量，“人机共生、人机协同”的融合局面才是理想模式。基于此，业界应意识到新闻从业者的“价值位移”，积极考虑人机对话中的功能互补与价值匹配。未来，机器人程序负责数据挖掘、分析、音视频转文字等枯燥无聊的程序化工作以及可以设置固定模板的突发短讯，而记者可以从中解放出来从而有更多时间从事那些需要大量情感、情绪和情商等更高维的创造性生产和创意发掘的“心力劳动”，如长期的追踪报道、专题访谈、调查性报道、文学艺术等高质量和独特的本地新闻，这不仅能帮助新闻从业者打破现有的“信息孤岛”困局，而且能为客户提供可以尝试的多种报道类型。未来，媒体竞争将越来越多的是数据平台与数据采集、处理能力的竞争，而算法将在极大程度上帮媒体人完成数据化工作。

（2）从窄领域转向宽领域应用。截至 2021 年 1 月，虽然机器新闻写作已在突发类、体育类与财经类事件中有所重用，但尚未在其他领域有所应用，特别是在一些客观新闻报道领域，机器新闻写作还面临着包括模板僵化、语言生硬、逻辑混乱等在内的诸多困境。但随着“云大物移智区加”等新一代信息技术与新闻业的迭变发展与演进，机器新闻写作的诸多性能必将得到极大的改善与提高，如学习到最接近人脑认知的“一般表达”、获得类似于人脑的多模感知能力等，不仅可生产出更多语言生动、更多数量与更多维度的新闻，而且可生产出接近人类编辑文字风格，具备专业性、情感共通性与人文关怀的新闻，还可在细分不同类型新闻特征的基础上，进行针对性的研发和训练，如专门针对在校大学生人群的报道方式、专门针对病患人群的报道方式等，进而实现内容供给与用户需求的高效对接。

（3）从单向度线性传播转向按需式个性化推送应用。传统模式的新闻生产常以媒体的专业性角度进行选择，且传播模式也较单一。智能化时代，传统模式的新闻内容已无法满足用户的消费需求和功能场景，支持个人用户选择不同视角与自主创作的个性化新闻脱颖而出。一方面，传媒机构可努力在云端建立人工智能服务的生态系统，并将数十亿心智与一个超级心智相连，通过连接更多的社会“节点”，实现内容画像与用户画像的精准匹配。另一方面，更加全面与规范的数据采集与处理，可快速“过滤信息泡沫”，提升用户市场的细分化程度及“渠道 + 终端”的自动匹配与渗透，进而为用户定制生产更具个性化的新闻内容，并尽可能提供更多、更好的增值服务，从而构建一个具有平衡和再平衡的信息流通的“自由市场”。因此，在不久的将来，机器新闻写作或将基于互联网生产逻辑的内容聚合过程，为用户提供量身定制的内容合成和推荐模式，以提升任何用户的喜好值与交互好感度。

4　用户反馈与互动

古希腊哲学家毕达哥拉斯认为：数是万物的本源。事物的性质是由某种数量关系决定的，万物按照一定的数量比例而构成和谐的秩序。毕达哥拉斯此说，虽被认为有唯心主义的色彩，但是，以之观察如今大数据时代，他的说法是有一定合理内核的。从工业视觉到计算机视觉、从人机交互到智能驾驶、从虚拟现实到物体自动识别、从智能解释到遥感解译，大数据正在像水电煤气一样持续为人类造福，并成为信息基础设施中不可或缺的重要一环。万物皆媒的环境下，政府或相关机构亦可借助基于大数据的用户画像，实现智慧治理、数据决策、智慧城市和舆情监测等。

传统的用户体验研究方法更多是基于定性研究，无法满足传媒机构对具体用户详细行为的细粒度感知、标签权重和全方位行为信息数据的比较分析。大数据环境下的智能互联平台，一方面可将具有海量、异构、多维、多尺度等特性的用户数据从终端汇聚到云端并进行实时监测、分析和管理，另一方面无所不在、具备自我学习能力的终端又能不断地从云端汲取智慧，如此正向循环，成就着“大数据”向“智数据”的过渡。为此，传媒机构可综合运用定性和定量相结合的研究方法，通过科学计算得出标签权重并构建出临时用户模型，然后从实时数据中分析提取出更有价值的标签并对临时用户模型持续优化直至形成能充分理解用户行为、兴趣与需求的最终用户模型，从而到达产品与体验的双重优化的目的。

4.1　大数据、用户画像与用户体验

在整个世界都由算法控制的互联网大数据时代，数据基于用户行为而生，大数据通过“量化一切”实现了世界的数据化。基于大数据的思维和工具，使得人类不仅可更快地通过智能设备完成数据采集、沉淀与归类等，还可得到用

户的各种画像，如偏好、地理位置、社交关联等，这种变迁将对促进计算机与外部世界内容驱动和交互方式的演变，甚至对促进外部世界按照智能合约更加智慧地运行，具有相当的理论价值和现实意义。

数字时代，得益于对数据快速高效的分析处理，大数据实现了从“数据→信息→知识→决策”的一整套数据到应用变现，使其从提供数据支持的低级阶段进入了拥有自身独立产业链的高级阶段，并已具备了“8V”特征，即规模大（Volume）、多样化（Variety）、高速性（Velocity）、价值化（Value）、准确性（Veracity）、动态性（Vitality）、可视化（Visualization）、合法化（Validity）。

站在哲学的高度理解，大数据既可以描述客观物理世界，又可以刻画人类精神世界和人类社会，是融合“人类社会（Human society）—信息空间（Cyberspace）—物理空间（Physical space）”三元世界的纽带。

4.1.1 用户画像

数字时代，用户在互联网场景中的每一个“数字足迹”都被记录下来，这些数据（包括人口学特征、设备信息、商业属性等相对稳定的静态数据和访问频率与深度、停留时间、拖拽行为等实时变化的动态数据）直接或间接地反映出用户行为习惯和态度偏好。若能将用户所有的数据快速归类与聚合分析并进行标签、权重与模型化处理，便能抽象出一个标签化的用户模型，即用户画像。目前，用户画像因应用领域的差异大致可划分为四类：一是精准营销，即针对不同的等级或者类别对用户进行差异营销，例如天猫通过对用户画像的分析完成品牌粉丝人群分层，打造天猫超级粉丝日；二是行业研究，即借由用户画像分析了解不同细分市场的最新动态，例如腾讯大数据的相关行研报告；三是个性服务，即针对不同的用户场景画像提供个性化推荐服务，例如网易云音乐中“每日推荐”功能；四是增值服务，即利用数学建模对用户可能出现的增值可能性进行画像，例如通过售前、售中、售后以及产品生命周期的不同阶段采取的差异化的服务措施。此外，万物皆媒环境下的用户画像，还可以实现可视化信息传播、实时监控、全时空与360°全景服务，提供极致简化、智能匹配的“内容找人”。

4.1.2 用户体验

数字时代，传统媒体“内容为王”的深度优势不再，“渠道为王”“终端为王”的格局也难撑全局，而“以人为本”的设计理念得到了包括传媒领域在内的各个领域的广泛认可，使得“用户为王”全面开启了新时代。正如《连线》杂志写道：“大量的可用信息和个人互动的新形式，正在重新定义商业发展的日程。”由此可见，大数据与用户体验亦为正向循环，大数据为优化用户体验提供了有力工具，用户体验则为解锁大数据提供了密钥。例如，京东通过对商品采购、库存、配送、售后等整个链条产生的完整数据源进行采集分析，从而实现了链条式数据互通共享，全方位地呈现出用户画像情况。

4.2 国内外发展现状

从国际视角来看，Alan Cooper（交互设计之父）最早提出：“Personas are a concrete representation of target users.” Persona，即用户画像，是指在结合用户需求、行为和观点等显性或隐性差异的基础上，通过一系列前期调研，对获取的不同类型的用户进行聚类分析并赋予其包含人口属性、社交关联、生活兴趣爱好、消费需求和购买能力等在内的抽象化标签，从而构成一个 360° 的用户群体的模型，是真实用户的虚拟代表。例如，谷歌于 2008 年推出的能及早预警流感传播的“流感趋势系统”，也是通过追踪网民输入的病症关键词，来配合政府部门监测流感是否爆发，从而达到有效预防的目的；英国大数据公司 Cambridge Analytica，采用独家的心理统计模型，通过社交媒体与第三方数据对选民进行“行为微定位”用户画像，并借助相应算法向选民精准投放广告间接影响民意，进而助推特朗普当选总统，这也正是 2018 年上半年爆发的全球震惊的“Facebook 数据泄密事件”的根源。

国内对于用户画像的研究起步虽然晚于国外，但近年来发展速度却相当惊人，而国内的研究则主要集中于营销领域和计算机领域。例如在中国电商购物领域，利用用户画像技术提取、转换和加载用户网络行为数据信息，得到目标客户群体特征，并在此基础上进行反向挖掘、多维分析和立体展现；在手机支付领域，国内部分公司通过聚类分析，把用户划分为充值交费、消费支出和双重使用三类人群，以便更准确了解用户属性及其支付习惯、偏好等。此外，淘宝 CPI 数据化可帮助其找到高净值人群、阿里巴巴不断通过机器算法向你推荐“你”喜欢的、大数据公司泰昌科技建立起全国第一个大数据用户画像平台等。由此可见，国内相关领域已经着手研究用户画像技术并进行相应的实践应用。

4.3 基于数据驱动的用户画像生命周期管理思想

通过研究发现，基于用户行为数据的用户画像模型是实时动态变化的。从访客到陌生人到最后成为高净值用户，在构建用户画像生命周期的不同阶段（调研、开发到营销和售后），传媒业界或可采取有针对性的拉新、转化、留存等运营策略，如图 2–11 所示。

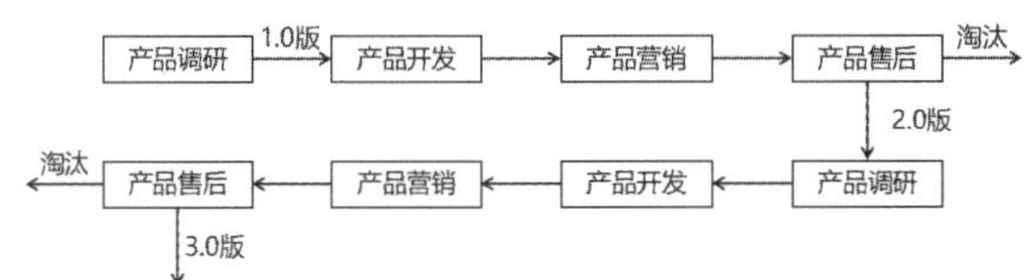

图 2–11 基于数据驱动的用户画像生命周期

4.3.1 产品调研

一般采用市场需求调查、产品 / 服务使用现状等方式来研究计划所属领域的整体用户属性特征，明确定位用户，并通过用户的人口统计、社会属性、用户消费、用户行为等基础数据初步构建起用户画像，从而完成对海量用户基本情况的调研。

4.3.2 产品开发

一般采用用户体验、产品包装与产品定价等方式来测试用户与产品的匹配度。通过行为、用户、资源维度逐层钻取关联分析得到更精准细化的（用户或资源）群体或行为现象，对用户触点的理解是核心，解决标签与算法分发权重是关键，如此方能构建出包括用户标签、时间、行为类型、接触点（终端 + 内容）等信息在内的临时用户画像模型。

4.3.3 产品营销

一般采用人群特征、广告创意、媒介选择与引流获客等受众与渠道分析的方式发现并获取潜在客户、引导客户使用新产品并培养高净值客户。通过以上综合评估媒介质量及用户的使用习惯助力广告媒介的明智选择，实现精准投放。此时，用户体验提升、产品交叉营销、产品升级营销和二次购买等环节则成为产品营销的关键所在。

4.3.4　产品售后

一般采用购买行为、售后服务与神秘客等用户体验与留存的方式来重新激活或延长既得用户生命周期。通过对用户画像数字价值发现与应用不断地由粗到细、由大变小的筛选、过滤、剔除不符合条件的数据结果集，并向用户提供精确的服务指向，从而得到下一版本的用户画像的构建指标，如此循环，周而复始。此时，用户黏性、个性化激励、品牌忠诚度和流失预测等则成了产品售后的关键所在。

由此可见，消费不再是媒体流程的结束，一切数据汇聚到后台用户画像重构，每一个数据升级又要求算法做出更高反馈，最终复原出一个个数字化的“完整人像”。从某种意义上讲，人的思想、意识和行为方式，都可以通过数据的过滤及呈现，进行控制与干扰，基于数据驱动的用户画像将深刻影响社会营销效果、用户体验程度以及产品转化程度。传媒机构可借助用户画像生命周期管理的理念打通并优化价值链，总结出适合自身目标定位的营销策划思路，选择一种或多种传播策略以多样化的形态竞争发展，最终在市场中扎根立足。

4.4　基于大数据的用户画像构建

构建用户画像，应从用户留在网络上的“数字足迹”的采集、整理与归类开始，在形成用户的个性化标签数据后，利用自然语言处理、机器学习、聚类分析等技术将业务广泛且复杂多变的多维度用户标签融合为一体，再对其重要特征进行分析、理解和可视化，从而更精准地推断出用户真实需求。用户画像构建流程如图 2–12 所示。

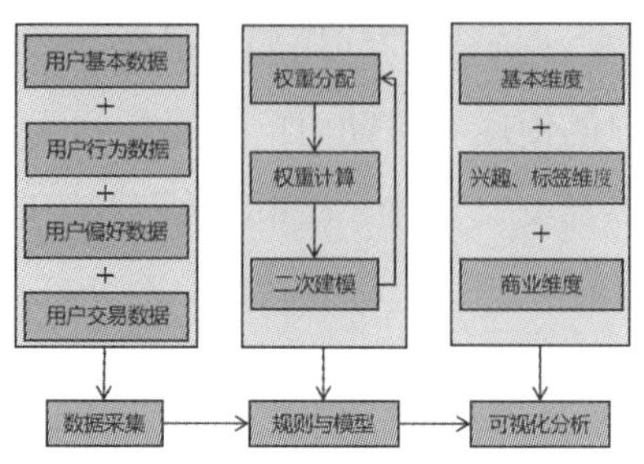

图 2-12　用户画像构建流程

4.4.1　数据采集与分析

伴随着信息技术从“计算”“连接”再到“智慧”的演进，传播正在经历从“简单的传播树”到“密集的传播森林”的进化。为更加精准地向用户提供服务，传媒机构可对用户的海量数据及潜在信息进行最大程度的采集、整理、挖掘与分析，并用高度精炼的特征标识来描述用户，从而构建出一整套完善的用户画像。标签可通过单个短语对事物更具表意性与显著性的特征进行抽象表达，是对高维事物的降维理解。抓取和分析用户“数字足迹”，对用户进行深浅度归类，判断其是否为活跃用户或者忠诚用户，并结合动态与静态标签从而构成完整的立体用户画像。大数据技术的进步，不仅使得海量异构数据的整合变为可能且用时更短，同时还补齐了传统用户体验研究定性分析的短板。以用智能设备播放视频作为采集用户多维属性数据为例，如果只看图 2-13 左侧的动作列表便无法预测用户将会做什么，因此还须知道用户的基本属性以及所处环境等并进行权重计算与分配。

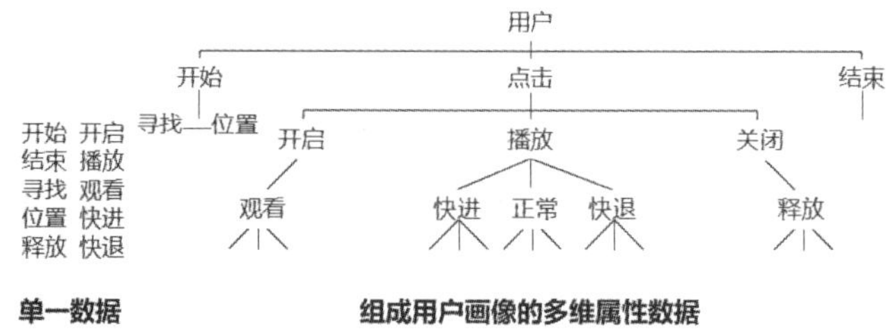

图 2-13　组成用户画像的多维属性数据

4.4.2　规则与模型

构建用户画像主要基于以下两个规则：一是以解决实际问题为目的，即传媒机构须结合自身性质，制定较明确的业务目标和推进能力；二是为进一步提升用户体验，即传媒机构在对用户基本属性有极高认知的前提下，将满足某种特定条件的用户群体提取出来，然后分析这一群体的行为特征从而对新增业务进行优化设计。因此，构建用户画像的第二阶段是对第一阶段收集到数据进行规则化与行为建模。

在行为建模时，可在界定数据源和清洗数据之后采用“4W”模式（When、Where、Who、What）给用户的行为标签赋予权重，提炼关键要素。When（时间），指收集用户时间因素，而时间其实包含了跨度和长度，即用户某种行为发生、结束的时刻和用户在特定页面的浏览时间；Where（地点），指收集用户接触点，而接触点其实包含了内容和网址，即用户作用于对象标签和用户行为发生的具体地点；Who（对象），指收集用户标识因素，而内容包括但不限于用户名称、电话、微信、身份证号、邮箱等，且不同标识的可信度不同；What（行为），指收集用户事件因素，而事件其实包含了具象和抽象，即包含交互的商品 / 内容的标识和用户的网络行为。

时间、行为类型的衰减，则决定了权重模型是关键。由此可见，在内容展现与推荐过程中，当单个标签权重确定下来后，就可以利用公式计算总的用户标签权重：标签权重 = 时间衰减因子 × 行为权重 × 接触点权重。传媒业界可根据用户行为进行画像建模，在已有的用户数据中深挖并贴“标签”，从而刻画出用户的全网需求偏好模型，助推画像与场景精准匹配的媒介技术升级。

4.4.3　数据可视化

传统的非可视化技术需要专业统计人员提前对数据进行提取汇总，但这种方式制定的图表属于静态性质，无法进行实时的动态调整。复杂广泛的用户数据，耗时耗力的汇集过程，终将导致传媒机构无法满足用户的多元化需求，也无法达到产品优化的目的。因此，如何将广泛复杂的用户数据转换成图形或图像并在屏幕上展现出来，则是数据可视化的关键所在。

目前传媒机构大多利用计算机图形图像技术，联系产品与用户交互的理论技术，达到数据可视化的目的。在实现数据可视化过程中，涉及计算机图形图像、视觉以及辅助设计等多个领域，它已经成为研究数据表示、决策分析等一系列问题的综合技术。传媒机构在信息触达环节中对用户进行数据可视化分析，一方面能形象地展示用户在某一接触点的历史行为数据（行为路径、行为特征等）合集，另一方面能形象地展示用户在各大网站上相互转换与兴趣偏好的数据合集，可根据用户价值来细分出核心用户、评估某一群体的潜在价值空间，从而提升信息和人的有效链接以及最大化的用户体验。

4.5 用户体验优化策略

数字时代，新闻传媒业面临着智能化 3.0 转型与挖掘数据隐藏价值的双重挑战。媒体应从学理性思维和实践性思维的双重维度把握“媒介融合”，以内容、用户数据和服务为核心资源，以多元智能终端为载体，从价值、连接、生态、体验、创新等多个维度提升用户体验，从而促使大数据从“最大变量”发展成为未来媒介融合发展的“最大增量”，助推传媒产业高质量发展。

4.5.1 虚实智能融合，深挖用户价值

初期的新闻媒体是通过收视率、点击量、关注度来获取用户数据，在此基础上重塑营销计划并开始新产品研发。在信息爆炸和消费升级的双轮驱动下，则可通过融合现实世界需求和虚拟分析空间的智能硬件自动采集客观反映人口属性、终端设备、用户行为等多维度特征数据，深层剖析量化偏好程度、挖掘隐藏其背后的模式、趋势和相关性，进行 A（认知）、I（兴趣）、P（购买）、L（忠诚）的全链路运营，从而推进用户将“需求”转变为“消费”。与此同时，为实现对用户行为和事实的准确预测，还可运用新的数据分析技术和更完善的工具，将目标产品从面向海量广泛的用户市场转换为个别用户市场，从而提供精确、个性化的用户服务。

例如，北京歌华有线除收集收视率数据外，还密切关注点播次数、回看次数、暂停等“隐形”数据，其在完整记录用户实际喜好的同时，通过精确“推荐”的方式为用户提供个性化的智能电视收视服务，从而为节目制作、编排以及可能带来的收视效果提供科学参考。此外，歌华有线的收视率产品，还可为政府

部门提供舆情动态、为广告主提供曝光量等维度的实时数据服务。

4.5.2　坚持数据导向，增强用户黏性

坚持以数据分析为导向，在充分了解用户基本状态属性和历史行为属性等数据的基础上，深入挖掘用户行为、兴趣、偏好等数据，并从多个触点和时间段的大数据分析中找到关键点推动客户最终完成购买，使用户连接从过去的“经验主义”的模糊方式迈向“数据驱动”的精确方式。在此基础之上，传媒机构可采取分流分级的方法实现对不同类型用户的管理。对潜在用户，通过对代表性常规属性以及行为属性数据的挖掘，提供针对性的服务将其转化为正式用户；对既得用户，增强用户黏度及忠诚度、培养用户习惯则是研究的重点，通过可行性测试观察用户如何使用产品，尤其是使用过程中遇到的问题及原因，进而不断迭代产品，从而提高用户的满意度、忠诚度，降低用户的使用成本。

例如，京东商城的在线交易系统，对细分之后的客户群分别进行深入挖掘，将 ID 为“215749”的用户在成都、深圳、上海等 11 个区域的消费行为进行对比分析，将 ID 为“133915”的用户在 3 个月之内由普通会员升级为钻石会员（上升 5 个等级）的消费行为使用可视化方法来展示和分析用户地理位置、等级的变化情况等。实际上，京东正是以数据为导向，对客户资料进行多维度的挖掘，来提升客户体验与满意程度。

4.5.3　构建生态体系，引领用户连接

用户原始数据类型复杂、数量繁多，其价值更是不可估量。为确保可为用户提供精确、个性化的服务，各个细分行业须围绕数字化关键技术、能力和基础设施等不断进行突破。为此，传媒机构应尽快构建一种从数据存储、数据集成、数据处理到数据分析以及数据可视化，相互依存、共同演化的“点—线—面—体”完整生态体系。该体系以大数据战略和架构为基础，除可随时采集用户实时数据与轻松浏览外，还可打开过去用户数据中的封闭结构，并通过降维攻击对产品功能进行更新升级从而高效地“连接”用户，推动快速实现价值（失败或成功），继而帮助传媒领域提升互动、发现和决策制定能力。

例如，以 B2B 和淘宝起家的阿里巴巴，通过深化自身在大数据、AI、云、物流等领域的核心能力，持续为中国互联网 B2B、B2C、C2C、网络支付、网

络贷款等主要行业赋能；又如，以社交网络起家的腾讯，通过海量用户覆盖，着重发展用户触达平台、小程序、大数据、移动支付、优图 AI 等核心能力，赋能包括文娱、餐饮、广告、医疗、政务民生等主要行业。

4.5.4 融入联网战略，构建用户画像

在产品生命周期的各个阶段，包括调研、研发、营销和售后等，数据导向战略均发挥着重要作用。通过对潜在或既得用户的大量行为数据的深度挖掘，可推动建立基于内容和用户画像的个性化推荐系统，从而为用户提供更准确的搜索结果、更优质的搜索体验。为优化用户选择最佳的收货地点，零售门店可提供任何地方购买、挑选或发运的能力，使用户感受到优质的服务体验；为更好地了解店内客流量以及更适当的人员配备要求，可利用传感器数据实时采集和分析入店率以及顾客消费情况等。

例如，零售巨头沃尔玛推出了一款针对购物的语义搜索引擎“Polaris”，其具备语义数据、文本分析、机器学习和同义词挖掘等的能力，可对 Polaris 上的数据进行挖掘和分析，从而构建画像并预测用户的行为。销售部人员通过用户在 Polaris 上的日常商品搜索数据统计了解当季最新最热产品，网站前端负责者则通过用户反馈不断完善网站类各板块属性，此举帮其在线购物的完成率提升了 15% 左右。

4.5.5 借助新兴科技，提升用户体验

构建用户画像是为用户提供广泛的个性化推荐，从而提升用户体验的有效手段。在个性化推荐技术中，算法分发权重（编辑分发、社交分发、各种算法产出等）是个性化推荐质量的良好保证，而用户数据模型的质量好坏意味着能否正确表示用户的兴趣爱好。媒介融合环境下，基于内容的个性化推荐算法可提取用户的时空多维属性数据信息，融合线上与线下、融合现实与虚拟，实现“用户、场景、创意”在媒介融合环境下的精准传播，而这极有可能是一个涉及综合赋能 IABCD（物联网、人工智能、区块链、云计算、大数据）等新兴科技的过程。

在具体的算法模型时，可借鉴“M-P 神经元模型”（McCulloch and Pitts,1943），如图 2-14 所示。在这个模型中，数据中心接收到来自 n 个维度

的输入数据，这些数据通过带权重的连接（Connection）进行传递并形成经验值，数据中心接收到的所有经验值后将与数据中心的阈值进行比较，然后通过“激活函数”（Activation Function）处理以输出优化建议。用户数据经过此流程，层层筛选过滤，最终输出的 V 值则代表着该用户的完整画像，此举可为传媒机构精准化服务提供决策支撑。

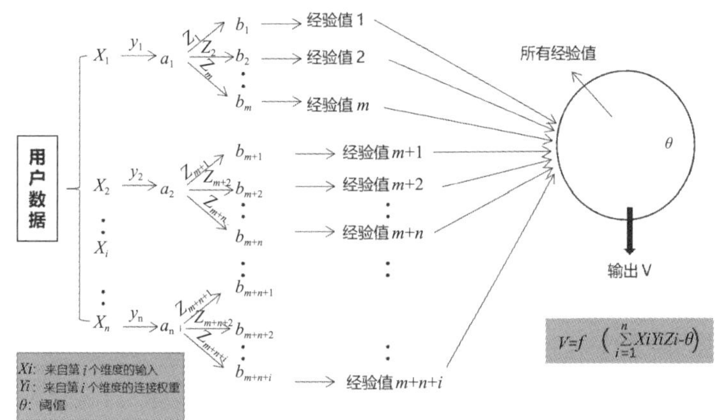

$$V=f\left(\sum_{i=1}^{n} XiYiZi-\theta\right)$$

图 2-14　M-P 神经元算法模型图示

5　大数据与网络舆情

随着以“云大物移智区加”为代表的“智能 +”技术的更新迭代、移动智能终端广泛普及和商业模式的日趋成熟，互联网“地球村”在给人们带来乐趣与便利的同时，也记录着越来越多的个人数据，让包括“网络舆情”在内的网络信息发展也进入到了全新时代，导致管理与解决舆情事件的方法与处理方式呈现出巨大差异。

5.1 新时代、网络舆情与大数据

每一个时代都有着不同的显著特征，这当然也包括快速变革的互联网社会。因此，认知新时代网络舆情，是做好新时期舆情工作的首要任务。

5.1.1 新时代

我国信息传播方式与消费渠道逐渐转向到以互联网为基础的数字媒体平台，大体经过了三次重要变革。Web1.0 时代，互联网满足了用户对信息的搜索与聚合，被视为“内容媒体”；Web2.0 时代，互联网满足了用户对信息的交互与分享，被视为“关系媒体”；Web3.0 的核心理念则是以改变与融合为主题的“紧密星球”，不仅满足了用户对信息的参与和众创的深度“碰撞”，而且强调用户的生命体验与用户价值，被视为“服务媒体”。Web3.0 时代，得益于技术（云计算、物联网、数据仓库、商业智能等）、参与者（人、物、软件、系统、平台等）、场景、协议与交互等要素的日趋完善和健全，互联网平台已实现从“链接”向“连接”的转变，网络经济与传统经济亦从带动时代迈入了融合时代，并呈现出“通融互联”“数据高速流动”“网状价值结构”与“开放的有机生态圈”等典型特征。Web1.0、Web2.0、Web3.0 的信息交互对比，如表 2–1 所示。

表 2–1　Web1.0、Web2.0、Web3.0 的信息交互对比

时代	年代	媒体类型	消费渠道	消费方式	特征
Web1.0	1997—2001 年	内容媒体	报纸、期刊、书本、收音机等	被动接收	不再受限于日期、地域，彻底打开了地域间的隔离
Web2.0	2002—2010 年	关系媒体	信息软件、社交网站、博客等	主动接受 主动创建	用户随时更替身份 大数据应运而生
Web3.0	2011 年至今	服务媒体	小程序、网络银行、在线订车等	深度参与感 精细化服务 个性化服务 智能化服务	通融互联 数据高速流动 网状价值结构 开放的有机生态圈

5.1.2 网络舆情

伴随着网民数量持续增长，互联网在社会和经济活动中扮演的角色日趋重要，热点话题丰富，舆情热度高位运行，舆情客体愈加复杂多变，舆情突发引发“破窗效应”，“溢出效应”明显。从本质上看，网民均为独立个体，用户

触网时间、方式与方法受到用户主观与客观双重因素的影响，一方面透视着网民主观的现实感受；另一方面反映着网民不可复制的客观因素，如事件本身、个人影响力、社交圈层、技术限制、事件传播方式等。同时，网民均会在网络上留下专属于他（她）的数字足迹，如浏览轨迹、文字、图片、音频、视频等，而这些足迹均具备影响社会并引发“网络舆情”的潜力。随着“智能 +”技术不断融合创新与聚变发展，产生的数据规模日益庞大、应用日益广泛，但即便某个潜藏的信息（数据）最终发酵为网络舆情的概率仅为亿万分之一，网络舆情因“蝴蝶效应”而被现实生活演绎的风险也将大大提升。

5.1.3　大数据

大数据的出现具有划时代的意义，它是信息时代的必然产物，能带给信息社会极大的便利。大数据作为一种提供知识服务的新工具，具有大量（Volum，数据信息数量大）、高速（Velocity，数据信息传播速度快）、多样（Variety，数据信息传播方式多种多样）、真实（Veracity，数据信息来源不同导致其真实性有待商榷）、价值（Value，数据信息中包含用户某方面的特性）、动态性（Vitality，整个数据体系的动态性，随时可变）、可视性（Visualization，数据的显性化展现）与合法性（Validity，数据采集和应用的合法性，特别是对于个人隐私数据的合理使用）八大特性。用数据说话，除由于数据具备客观性之外，更得益于大数据可以揭示样本数据无法揭示的细节，让我们得以看见纷繁复杂的现象背后的内在逻辑。大数据思维在信息传播领域应用的基本流程如图 2-15 所示。

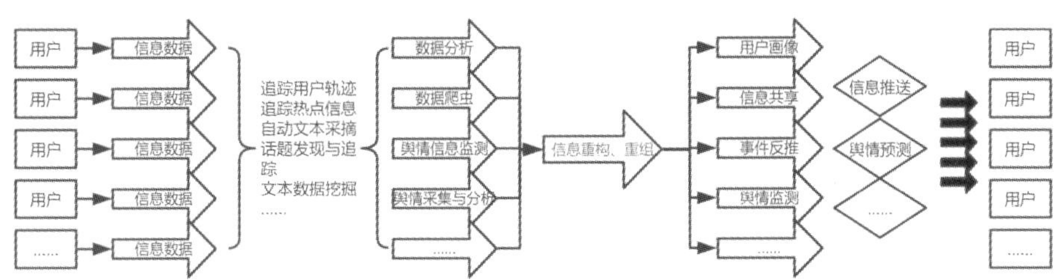

图 2-15　大数据思维在信息传播领域应用的基本流程

5.2 新时代网络舆情分类与呈现阶段

新时代,舆情的重心不再局限于官方(政府/权威组织),而是逐渐偏向民众。大部分舆情事件的流程通常是:网络上某段信息的流出,经过一段时间的发酵,在部分人的社交圈内扩散,继而引起民众/政府/世界的关注。

5.2.1 新时代网络舆情分类

舆情的分类有很多种,通常以事件影响力规模为依据将其分为三类,即国际大型事件(如世界杯、奥运会等)、国内大型事件(如全国人民代表大会等)、国内小型事件(如某大学“自主保洁”微博事件等)。而在本书中,笔者更倾向于以数据为分类依据,将新时代网络舆情分为两类,即碎片化舆情与大型舆情。

笔者认为,碎片化舆情可被视为跨媒介传播环境下用户在网络上有意或无意间留下一些碎片化信息(数据)。单独来看,数据被查看时间极短且存在时的意义极小,但若经过或多或短时间或多元或个性化的巨量传播之后,便会影响到一定数量的社会群体,加剧公共舆论的“盲从”。在国内,“哈尔滨‘天价鱼’事件”便是典型的碎片化舆情事件。

大型舆情中的“大型”,主要是相对于碎片化舆情而言。但在大型舆情中,事件影响的初始人群数量更大,且不论事件性质,影响力和造成的结果均具有深远的意义。大型舆情一般不具备突然性,通常是在国家政府、大型组织等约定日期后举办的会议、赛事后,相关人士(包括关注的人员)利用网络各方平台,持续发表与事件有关的信息,随时间变化不断累积发酵。国际上的大型舆情事件有很多,诸如奥林匹克运动会、足球世界杯、英国脱欧事件等;在国内则包括全国人民代表大会等各类大型会议、春节联欢晚会等大型节目。

5.2.2 新时代网络舆情的呈现阶段与应对措施

碎片化舆情与大型舆情在传播流程上有相似之处,均呈现出起始—扩散—发酵—结束四个阶段,且这四个阶段均与大数据的特征相符。利用大数据思维来分析、监测与管理舆情,可用客观的数据提取网络舆情事件模型,优化舆情应对方案。

5.2.2.1　起始阶段

碎片化舆情事件，信息虽然可能早在现实生活中传递，却不被官方监测系统所探知，因此很难界定具体的起始点，而被当作起始点往往就是事件引爆前的最后一条相关信息，比如：“天价鱼”事件中陈先生的微博发言，突然间流传于网络社会，最终形成舆情。而大部分大型舆情事件的起始阶段较长，用于早期的宣发，比如足球世界杯等，一旦到达事件正式开启的时间点，会瞬间引爆关注此事件的社会圈层。事实上，无论碎片化舆情还是大型舆情，在起始点到传播质变点之间，都有一定时间长度，若能提前做好监测措施，便能优化并提升应对能力。

舆情起始阶段，可通过建立大数据监测系统，利用 MATLAB、SPSS 等软件进行拟合得到参考模型，对舆情发生、发展、演变的总体态势进行定性定量分析；研究并优化数据监测热点质变点，尽量避免事件的发生，切实不可避免的事件提前引爆，减少损失；对现实中存在的部分不可被网络系统所监测的言论，优化政府及相关部门的监管力度，完善地区监测措施，力所能及的情况下缩小区域，进行定时定点的书面调查或网络调研；对热度“明星”提高关注度，粉丝数量越多者关注度越高，防止因为某些事件的发生或被带节奏，引发舆情事件等。网络舆情起始阶段如图 2-16 所示。

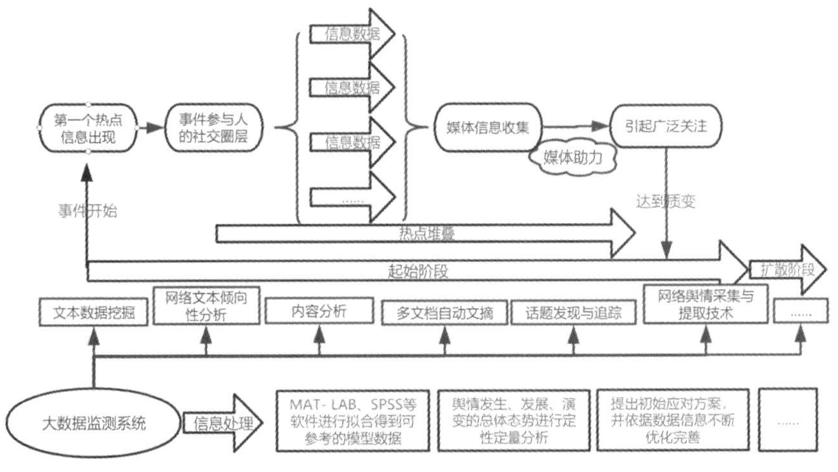

图 2-16　起始阶段

5.2.2.2　扩散阶段

与新闻传播面向社会全体不一样的是，在舆情传播初期，整个事件的扩散方向是恒定的，首先是在分散化、圈层化传播的有限视野中，随后被圈层的友人持续向外传播，然后是一些陌生人或者媒体，最后才会面向社会全体。不难发现，舆情扩散是逐步的，类似涟漪圈，这是最容易衍生出谣言的阶段。此阶段的用户可划分为五类：①沉默者：静静查看各类相关信息，但并不会发表任何观点。②引导者：有一定影响力的人，例如明星、营销号等，对事件有所了解之后发表或正面或负面的观点，引导事件舆论的风向。③跟风者：对事件有所了解后，追随网络上主要的舆论方向发表相似观点，进一步扩大事件影响。④退出者：对事件有一定程度的了解，发现不再感兴趣，退出整个事件。⑤事件主角：他们发表的所有言论是各方评论的基础，也可以说是整个事件的中心。

舆情扩散阶段，可通过大数据监测所有热点信息，在信息传播的黄金时期（24 小时）内分析并重组相关信息后，将官方信息及时推送到最感兴趣的人群；可建立安全的网络环境，包括防火墙等防御软件的更新，防止因为各种原因而造成网络暴力行为，让民众在不乱说的同时敢于发表言论；可基于国内的大数据库建立起完善的文本审阅制度或软件，减少信息质量低下 / 片面、信息滞后等情况的发生等。网络舆情扩散阶段如图 2–17 所示。

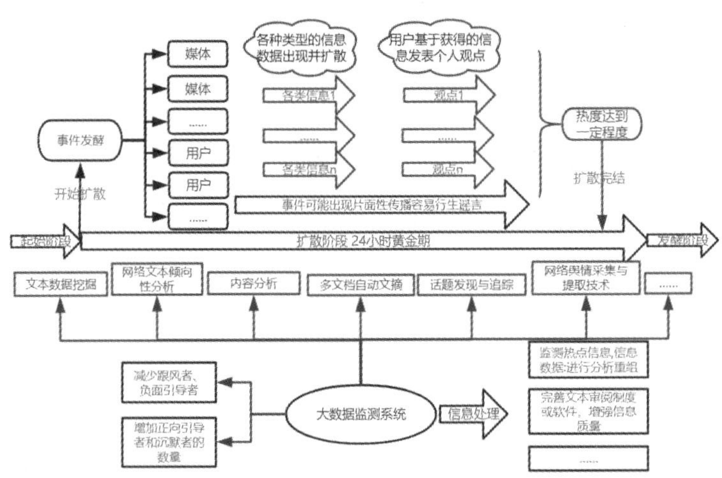

图 2–17　扩散阶段

5.2.2.3　发酵阶段

与起始阶段一样的是，发酵阶段也存在一个时间段，但其又以事件热度峰值为节点，分为前后两段。前一段“引爆”社会，总体时间较长，并极易出现更多超脱于事件本身的观点、言论，最终将事件推向顶峰；而到达峰值之后，热度就开始逐步下降，各类用户群体逐渐退出，不再参与事件的后续发展。此阶段的舆情事件不再停留于事件表面，更多地是探索事件爆发的深层次理由，是最容易衍生出深度观点的时间段。例如“某大学‘自主保洁’微博舆情事件”，各类媒体（包括自媒体用户）对原事件本身进行深度挖掘，持续讨论大学生对于劳动的思想。但值得注意的是，类似的进程存在于所有舆情事件当中，只是深层意义的探究行为可深可浅而已。

舆情发酵阶段的处理方式与扩散阶段类似，但还可增加如下几个方面：对所有言论信息做好数据储备，一直跟随并监测事件的参与者，在舆情发展到可能失去控制前，向参与者定向推送相关信息，或由有关部门介入当面进行正确引导；利用大数据，对所有发表和即将发表的媒体作品加入“隐私点”监测，增强媒体作品审核力度，规避对所有参与者个人隐私信息的侵犯；利用大数据，搜集舆情事件的所有信息并尽早重组事件本身，将其完整脉络展现给民众，以达到尽量缩短此阶段甚至直接结束舆情的进程。网络舆情发酵阶段如 2–18 所示。

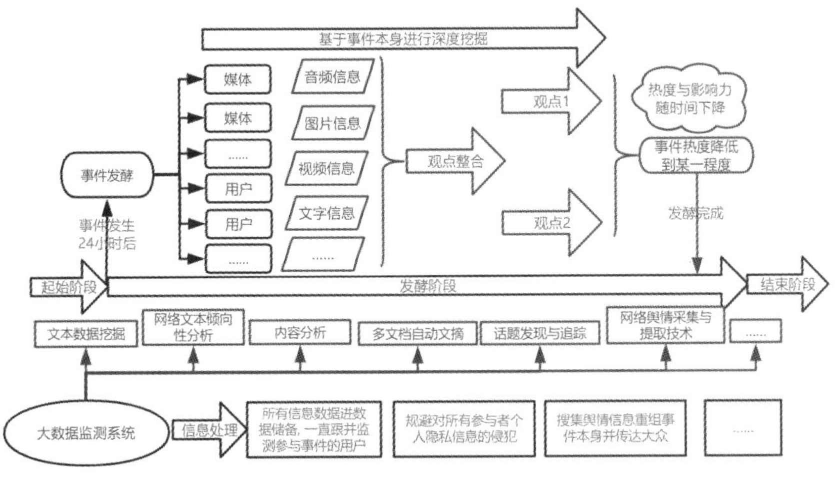

图 2–18　发酵阶段

5.2.2.4 结束阶段

当舆情事件热度降到某一刻度时，舆情事件便可以宣布结束。但是，虽然这个阶段被称为结束阶段，不过并不代表所有参与者都已彻底退出，只是关注者的总体数量减少到已无法继续引发舆情的热度而已。此阶段，大部分参与者已经消失，剩余群体的主要目的就是对事件进行研究，对进程进行完整复刻：将单一进程事件的完整脉络存入数据库，包括所有扩散的节点、所有应对的措施，并将此与基础数据库做出的预测、应对措施进行对比，以达到不断优化系统对网络舆情的预见、应对、研判以及决策的能力。而在研究的过程中，也可能再次引发新的舆情事件。例如，娱乐圈中的“421”事件，就是某微博博主将收集到的大部分明星的私人轶事（涉及多位明星的大量隐私）发布于网络，引起社会各群体的再次关注，由此暴发了新一轮的舆情。网络舆情结束阶段如图 2–19 所示。

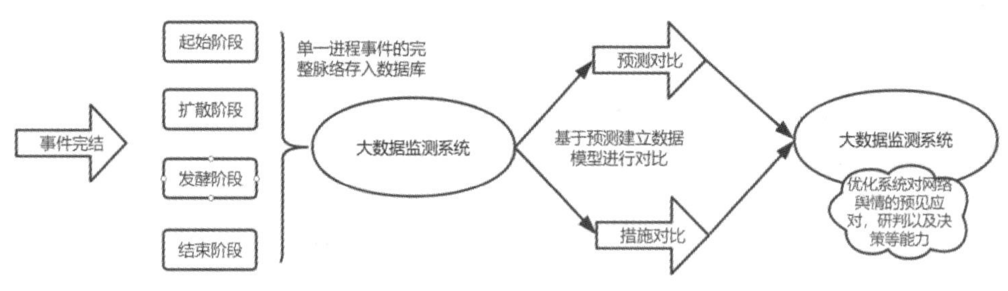

图 2–19 结束阶段

5.3 新时代网络舆情管理的提升路径

5G 时代，高速舆情与百变舆论将带来众声喧哗，海量信息与灵动视频将带来众说纷纭，谣言传播速度与工作效率将提升 10 ~ 50 倍，存在的障碍更多，必将引发变数更大的网络舆情，业界比以往任何一个时代都更需要为网络舆情管理提供最大支持。

5.3.1 全方位提升“数字原住民”的数字素养

舆情引导时常处于艰难境地，除事件传播的自身因素外，另外一个主因便是民众自身数字素养不足，因此，提升民众的数字素养教育便成为了正确引导舆情发展的有效途径。数字素养，不仅是个体在“数字化生存”环境下的一道

“必选项”而非“判断题”，更是基础生存技能，其内涵主要包含数字信息的获取与消费能力、整合与沟通能力、创造与解决能力、解读与批判能力等。西方学者霍华德·莱茵戈德认为，培养民众的数字素养，是构建健康的新经济、社会和文化的有效途径之一。但是，民众数字素养的提升需要社会各领域的积极配合，尤其是教育方面，因此，全方位提升“数字原住民”的数字素养教育，可最大程度地减少各种舆情带来的不良影响。当然，“数字原住民”数字素养的提升，自然离不开各相关机构、各阶层的领导干部的正确引领，因此还应辅以各级领导干部大数据思维，使其转变对互联网的传统认知，正视新时代信息传播速度与传播规律，以及提升应对处置网络舆情事件的能力。

5.3.2　利用全数据模式整合舆情

“传递信息”这个游戏曾在很多节目上出现，一句话经过数人的传递后千变万化,将“信息失真”的特点完美展现。游戏在娱乐民众的同时也给予人们思考:消息是怎样变得含糊不清，应该采取怎样的方法改进沟通方式。一旦舆情事件中存在这些情况，便会令很多不明真相的无关群众产生误解，再加上人云亦云的现象，自然会让情况变得更糟——不加思考的言论信息肆意传播，导致进一步的“信息失真”。事实上，大数据是建立在掌握全数据（或尽可能多的数据）的基础上进行的，不仅表现在数据体量巨大，数据采集技术的提高，网络带宽的成倍增加，而且体现出数据的完整性，通过高性能的信息技术工具能实时动态更新数据，全过程地反映舆情的发展状态，可发现抽样样本分析中无法捕捉到的微小细节，自然能整合舆情，最大限度地降低“信息失真”所带来的影响。

5.3.3　利用大数据思维提升舆情引导能力

不是所有的言论都是真实且有价值的，掺杂着的部分不实谣言、蓄意起哄的信息数据，必会在舆情向外扩散的过程中混淆民众，让舆情步入无法控制的深渊。如何在不影响公民言论自由权利的基础上，对舆情事件进行积极引导成为国内处理舆情事件的一大难点。想要解决此问题，不仅仅需要民众提升自身数字素养，更需要官方及时做出应对，根据具体现实做出正确引导。最直接的方法就是利用大数据思维，以事件发生时刻作为起点，将事件以时间为序分为两条平行线，直到事件完结。网络舆情引导的平行线进程如图 2-20 所示。

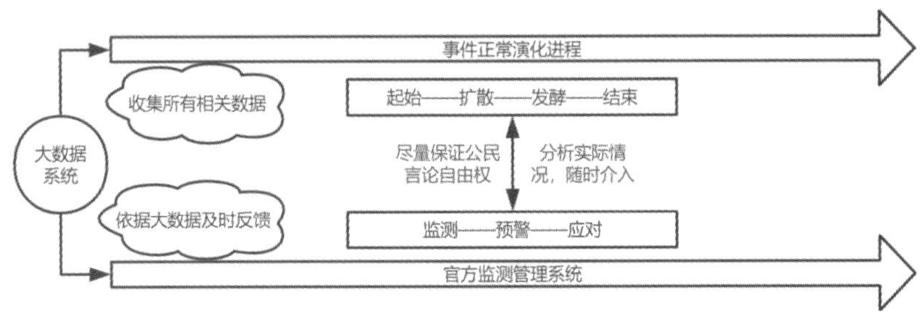

图 2–20　平行线进程

第一条线是指事件本身在无任何外界干涉情况下的自然衍变，适用于大部分碎片化舆情，对某些事件的深层本质进行讨论，属于理性范畴。用户客体与事件主体随机结合，迸发大量数据信息，收集所有热点信息，与第二条线实时交流。第二条伴随线是指实时监测，其存在的意义有两点：①利用大数据思维整合舆情信息，第一时间给民众提供对应的专题信息服务；②监测事件发展过程，包括演变进程，热点信息等，实时反馈官方，由官方决定是否介入。事实上，舆情引导的主要因素就是官方的作为，随着信息技术的不断迭变，引导舆情的方式也有所改变：制定定向的大数据专题服务，通过大数据思维对所有信息进行筛选组合，并针对地域、人群等多方特点提供专项大数据服务，通过媒体大数据服务的精确筛选与聚合，将事件相关的资讯、热点、信息网、数据、辟谣、媒体排行等信息进行快速组装，形成一个完整的大数据资讯平台，及时对不实信息进行辟谣；等等。

6　“互联网 +”与全媒体出版

随着 Web3.0 的发展，传统图书的生产、出版发行机制的变化以及文化消费的多元化，使得受众的感官触角变得更为敏锐，文化传播已从简单的文字、图片、广播向内容和形式日益丰富的全媒体转换。国家新闻出版广电总局也曾以官方文件的形式提出了“全媒体”的概念，并在“新闻出版科技创新工程”

中确立了“国家数字复合出版工程”的发展规划，要求研制“全媒体资源管理平台”及“互动服务与支撑平台”等，这迫使出版集团急需探索出全媒体出版、数字复合通道技术等更为先进的手段。麦克卢汉认为：媒介即人的延伸。如果以全媒体的视角来看这个观点则可以理解为：全媒体是人的整体延伸。出版机构唯有加深对“互联网 +”的理解，把具有优势的内容资源与先进的物联网、大数据、云计算、移动互联、语义技术、混合现实及人工智能等新技术和灵活多变的商业模式创新融合，寻求与互联网能够产生深度融合的契合点，才能帮助传统出版业游刃有余地应对数字媒体与互联网的机遇与蓬勃发展。

从传统出版到数字出版再到全媒体出版，如果把它们视为一种代际变迁，我们会发现时代改变的速度越来越快；如果把它们视作一场互联网革命，一个令人兴奋又忧伤的现实是——曾经的革命者快速沦落为“被革命”的对象。为应对这一态势，笔者尝试从全媒体出版的概念、特点及其现状入手，探讨基于数字内容生命周期的管理思想、资源建设平台的建构要素及其创新服务模式，以期为我国全媒体出版平台建设提供参考和借鉴。

6.1　“互联网 +”与全媒体出版

6.1.1　“互联网 +”

互联网的诞生推动了信息爆炸与全球化进程，其正在从比特世界向原子回迁，使众多传统产业面临着颠覆与重塑。2015 年，李克强总理先后从国家战略层面提出“大众创业、万众创新”和“互联网 +”行动计划，要求全社会要厚植创业创新文化，着力推动互联网与实体经济的深度融合发展。在 2016 年政府工作报告中，“互联网”更是被提及 12 次（2014 年被提 2 次，两年内翻 6 倍），新经济以“互联网 +”这些新产业、新技术、新业态为代表，充分说明互联网已经到了一个革新图存的重要关口。

当前，互联网已从技术性工具演变为重要的生产要素并逐渐与日常生活相融合，“互联网 +”已成为经济增长、结构优化新动力；未来，全 IP 化将是全球信息化发展的趋势。事实上，从内容制作到发布到传输 / 分发再到内容消费，传统的商业模式正在经历着颠覆式创新，“互联网 +”思维推动产业升级转型。

只是在数字化程度比较高的领域，商业模式发生着剧烈的变革，比如数字出版之于传统出版；在数字化程度低水平的行业，商业模式发生着局部的变革，比如在建筑领域。

6.1.2 全媒体出版

全媒体出版（Federated Media Publishing）是指将多种符号（文字、符号、图形、图像等）的信息内容以现代科学技术手段，通过多样化媒介形态（纸媒、广播、电视、网络、手机等）为用户多元化终端的融合接收的新型出版形式。全媒体出版是在传统出版基础上的延伸与扩展，最重要的特征是内容生产数字化、管理过程数字化、产品形态数字化和传播渠道数字化，其服务可以归纳概括为“5A”——任何时间（Anytime）、任何地点（Anywhere）、任何内容（Anycontents）、任何终端（Anydevice）和任何质量（Anyquality），具有长尾经济、规模经济、范围经济特征与明显的马太效应。出版机构应融入互联网思维的理念，实现全媒体生产、全介质传播、全方位运营，完成从“单一传播”向“多元传播”转型。全媒体出版实质上对应了《文化产业振兴规划》提出的“文化产业升级”和《关于推动传统媒体和新兴媒体融合发展的指导意见》提出的“媒介融合”机遇。

互联网是传统出版与新兴出版业态融合的重要载体，创新是全媒体出版的重要驱动引擎。政府部署的出台与落实，对于新闻出版业的融合发展将起到极为有力的助推作用。出版发行产业链的重构如图 2-21 所示。

传统出版发行产业链：

全媒体出版发行产业链：

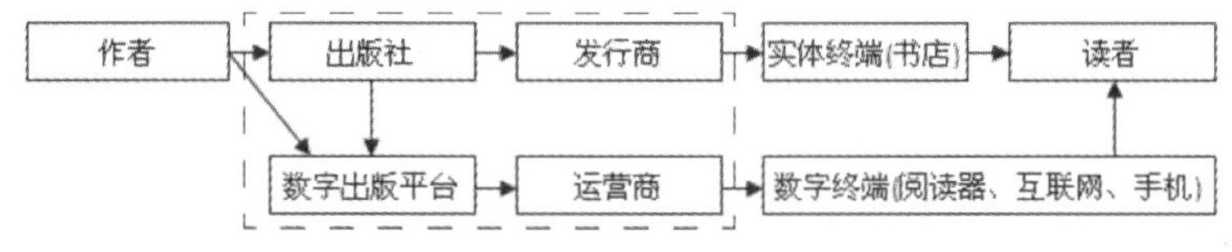

图 2-21　出版发行产业链的重构

6.2 国内外发展现状

数字出版是高度依赖技术创新的行业，在国际上被深度融合开发。美国数字出版已有 50 余年的历史，已形成一条集内容提供、网络销售、硬件生产、技术服务及第三方服务于一体的完整数字出版产业链。国际上诸多著名学术期刊与出版集团都推出了优先数字出版模式，如 *Nature* 的“AOP”（AdvanceOnlinePublication，提前在线出版）、Springer 出版集团的“OnlineFirst（在线优先出版）”等。同时，类似 *Science* 的 Video Portal 等机构还采用视频出版的方式发布学术成果、科研动态、专题报告，致力于多角度全景式呈现各种实验和报告。英国的《卫报》将新闻数据与谷歌融合图表（Google Fusion Tables）相结合制作可视化作品，并把相关内容标注在地图上，试图打造沉浸式体验。日本虽然近年来传统出版业的发展举步维艰，但是探索数字出版领域的热情从未减退。英国、德国、法国、韩国、马来西亚和中国台湾地区等出版。

中国数字出版业总体收入持续逐年递增。2008 年 1 月，长篇小说《非诚勿扰》以全媒体方式多渠道同步出版，自此全媒体出版成为出版业普遍关注的事物；2010 年 7 月，中文在线等百余家企业共同发起《全媒体出版产业合作倡议书》，标志着数字出版开启了合作共赢、共同发展的新时代；2015 年 11 月，人民日报社宣布其已发展成为全媒体形态的“人民媒体方阵”，包含报纸、杂志、网站、网络电视、网络广播、电子屏、手机报、微博、微信、客户端等；2016 年 5 月，作为全国信息方志建设工程重要组成部分的国家数字方志馆揭牌，旨在利用现代科技手段，把全国的数字化志书、方志期刊、音视频、图片等资源多元化展示。《2019—2020 中国数字出版产业年度报告》披露，2019 年中国数字出版产业整体收入规模为 9881.43 亿元（人民币），相较 2018 年增长幅度约为 11.16%，已经成为带动文化产业发展的新动力。

张勐萌认为“全媒体出版是以图书内容为基础，以资源整合带动服务创新，并通过多渠道同步出版，实现‘一种内容、多种媒体、复合出版’的目标”。陈志雄提出全媒体资源库包括全媒体资源多渠道采集、统一的专业化资源加工、全方位业务系统支撑、多渠道资源增值应用和基础内容管理等。张大伟推论数字出版即全媒体出版。目前，我国虽已建立一些基于学术资源的数字出版平台，如知网、万方、超星等，但这些平台在收录资源的数量、质量和服务功能等方面与国外类似平台相比尚有较大差距。

从已有研究成果来看，以往的全媒体出版研究多聚焦在意义与作用、现状与前景展望，对全媒体出版产生了良好的理论指导作用，在一定程度上推动了其发展。但这些研究并没有真正从内容与平台融合趋势加强的层面加以研究，很少涉及对数字内容生命周期、平台建构以及创新服务模式的探讨，指导意义不强。本书试图从全媒体出版、媒介融合创新及跨学科角度入手，对我国“互联网 +”与媒介融合大背景下全媒体出版平台及创新模式做建构性和前瞻性的战略研究，并对平台建设的总体设计架构做了设想，为新闻界和学术界的后续研究提供基础的路径选择。

6.3 基于数字内容生命周期的管理思想

数字出版物在物质层面的生产过程也是一种实体产品的生产过程，国外的出版商把数字出版物的生产引入了和生产汽车甚至是飞机等复杂产品的基于生命周期的管理理念，并以配置流程自动驱动，其生产效率势必会大大的提升。笔者认为，数字内容生命周期可以归纳为“5C”——创建（Create）、协同（Collaborate）、控制（Control）、配置（Configure）与发布（Communicate）。

创建（Create）是指相关人员导入、创建和编辑文档（格式、样式、文字、图片、多媒体等）的过程。在此过程中，可通过采用信息输入模板，达到规范化的内容生产流程并方便用户输入内容的目的，同时支持内容的异地协同工作。

协同（Collaborate）、控制（Control）和配置（Configure）是对数字资产的管理过程，具体指内外部团队实时、跨地域地协同编撰（全数字化、网络化、集群化、流程化）完成对分布式存储的内容资源的控制（对权限、流程和访问等）与配置（版本、跟踪、存储等）。所有图书、报纸、杂志等内容资源涉及的数据和文档，都将以结构化方式分类和组织，存储在内容管理系统信息库中。为满足各种资源创作和发布的需求，信息资源库还支持存储文档结构、文档对象元数据、图形图像、3D 视频、全息影像等多媒体信息。

发布（Communicate）是指基于单一数据源的信息发布过程。在该阶段，可以通过创建样式模板的方式，为存放在信息库中的同一个数据集制作不同的呈现方式，同时可以通过定制化产生针对特定项目管理方群体和不同项目管理方需求的内容产品，最终完成包括 3D/4D 在内的形式灵活和渠道多元的动态发布。

一个内容文档将经历上述流程的不同阶段，由此构成了该文档的生命周期。数字内容生命周期流程如图 2–22 所示。

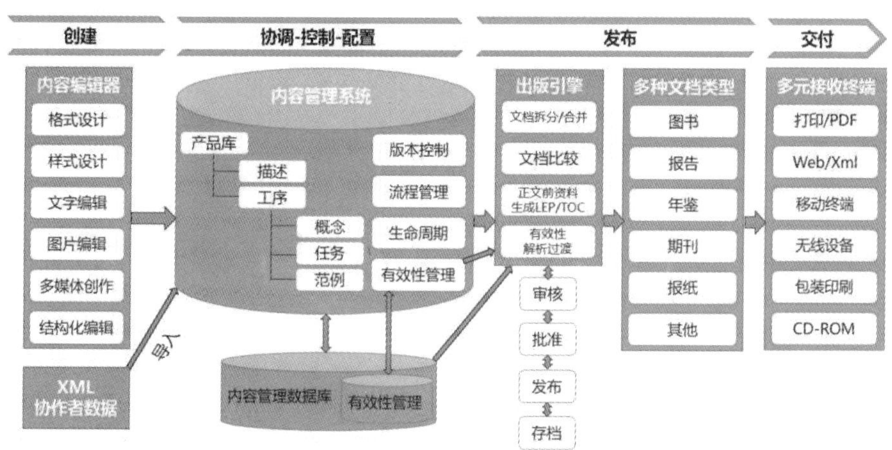

图 2–22　内容生命周期流程

6.4　资源建设平台的建构要素

全媒体出版是在“互联网联接一切”的时代背景下提出的，内容资源建设是其赖以生存和持续发展的基本要素。挖掘、整合既有资源，促其数字化、多媒介化利用，以满足类似受众的多维需求为导向，模块化重构不同类型受众的兴趣和需求，最大化地将其核心内容进行数字延伸，是全媒体出版的重要研究领域。

6.4.1　整体设计架构设想

资源建设平台的建构要素至少应包括如下几大模块：资源采集与加工、资源管理、产品分装、产品打包、资源门户管理、内容检索、资源上传和评价等。

由此在信息共享的基础上，形成一个资源集聚与内容生产的一体化出版平台。平台整体设计架构设想如图 2-23 所示。

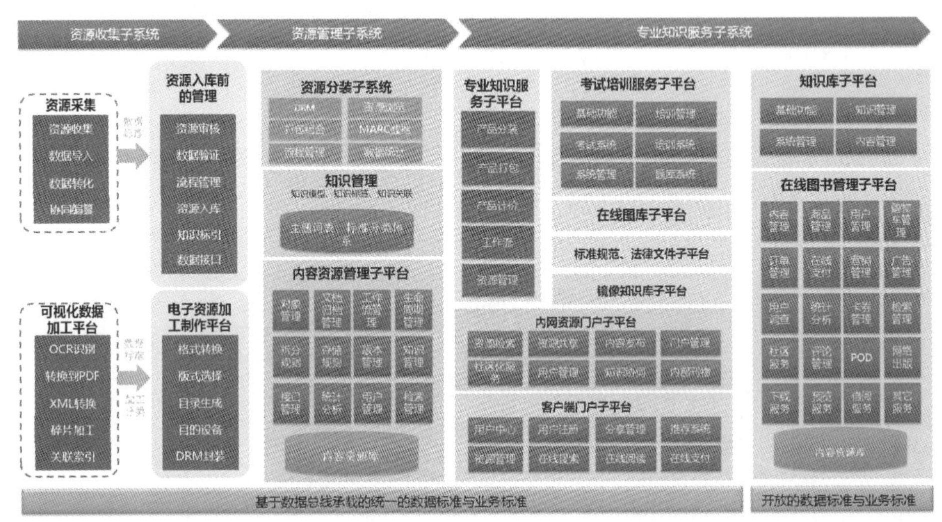

图 2-23　整体设计架构设想示意图

6.4.2　主要技术解析

新一代全媒体出版平台是一项复杂的系统工程，会涉及诸多新技术的应用。我们应对全媒体出版的创新技术进行深入分析，并认真研究。

基于 XML（可扩展标记语言）的内容管理技术：使用灵活定义 XML 作为数据的标准来实现内容和形式（字体、颜色、行距、背景图等）的分离，使出版的内容具有高水平的互动性、访问性和重用性，支持电子图书在不同尺寸的阅读器设备上自动优化显示，以实现出版内容、内容结构、版式媒体的自由结合。

动态发布系统（DPS）技术：构成全媒体出版平台的核心技术，由编辑器、内容管理系统和发布引擎三个基本功能模块组成。编辑器实现对信息文档的内容、格式、样式的编辑，内容资源库负责对海量数据和内容碎片进行存储、查询、关联、协作和管理，动态发布引擎实现自动、灵活、多渠道、多媒体、多阶的内容转换和编辑。

交互式电子内容开发制作技术：基于数字内容在智能触控终端载体上的使用，结合 HTML5、DPS、PKI 等技术为不同用户提供交互式内容，并可通过移动设备端的交互式内容获得云平台上的信息服务，通过知识库中的知识标引进行探究式学习。

数字版权保护技术（DRM）：中心服务器对个人身份，阅读请求做出认证后，产生与申请机器、用户、请求阅读的电子书 / 节目（以下电子书和节目混用，不作区分）和有效时间相关联的数字证书，发放到用户本地。

6.4.3　平台功能模块

6.4.3.1　资源采集与加工

通过多渠道（网络出版、移动出版、按需出版等）将各类资源按照统一规范的标准进行深度加工（包括拆分、修改、标注标引、格式转化、条目拆分、碎片化等），使其成为数字化的元数据（包括著录、创作者、版本、授权许可、销售、检索等）得以汇聚、存储、整合和优化，并最终生成可入库的“细粒度”的“碎片化”数字内容。内容资源主要包括：

- 传统的纸质文档：出版物、图书、档案、公文、报纸等。
- 网络资源的数据文件：TXT、WORD、PDF、XML、图片、视频、音频、动画、方正书版、互联网信息资源、多媒体资源等。
- 课件与试题等。

6.4.3.2　内容资源管理

平台的资源审核、加工、再造、管理的核心模块，支持典型的资源管理功能，如检入 / 检出 / 版本控制、资源搜索、数据文档分类存储、协同创作、集成 ERP 系统数据等功能，同时也管理内容模板、工作流模板、交付件配置信息等，可为出版机构提供便捷、高效的资源处理功能。其主要包括资源编辑（XML 编辑器、在线编辑器、样式表单编辑器等）和后台管理（存储管理、类型管理、协同编撰管理、检索管理、权限管理、工作流程管理等）两个模块。

6.4.3.3　产品分装

连接内容资源管理子模块到产品库的桥梁，所有从内容资源管理子模块发布出来的教材、教辅、课件、电子书、XML 碎片以及视频和音频文件都要经过该模块进入产品库，等待销售发布或生成镜像数据库文件等。其主要包括获取发布文件、审核发布文件、加密发布文件和入库加密文件四个模块。

6.4.3.4　产品打包

通过工作流引擎（资源管理、镜像管理、系统管理、类型管理、流程管理、资源出库等）对所有入库资源（教材、教辅、课件、PDF 电子书、文档碎片、音视频等）进行编辑与预览，确认后可在打包引擎的支持下按资源类型（知识库、镜像知识库、图书在线、教育图库、标准规范等）进行打包输出操作，资源导出的格式为 XML、PDF、EPUB、SCORM 等。

6.4.3.5　资源门户管理

面向出版机构提供的一站式的内容上传、内容检索、内部资源交易、协同办公的工作空间，负责提供用户访问的安全控制手段、个性化内容展现、内容管理和门户等按需服务功能（用户管理、认证管理、访问策略管理、安全管理、个性化体验与人性化服务、统一资源检索服务等）等应用。

6.4.3.6　内容检索

整合各种异构、分布式的元数据资源，建设全域高速检索平台及海量信息存储系统，以提升内部多维化与可视化（图文、短视频、动画、动漫、游戏等）呈现能力、分面组配能力和定量评估能力，最终实现一维到多维、可读到可视、平面到立体的服务转化。同时，为不同消费需求，提供知识拓展、数值搜索、RSS 订阅等服务，并按照目标产品逻辑进行个性化的多维度数据挖掘（图像、视频、音频、多媒体等）聚合重组，实现由点对点的检索发展成为由点及面的跨库检索。

6.4.3.7　内容社交

为相关人员提供基于 WEB 方式的多源、异构数据的上传、处理、审核、发布和检索等各个环节的管理和维护。同时，越来越重视内容的社会化传播，支持多用户、多终端形式对资源的分享、热点讨论、话题交流和内容积累，以便读者阅读后及时与同行分享，并能在线发表对此内容资源的观点与看法，融入互动性与趣味性以弥补传统出版的局限性。

6.5　创新服务模式研究

出版产业在过去的发展中，经历了 1.0 转型（以融合基建工作为主）和 2.0

交互（以内容融合为主）两个阶段。随着网络与数字技术裂变式的发展，出版产业正在经历 3.0 融合（从内容竞争、产品竞争、平台竞争转向生态系统融合竞争）阶段。3.0 融合出版需要在数据梳理、表现形态、传播路径等多方面进行生态创新，将更多维、更跨界、更融合、更迅速、更全息、更智能，覆盖出版产业链全流程、全终端、一站式端到端的个性化出版云服务。出版机构须对其传统角色定位做出重新思考和调整，多方探索聚力。

数字出版和传媒业已经从内容竞争、产品竞争、平台竞争转向生态系统融合竞争。全媒体出版融合多维升级如图 2-24 所示。

图 2-24　全媒体出版融合多维升级

6.5.1　建立全媒体出版电子商务平台

电子商务突破了时间和空间的局限，已成为许多出版社获取竞争优势、实现跨越发展的一种重要手段。电子商务的运营核心是互联网碎片化的流量（Traffic），可以约等于线下购物的人流量。出版机构应积极树立互联网思维，搭建满足编辑出版、权限管理、内容管理、内容转换、交易管理、数字阅读、深度检索、加密发布、便捷支付（Apple Pay 等）以及商务流程管理等多种功能的 O2O 等全媒体出版电子商务服务运营平台，通过构建专业的内容管理体系实现内容价值回归，将媒体受众直接转化为消费者，为其提供碎片化和结构化的多样选择，以实现产品类型多样化、销售方式多样化、服务模式多样化，不断提升有限内容资源的无限价值潜力，进而增加产品销售收入，最大化盈利空间。例如，为满足受众个性化需求，应构建良好的沟通平台，将期刊的电子版按照指定时期（单篇、单期、半年、全年、多年过刊合集等）或指定主题进行组合打包销售，实现内容资源的 B2B 或 B2C 销售。

6.5.2 建立数字版权（DRM）交易平台

版权不能止于保护，更需要经营，数字版权（Digital Rights Management，DRM）保护是数字出版产业发展的基石。在数字出版行业快速增长的背景下，互联网的高流动性和易篡改性使得传统版权登记模式已无法适应。出版机构应积极树立版权资产的理念，搭建版权信息交易平台，把数字内容提供商、数字内容分发商、数字内容消费者等联系起来，实现对数字作品的创建、处理、分发、消费的管理，以平衡数字内容价值链中各个角色的利益和需求，最终将内容资源转化为版权资产继而转化为现实生产力。DRM 可以保证数字产品的安全性、数字产品的完整性、数字产品传输的安全性以及数字版权的合法使用，还可实现资源库与其他业务系统间如“跨平台阅读”“电子商务平台”“按需出版、互动出版、众筹出版”“知识服务平台”等的协同、无缝对接。建立 DRM 平台，可为版权各方提供版权基础（产权服务、资产管理服务、战略规划和管理咨询等）、版权交易（挂牌、分账、委托经纪等）、版权代理（许可、转让、质押等）、版权查询（登记、轨迹等）、版权投融资和版信宝（类似“支付”，提供权费用分账等）等多项服务。例如，艺百家试图将其打造成为中国版权交易的第三方信用机构（类似“支付宝”）和 IP（知识产权）价值的挖掘者，可为版权人提供透明的下载、点击量等数据服务，保证“预付金 + 分成”合约的履行。据悉，其未来还将延伸发展 IP 孵化业务。

6.5.3 建立公共服务云平台

云，即数据汇聚。云计算是指依托数据中心通过互联网向用户提供动态可伸缩的定制性服务和工具。随着“互联网 +”行动计划的落实，出版机构应尽快建立 SaaS（Software as a Service，软件即服务）化的公共服务云平台和面向全媒体出版的云计算和云存储数据中心，使全媒体出版具备产业集聚的信息平台基础，以加速信息等资源的高速流通，帮助全媒体出版机构将设计加工、版权认证、电子商务、数字化内容加工、项目管理方管理与服务、在线教育等应用共享与融合。在内容聚合层，平台面向全国范围的出版社、报社、期刊社、网站、作者寻求合作；在内容加工层，平台将内容资源转化成统一格式的元数据并进行加工；在内容发布层，平台提供面向各类终端的内容产品。由此，科技与内容的融合程度将不断加强，将加速出现更多的新产品、新形态、新模式，最终通过云生态的建立形成对全国乃至全球的优秀数字资源内容虹吸效应，使新闻出版业的公共服务及内容生产能力迈上新台阶，并逐步向智慧出版迈进。例如，方正电子与凤凰新华印务共同打造了“CCPP 中国云出版云印刷平台”，实现了出版印刷上下游的数据计算、集成资源与出版服务的全面整合，同时该平台还提供开放式接口服务，实现对资源流、业务流、数字流、物流的全方位对接，让数字出版走出资源分散、系统重复、标准不一的困境，从而构建中国云出版服务生态圈。

6.5.4　建立大数据支撑平台

大数据作为一种资源和工具，被定义为“未来的新石油”，可实现从“数据→信息→知识”的转变。出版机构应积极树立大数据思维，通过全数据的挖掘分析，建立出版资源、网络资源、用户及终端之间的智能关联，实现共性化内容的热点推荐、个性化内容的针对性推荐、语义分析与用户历史数据相结合的搜索结果推荐，提高用户忠诚度与黏着度，以满足多终端用户在不同设备、不同场景之间的数据同步的迫切需求，让大数据产生智慧和服务。同时，依托大数据还可用精准营销（自然属性、性格标签、人群分类、消费时段、精准位置等）的核心思想，跟踪受众的认知，预测受众需求并把分析得到的数据转换为个性化产品动态、实时、精确推送，实现从内容到服务的私人订制，从而支持电子商务平台的发展。例如：2016 年，纽约时报集团为能推送更个性化的消息，专门成立了 11 人组成的特别小组，开发、规划消息通知功能，期待在不打扰用户的情况下根据用户喜好、推送时间、语言、阅读历史等完成信息推送；亚马逊依托其平台和终端优势，积极运用大数据技术，建立了自己的图书推荐系统。

7 数字媒体与版权保护

新技术革命，开启文明新时代。随着以“云大物移智区加”等为代表的新一轮智能技术集群的迅猛发展和普及应用，数字媒体产品已突破时空的限制，使得“任何人”可以在“任何地点”和“任何时间”获取“任何想要的东西”，使得传统媒体的受众（Audience）演化为使用者（User）、消费者（Consumer）演化为产消者（Prosumer）、用户从原来的“物质消费”逐渐转向“精神消费”，而数字媒体产品则从传统的“内容 + 形式”二个要素上升到“内容 + 形式 + 关系 + 场景”四个要素。但是，任何新兴技术都有可能是双刃剑，我们也需要注意到，数字媒体在让用户享受到前所未有的体验的同时，也让复制和传播廉价与便捷使得“不经许可不得使用”流于形式，导致数字版权保护面临巨大困境。因此，数字版权保护和版权变现成为了近年来业界及学界的广泛关注的焦点。

7.1 数字版权与数字媒体

新一代智能技术集群驱动了大量数字内容产品的出现，使得“数字媒体”与“数字版权”也成为耳熟能详的名词。站在发展的视角来看，数字媒体促进了信息内容个性化、主动性、及时性与广泛性的传播，而数字版权则平衡了数字内容价值链中各个角度的利益和需求。

7.1.1 数字版权

截至 2020 年 1 月，学界、业界及法律界对数字版权的概念尚未有明确的界定，仅是约定成俗的一个概念性称谓。笔者认为，数字版权是指创作者或其他权利人对其创造、生产、传播、销售、使用的数字内容在全生命周期与价值链中所享有的一系列专有性的精神权利和经济权利的总和，作为数字化辅助管理手段在版权管理中占据着不可或缺的重要地位。在中国，数字版权作品主要包括以数字化的报纸、期刊、原创文学、地图等出版物为主的文字型作品，以及数字音乐、数字影视、动漫游戏、手机出版物等。而在国外，主要包括数字期刊、数字音乐、视频等数字出版物。

7.1.2　数字媒体

数字媒体是指以二进制代码（0 和 1）的数字化形式记录、传播、处理、获取过程的信息载体，包括数字视频、数字电影（如 3D、4D 等）、数字音频（如杜比音效、蓝牙环绕等）、计算机动画、虚拟 / 增强 / 混合现实（VR/AR/MR）等。而当下的数字媒体包含技术（如游戏程序设计、多媒体后期处理等）和艺术（如人机交互、艺术设计等）两大板块，具有交互、定制、广泛、主动等特性。

7.2　文献评述

Web of Science（科学引文索引）是美国汤森路透（Thomson Reuters）公司基于 Web 开发的大型、覆盖多学科的综合性引文索引数据库，可提供近万种核心学术期刊的引文检索服务。本书选择了 Web of Science 中的三大核心子库（SCI、SSCI、A&HCI）作为文献来源，并将检索式设定为“标题”包含“digital copyright*”或“digital right*”或“digital intellectual property*”等，时间截至 2019 年 12 月，得到 2367 条检索结果。Web of Science 文献检索统计量如表 2–2 所示。

表 2–2　Web of Science 文献检索统计量

检索式	总文献量	单年最高检索数量及年份	过去 5 年检索单年检索数量				
			2018	2017	2016	2015	2014
digital copyright*	239	17 篇，2006 年	12	8	10	9	7
digital right*	413	37 篇，2014 年	31	26	21	19	14
digital intellectual property*	71	10 篇，2001 年	2	3	2	0	2
Digital Right* Manag*	173	29 篇，2004 年	6	8	8	5	4
Digital watermark*	604	34 篇，2014 年	29	30	24	27	34
digital signature*	477	29 篇，2004 年	25	22	14	12	13
data encryption*	349	67 篇，2018 年	67	32	36	18	19
data cryptography*	41	8 篇，2017 年	5	8	3	1	0
合计	2367		177	137	118	91	93

而在国内，“数字媒体 + 版权”还是新生事物，尚处于初始启动阶段（如在中国知网查询期刊的结果仅有 121 篇，其中 CSSCI 来源期刊论文仅 7 篇）。由此可见，国内从事数字版权研究的人员不是很多，系统的研究成果也就更少，研究领域主要集中于：①从发展视角，关注现状、探寻未来方向，如彭兰等结合网络媒体技术，许志强等结合全媒体出版，范咏静等结合数字媒体产业等；②从博弈视角，关注数字媒体对传媒生态格局和版权的影响，如吕阳结合Google 数字图书馆版权纠纷，王文萧等结合版权与利益的博弈，杨沫结合版权博弈策略等；③从技术视角，关注数字媒体环境下技术对版权的重构，如赵丰等、张若男等、马治国等分别结合区块链探讨数字版权的盈利模式与治理体系等；④从生态视角，关注版权治理与使用制度，如喻国明结合今日头条，王涛等结合数字文化事业治理，张波等结合合理使用制度等。

不难发现，与发达国家相比，我国的“数字媒体 + 版权”研究与建设还相对滞后，各级机构建设规划、体制机制及配套法规有待建立或进一步完善。以往的研究主要从某一个角度加以分析论述，较为零散，缺乏全面性、系统性梳理和总结，指导意义不强。数字版权环境下，传统媒体与数字媒体如何博弈？传统媒体如何价值重构？如何进行版权保护？这些都是非常值得业界和学界深入探讨的问题。

7.3 传统媒体与数字媒体的版权博弈

尽管传统媒体数字化转型已是大势所趋和必由之路，但数字化转型并不代表传统媒体已不复存在。与此同时，本书对“传统媒体”的界定为：诞生时便通过非数字化形态传播的媒体，包括媒体形态（平面媒体、声音媒体、视频媒体）和媒体机构（报社、电台、电视台）。

传统媒体与数字媒体进行博弈的假设前提是，双方皆作为追逐利益的经济人，均希望以最小代价获取最大利益，最终实现自身价值最大化。在数字版权环境下，假设二者在博弈关系中，双方都具有经济理性，所以作品的可获利性在一定程度上就决定了博弈双方以成本收益作为衡量自己行动取舍的前提。

7.3.1 博弈的产生

信息用户是数字媒体的最终消费者，但能否通过内容获利则是数字媒体的内在驱动力。过去，传统媒体凭借其权威性、公信力与内容信息优势获得了众多用户的青睐。当下，繁荣兴盛的数字媒体，带来了信息共享与知识获取等领域的便捷性，一方面改变了内容作品复制与传播方式、用户的消费观念与模式；另一方面又长期、大量廉价乃至无偿地使用着传统媒体的内容，严重损害了传统媒体的经济效益。正是由于新的媒介技术环境使得内容的获取、复制、转载、删除等变得更为便捷，而现有的技术力量又很难“问责”所有的盗版行为，自然引起了信息共享与版权垄断间的冲突，导致了双方博弈关系的产生。

7.3.2 非合作博弈

非合作博弈指把除自身外的所有环节都视为个别行动，更多强调自主决策。传统媒体在进行报道时不可避免地会参考其他同类媒体的内容，而经过其他同类媒体证实过的信息在标注来源的前提下也是允许直接使用的。但数字媒体利用智能技术无差别地抓取信息，并将其重新整合、存储在数据库中，供网民免费检索、查阅、浏览、下载，甚至还包括传统媒体付费墙内的信息。数字媒体通过数字化拷贝牟取暴利，导致传统媒体消费群体锐减，长期利益受损，面临生存危机。由此可见，传统媒体与数字媒体利益分配上的不均等，是传统媒体与数字媒体非合作博弈的主要原因。例如，《现代快报》于 2015 年 9 月起诉今日头条侵权 4 篇原创文章，并于 2018 年 10 月获得胜诉并获赔 10 万元，这一判决是传统媒体维权路上少有的高额赔款，从而使其在维权方面更加坚定与团结。

7.3.3 合作博弈

合作博弈指在不损害任何一方利益的前提下，通过制定相关协定，增强至少一方或双方的利益。数字媒体的诸多优势为传统媒体作品带来前所未有的发展机遇，使其能在以互联网为基础的数字平台中充分展现其原创内容，既扩大了其影响力，又提升了其内容运营的核心价值。但数字媒体缺乏相对传统媒体的专业团队、公信力，以及采访权等广泛的权力等，导致其无法生产更多的原创优质内容。不难发现，若能解决版权问题，既可让传统媒体共享数字媒体的网络红利，又可让数字媒体（无论是传统媒体衍生出的数字版区运营，还是对原创网络作品等）合法使用传统媒体的内容并获得更多的收益。例如，今日头条和《中国证券报》、搜狐与《光明日报》等签订版权合作协议，为后续的版权开发奠定了坚实的基础。

7.3.4 演化博弈

演化博弈类似于生态链中的种群，其在发展层面要求系统内的各组成部分既能保持“共生”的关系，又能在“竞争”中保持一种动态的平衡。如果传统媒体与数字媒体一直处于非合作状态，将导致其内容不会有更大的影响力与价值，这不利于公共文化服务的供给和媒体融合的推进；如果数字媒体长期处于侵权状态，将导致信息资源难以得到充分的共享，又不利于知识的传播和共享。由此可见，传统媒体与数字媒体不仅在信息资源共享中竞争，而且在版权保护中合作，一直保持着一种动态的平衡。例如，《三联生活周刊》最大限度地开发原创内容，将知识资源不断升级优化完善形成大 IP，扩大衍生知识服务，建构了以原创为核心、技术与版权共同发展的新型平台。

7.3.5 博弈模型的构建

综上所述，传统媒体与数字媒体的博弈可分为三种模型，即非合作博弈、合作博弈与演化博弈。设定两种情景，一种是传统媒体与数字媒体合作，同意原创内容的版权使用；另一种是不合作，不同意使用。从传统媒体角度分析，两者间博弈模型的建构以及最终获得的经济效益，博弈模型如图 2–25 所示。从数字媒体的角度分析，传统媒体与数字媒体间的合作博弈与非合作博弈两种模型最终所获得的经济利益，博弈模型如图 2–26 所示。图中各元素的定义，如表 2–3 所示。

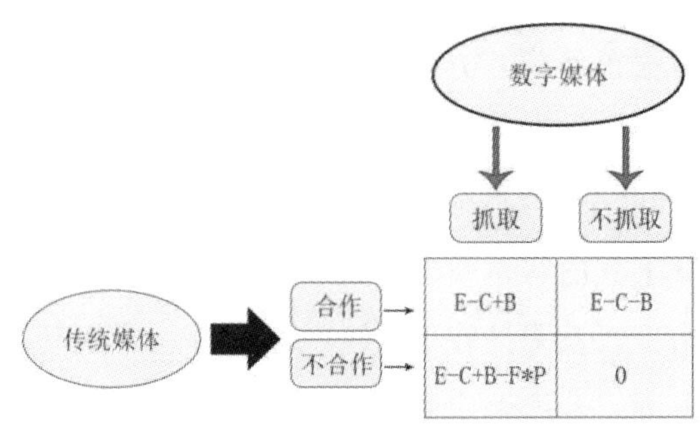

图 2–25　传统媒体与数字媒体的博弈模型

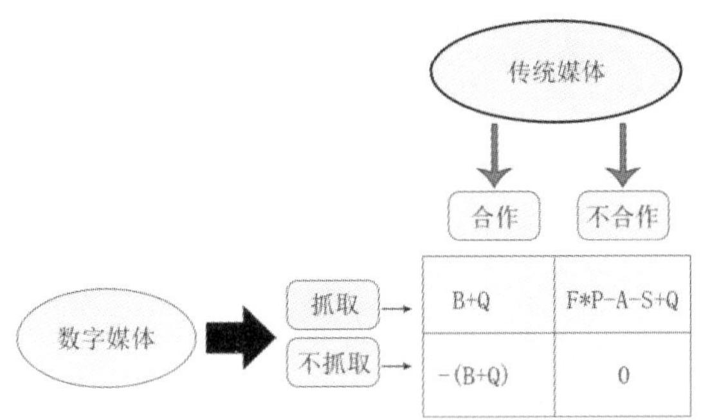

图 2–26　数字媒体与传统媒体的博弈模型

表 2–3　元素定义参照表

元素	定义
P	传统媒体控诉成功概率
Q	传统媒体作品在数字媒体中获得潜在消费
A	传统媒体维权的经济损失
S	其他经济损失（如订阅量，广告商减少）
C	数字媒体的内容成本
B	数字媒体抓取传统媒体内容获得的利益
F	数字媒体使用传统媒体作品被控诉成功所付罚金
E	数字媒体的内容服务效果

由此可见，若在双方合作的情况下利益将达到最大值。因此，传统媒体与数字媒体应积极寻求合作机会，实现双方收益最大化，从而促进传媒产业迈向高质量发展的新阶段。

7.4　生死存亡：版权给中国传媒产业带来的严峻挑战

一方面，传统媒体的版权保护意识薄弱、相关法律体系尚不完善等；另一方面，数字媒体利用互联网技术肆意聚合抓取传统媒体的原创内容，既导致传媒价值链遭到破坏，又致使经济报酬失衡，给中国传媒产业带来严峻的挑战。

7.4.1　版权意识薄弱，尚未制定版权管理系统

传统媒体对作品版权的归属、资产管理、运营维护和保护意识程度不够，造成数字环境下后续开发版权不利，而内容作品的确权是版权管理得以展开和

推进的基础。目前，传媒从业者大多尚未签订作品的归属协议或相关合同，同时版权意识大多仅停留在新闻稿件的窃用和热点事件的维权上，未将版权作为一种新的资产看待和管理，同时传统媒体内部也缺乏全局性的版权资产管理以及维护体系，比如版权的管理、修订和保护等相关业务由不同部门实施，部门间壁垒尚未打通缺乏沟通和协作意识，致使对版权的二次开发、资产的价值管理以及保护等方面的统筹协调能力的发展不利。

7.4.2 立法滞后，侵权行为层出不穷

数据显示，仅 2020 年中国网络文学整体盗版行业损失近 60.28 亿元。层出不穷的侵权行为给国家的监管带来困难，威胁优质内容的产出，重创原创精神。而这一切的根源便是相关法律体系的不完善，部分企业钻法律空子。一方面，数字技术创作的作品，常被不断分解、重组为新的作品，这是否属于“洗稿”行为，法律界限尚未明确规定。另一方面，部分企业打着“保护知识产权”旗号发动讹诈性专利诉讼，既侵犯原创者利益，又对使用者进行“维权敲诈”，从中牟取高额利润。

7.4.3 数字媒体的“拿来主义”，使传媒价值链遭到严重破坏

分析传媒产业价值链，不难发现内容是其上游产品，是整个价值链的核心，而数字媒体的肆意妄为使得传媒产业价值链遭到破坏。传统媒体的收入来源多为读者的订阅以及广告商的投资。以报社为例，不算油印费，部分报社每个字的成本高达 20 元。一家百人左右的小报社，每天为生产原创内容往往需要支付巨额的生产成本，获得版权收入却微乎其微，只够报社的基本运行。而数字媒体利用网络爬虫，数据抓取低价购买甚至免费获取传统媒体资源，以此获得巨大利益。例如，日活量高达 2.4 亿，拥有累加下载量达 5 亿的今日头条便标榜着“我们不生产新闻，我们只是新闻的搬运工”，其依靠搬运传统媒体的内容获得巨大收益，导致传统媒体用户、广告商流失，严重破坏了传媒价值链。

7.4.4 版权保护与信息资源共享利益失衡，导致冲突加剧

一方面，传统媒体为维护自身权利，凭借法律、制度和技术扩大版权保护，减少利益损失，必将消减其信息资源共享，这对广大用户、数字媒体以及社会而言都是一种损失。另一方面，随着智能技术集群的迅猛发展，智力策划、智

能生产、智能传播等呈现出网络化、平台化、智能化的趋势，这将加剧知识传播的深度与广度，如有声读物扩大了信息资源领域，使得包括老人、小孩、文化程度较低等在内的更多人群都能共享更多信息资源，同时降低纸质生产成本。但这给传统媒体带来更加巨大的冲击，零成本的复制与传播，对版权的忽视，使传统媒体损失大量经济报酬。数字环境下，"失衡"现象在版权保护与信息资源共享之间愈演愈烈，并呈现出冲突加剧的趋势，传统媒体与数字媒体间经济报酬如何平衡需要传统媒体与数字媒体共同思考。

7.5　价值重构：传统媒体创新突围新战略

从美国的历史来看，版权在互联网逻辑下的核心资产为政策环境和技术水平。新形势下，传统媒体不应再局限于内容生产，还应将内容产品变现为信息与文化、版权资源与资产等，并加强对版权资产的管理和运维，借此更好地推动版权变现。

7.5.1　法制：建立健全法律法规体系，持续加强版权保护

数字网络环境下，原有的版权法律保护制度（如《著作权法》《专利法》《WIPO 版权条约》《互联网著作权行政保护办法》等）相对不再适用。为更有效地实行版权保护，应通过推动数字版权保护立法与修法、健全法律法规、鼓励版权资源流转等方式，持续加强版权保护。

（1）推动数字版权保护立法与修法，加大版权保护力度。数据显示，"剑网 2020"（2020 年 6 月至 10 月），共删除侵权盗版链接 323.94 万条，关闭侵权盗版网站（App）2884 个，查办网络侵权盗版案件 724 件，其中查办刑事案件 177 件、涉案金额 3.01 亿元，调解网络版权纠纷案件 925 件，进一步净化了网络版权环境，使我国网络版权秩序进一步规范，专项行动取得显著成效。侵权泛滥严重损害优质内容的产出，遏制原创精神。WIPO《版权条约》第 10 条的议定声明，各成员自行建立数字版权合理使用制度的政策依据。我国是版权产品消费大国，政府和立法机构应在版权保护和信息资源充分合理利用并重的前提下，加快推动数字版权保护立法与修法，细化有效相关法律法规体系，提升违法成本。但需要注意的是，数字版权立法既应研究版权法的演进历史，在

保护版权人利益的同时，保护版权流通和变现环节，又应与我国国情相结合，不能盲目借鉴发达国家的知识产权立法和执法措施。

（2）健全法律法规，简化维权程序。一方面，相关部门应加强相关法律法规细节的完善，细化司法的解释、加快现行法律法规与数字媒体环境相适应的进程。通过制定更加详细的规定、明确侵权行为的界定，使其有法可依。对“合理使用”“避风港原则”“洗稿”等钻法律漏洞而出现的侵权案件，相关部门应总结司法实践过程中存在的各类问题，明确使用标准，逐步优化版权相关的法律法规。另一方面，传统媒体维护自身合法权益时，往往会损耗大量的人力、物力、财力，一般的小规模传统媒体难以承受高额的维权成本，同时维权成本与赔款之间又往往不成正比，导致诸多媒体选择不申诉，而这也致使侵权者更加肆无忌惮，所以司法部门还应简化维权程序，让侵权诉讼简明快捷，提高维权过程的效率。

（3）鼓励版权资源流转。目前，版权费是传统媒体的主要收入来源之一，是生产内容信息的主要收入来源，但这些收入与实际版权价值之间存在较大差异。可通过版权资源流转的方式，在扩展资源知名度的同时，带来更多的潜在消费需求。但需要注意的是，流转须经过原作品著作权人许可，并支付一定的报酬，以此平衡传统媒体与数字媒体间的经济收益。

7.5.2 善治：构建数字版权生态，提高衍生服务的正向价值

随着以互联网为基础的数字平台的日益发展，内容传播、复制、编辑成本极低甚至接近于零，导致海量信息几乎无成本的全球流淌，“免费模式”似乎已在用户头脑中根深蒂固。因此，应通过促进优质内容生产、推进 IP 化运营、改善知识付费的长尾服务等方式，提升衍生服务的正向价值。

（1）促进优质内容生产。平台应加大对原创内容的扶持力度，使优质的原创内容得到更多的推荐权重和流量曝光，获得更多的广告分成，从而形成正反馈效应，促进优质内容的不断生产。例如，头条号的“青云计划”、百度号的“百 + 计划”、腾讯的“芒种计划 2.0”等，都对优质原创内容作了更多资源倾斜，释放了更大内容生产力。

（2）IP 全版权衍生开发。数字网络环境下，以知识产权为核心，通过最

大限度开发 IP 价值及其衍生价值，注重商业模式创新与资本市场的对接，实现全产业链内容开发，将比传统的知识产权运营更具时代性、前沿性与商业特征。例如，湖南广电利用湖南卫视和芒果 TV 的“双平台”运营模式，推动大 IP，实行 IP 化运营，通过带动全媒体的发展构建起传统媒体的新格局，形成了芒果生态圈（如网综、电影、电视剧、动画、音频等）。

（3）改善内容付费的长尾服务。随着内容付费平台（如得到、罗辑思维、播客等）的日益增多，“大众”与“小众”的边界正逐渐消解，完善知识产品的细分、筛选、评价及推荐等功能已成为增强用户的付费意愿、提高产权的保护意识、提高用户体验度、留存率和活跃度的重要前提条件。可通过智能技术集群（如用户画像、人工智能等）深入了解用户的个性需求，加强多功能服务，从而持续提供尾部服务。例如，考虫、英语流利说等英语学习软件，便通过垂直领域用户的需求实现了包括专人服务解答，小组督促学习打卡等等在内的定制服务，既提高了用户学习动力与体验，又增强了用户的付费意愿。

7.5.3　聚合：构建“全域创新”新格局，推进传媒产业高质量发展

新生事物的出现必然是在旧事物的母体中孕育、继承与发扬，只有相互融合、相互促进才能共同发展。版权保护不是目的，版权变现（即行业产值）才是目的。传统媒体拥抱数字媒体的关键是版权，而版权的未来既要依靠法律法规，也要依赖于媒体自身的经营意识。

（1）整合业务开发经营范围。2018 年，数字出版产业总体来看虽然呈现出高发展的态势，但由于受到传统思维的影响，致使其缺乏统一指挥、协调和整体策略，并致使其在某些领域的范围交叉，内耗问题较为严重。因此，应将包括听说、网络教育、在线游戏、网络文学等在内的数字版权业务开发与经营范围进行整合，建立丰富、优质的内容资源库，引导数字出版行业的健康有序发展。例如，2019 年 4 月，视觉中国出现“黑洞版权”事件后，人民网便提出全国主流媒体应整合媒体图片资源，希望在图片的采编、使用和版权交易等方面形成联动机制，实现共通互融，减少侵权率。

（2）搭建全局性的版权运营管理系统。数字网络环境下，内容产业已从传统的单链条模式演化为“内容生产商—内容运营商—内容需求方”的多链条

模式，对传媒价值链进行了重构。可通过搭建全局性版权资产管理系统，深度挖掘版权资产，提升内容的版权价值，加快“内容 + 渠道”双重护城河的构建。例如，财新等付费媒体通过建立优质内容付费机制，为侵权行为设置经济门槛。同时，媒体内部还应建立相应的版权管理、保护及归属等法务部门，并设置专门的版权管理人员，及时发现并应对相关问题。

（3）深化信息技术应用。智能技术集群的普及应用，将给数字版权的保护带来新的方案，可为媒体原创内容提供反侵权的智力支持，可通过人工智能、区块链、大数据等对作品内容进行储存、查询、标记、追踪等，使权属更加清晰明确，提高维权证据的方便性、可信性以及精确度，从而降低维权成本以及作品被盗用的风险。以区块链为例，一方面，可利用区块链技术（如时间戳、分布式、智能合约、去中心化等）使参与者对全网交易的事件顺序和当前的状态建立共识，使数字内容的全生命周期可追溯、可查验，让确权、维权变得更加简易快捷。另一方面，区块链能使创作者独立见证作品从生产到收费以及分配的全过程，这也能在一定程度上使创作者摆脱中介机构（如版权交易机构、经济人、广告商、公关公司等），从而打造最透明、最公平的数字内容交易平台。

8　虚拟偶像与综艺新赛道

在人工智能、增强现实、5G、数字孪生、深度合成等新一代跨媒体“智能 +”技术的赋能下，虚拟偶像成功突破二、三次元的“次元壁”，凭借着在年轻消费者中拥有的独特魅力与广泛影响力，正以创新共生的积极姿态在影视、传媒、短视频、直播等泛传媒圈和内容行业大放异彩。作为技术与内容深度融合的媒介产物，从最早（2007 年）取得成功即是全球首位使用全息投影技术在多个国家举办演唱会的虚拟歌手初音未来，到 “阅文一哥”叶修（2018 年）跨次元直播带货，再到华彩少年虚拟 KOL 拟翎 Ling（2020 年）、虚拟歌手洛天依在央视牛年春晚中与两位真人歌手同台献唱（2021 年）等，虚拟偶像的形态经历了从扁平化到立体化的更迭，业务范围更是从游戏、歌舞、杂谈延伸至文字创作、料理等，逐渐从小众走向破圈，正在全球掀起新一轮发展热潮。

2020 年 10 月 17 日，网络视听平台爱奇艺独播上线了国内首档破次元壁综艺选秀节目《跨次元新星》（以下简称“该节目”）。2020 年 11 月，英国广播公司 BBC 报道了这档节目，肯定了其在二次元和虚拟角色内容上的探索，以及节目中的虚拟角色兼顾了年轻人“参与式陪伴”的情感需求。2020 年 12 月 20 日，该节目迎来终极决赛大舞台，虚拟偶像留歌（冠军）、PAPA（亚军）、十火（季军）成功签约爱奇艺。截至 2020 年 12 月 20 日，该节目的微博话题阅读量达 12.1 亿，讨论量达近千万；播出至今，热度持续走高，曾一度登上爱奇艺综艺飙升榜第一、热播榜第二，影响力辐射海内外。那么，我们应如何正确地认知虚拟偶像及其发展历程，虚拟偶像综艺又存在哪些现实逻辑，未来的发展中又可以从哪些领域布局呢？对这些问题的追问与应答，关乎着虚拟偶像综艺的未来走向。

8.1　虚拟偶像概述

二次元文化影响下，“虚拟偶像”一词由日本人于 20 世纪 90 年代提出，但在此前也有符合类似概念的角色。受益于社会经济的持续进步，“智能 +”技术突破了次元壁，催生了虚拟偶像，刷新了人们对偶像的传统认知。

8.1.1　何为虚拟偶像

从狭义上看，虚拟偶像指二次元文化中通过技术手段进行偶像活动的虚拟人物。从广义上看，虚拟偶像突破了二次元文化中的纸片人角色，指基于人工智能、AR、全息投影、语音合成等“技术工具”将人们想象中的艺术形象具现可观，采用集体管理名人的逻辑、具有多元的表现形态与娱乐功能、能在互联网等虚拟场景或现实场景中与粉丝自由交互、被高度中介化和虚拟化的“消费符号”。由于“智能 +”技术的迭变持续形塑着虚拟偶像，加之虚拟偶像并没有实际的物质载体，导致二次元概念不断“泛化”，国内学界、业界尚未对虚拟偶像的定义达成共识，虚拟形象、虚拟主播、虚拟歌手、虚拟博主等都可以被划分到虚拟偶像范畴。可以说，这些拥有自己的形象、声音和性格的虚拟数字人，完全就像一个“真实”生活在虚拟空间中的人类，将是人工智能走向新人类的一个类比和隐喻的引擎。

8.1.2 发展进程

从国际看，诸多制作公司在该领域积极探索，在初音未来之前出现的日本TV动画《超时空要塞》女主角林明美（1984年）、英国虚拟乐队Gorillaz（1998年）都是虚拟偶像，但并未持续引发强烈反响。直到2007年初音未来的横空出世与火遍日本，才让虚拟偶像逐渐走入公众视野。目前，初音未来已在全球70个国家和地区运营，全球粉丝数量超过6亿，身价超100亿日元。国内虚拟偶像近几年才逐步出现，截至2020年中国有30个虚拟偶像/组合，目前较为成功的有洛天依、叶修等。当下，中国社会虚拟偶像已经历了从复制借鉴到本土化、个性化，从新兴产物到优化成熟的过程，正在盘踞市场主体，远超“亚文化”范畴。在传媒领域，国家广播电视总局已于2020年11月把“开展虚拟主播的规模应用”列为传媒机构的标配，使其成为一个独立数字工程，从根本上赋予了虚拟数字人与主播等同的身份。

8.2 虚拟偶像综艺节目的现实意义

从节目播出后被频频“吐槽”，到如今用内容实现口碑逆转翻盘，可以说，虚拟偶像综艺突破了综艺和虚拟偶像的局限，提供了推动行业前进的强劲动力，极具先锋实验感和引领力价值。但对虚拟偶像综艺，我们需要客观、理性地认识，不仅要看到她的表象，还要对她的“本质”进行透视。

8.2.1 以创新打造综艺节目的新赛道

虚拟偶像综艺表面看似“换汤不换药”，本质却是“前沿科技+娱乐内容+偶像产业”的驱动媒体变革与创新发展。作为无迹可寻的虚拟偶像综艺，邀请了Angelababy（杨颖）、小鬼（王琳凯）、虞书欣三位真人偶像担任“扩列师”（扩列指扩展好友列表），腾格尔担任“次元博物馆馆长”，集聚了来自乐华、黑金等20家娱乐公司的22位虚拟偶像，旨在通过虚拟偶像在真实场景中的才艺表演选拔2020年“跨次元新星”。该节目在视觉设计和舞美效果上都充分展现着二次元元素，如“次元博物馆”采用了古堡风格，同时墙上世界名画中的角色不仅会动还会说话，在兼顾节目可看性的同时也注重着视觉审美体验。同时，为不牺牲模型精度，以及摆脱传统综艺节目动辄2小时时长的模式，节目组还将每集节目拆分为了上下两期，每期40分钟左右且每周双更，希望能以比较创新的模式给用户带来追番的感觉。事实上，该节目通过虚拟偶像与真人偶像的同台运营，为用户打造了国内首款、极具创新的“二次元综艺”故事，不仅大大拓宽了偶像综艺节目选手与内容的边界，而且带领虚拟角色深入现实世界并接受观众检验和再创造，让虚拟偶像以更大众的形式触及了更多新鲜的泛圈层用户，推动着综艺节目朝着小众垂类品类拓展的全新尝试。

8.2.2　以下沉市场助力综艺节目的消费升级

虚拟偶像综艺表面看似昙花一现，本质却是虚拟数字人的“出道”常态化。首先，该节目凭借创新的题材选择、比赛规则、制作流程与领先的科技应用，以及虚拟偶像与扩列师进行实时互动带来的现场感，改变了以往观众对虚拟偶像的刻板印象，开拓了虚拟偶像的多样性呈现与创新性探求，实现了二次元向三次元的现实扩张。其次，该节目采用了由不同背景的公司合作制定标准、共同拓展市场的模式，助推形成了较为成熟的创新产业链，加速了行业发展。再次，该节目不失为一次创新形式的科普，在让虚拟偶像的概念得到更多普及的同时，展示了行业现阶段的崭新面貌和内容里美好的价值观，加速了“媒体顾客价值”时代的到来。而随着技术的不断发展，以及像类似该节目的其他节目的推出，虚拟偶像的效果必会发生巨大的质变，会带来更加下沉的市场，从而助力综艺节目的消费升级。

8.2.3　以技术助推媒体融合向纵深发展

传统媒体已跨越互联网渠道，极大地推进了媒体融合。但是，目前媒体融合的视野更多被放在新闻内容上，尚未进入影视剧、综艺等娱乐内容媒体。融合没有边界，有连接之处必有融合。虚拟偶像综艺表面看似后期特效制作，本质却是技术迭变带来的媒体融合，将引发内容生产、媒介载体与传播形态的深刻变革与持续创新。在技术融合方面，该节目通过综艺节目的多个“首次”，如一机双擎图形渲染（Viz ENG和虚幻UE4）、AR直播且具备9机位、数字孪生技术等。在流程融合方面，它打破传统制片的线性流程，不仅支持不同环节团队创建的资源交叉兼容，而且支持导演以协作方式快速对视觉细节效果进行实时迭代，促使制片过程更为迭代化、协作化和非线性。在团队融合方面，该节目不仅包含了拥有动画技术能力的制作人员、擅长直播和互动的主播，而且吸纳了更多掌握新兴科技的技术型人才，构建了一支非常年轻的完整团队。可以说，该节目不仅实现了技术融合、流程融合、人才融合，而且建立了一套经过验证的体系，助推着媒体融合向纵深发展。传统偶像节目的制作流程如图2–27所示，虚拟偶像节目的制作流程如图2–28所示。

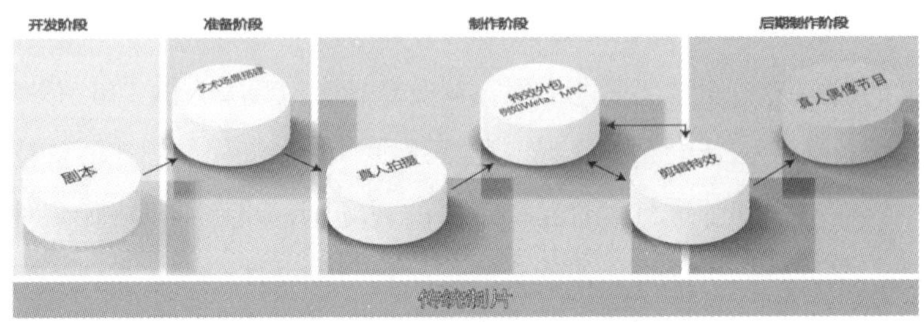

图2–27 传统偶像节目的制作流程

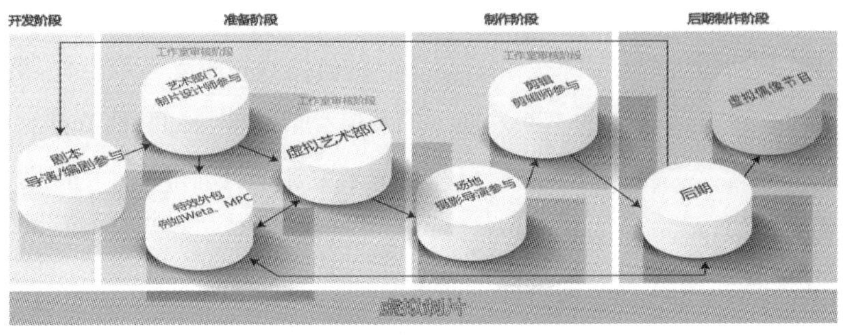

图2–28 虚拟偶像节目的制作流程

8.3 虚拟偶像综艺走向大众化的逻辑理路

除二次元文化的积累和爆发推动虚拟偶像产业发展之外，“智能 +”技术的创新应用也加快了虚拟偶像行业从同人文化走向大众传媒的步伐，我们或可用“五新”即新流量市场、新竞赛内容、新技术展示、新传播载体、新商业场景来进一步理解和把握虚拟偶像综艺走向大众化的逻辑理路，而这些创新将在一定程度上构成“媒体融合如何融”的最有效的切入点。

8.3.1　流量逻辑：构建属于“我群体”的偶像符号

互联网发展的底层逻辑在于寻找新流量。数据显示，在 15 ~ 25 岁的中国年轻人中，受二次元影响的用户已接近 65%；2020 年 10 ~ 25 岁的年轻人约占到消费者总数的 40%；全国有 3.9 亿人要么已关注虚拟偶像，要么正在关注虚拟偶像的路上。可以看到，中国或正面临文化“权力的交接”，以 15 ~ 25 岁二次元文化群体为目标市场的虚拟偶像将越来越焕发青春活力。真人偶像综艺更多关注人物的形象、性格与艺术表现等元素，注重选秀规则和导师评判。虚拟偶像综艺虽然不是真人偶像综艺，但由于粉丝群体都是伴随着数字技术与工具成长起来的“数字原住民”，其对现实世界的认知本就是在高度虚拟的空间中建构的，这自然让虚拟偶像的技能和个性展示，以及扩列师和虚拟偶像跨次元互动所产生的奇妙“化学反应”，成为了他们重点关注的对象。与此同时，粉丝群体又乐意在自己狂爱的“消费符号”上投入更多的经济、时间和情感，加之还能通过深度参与来“养成”自己喜欢的虚拟偶像，这有利于粉丝最大限度地构建属于“我群体”的偶像符号。不难发现，虚拟偶像综艺和真人偶像综艺一样，都符合加拿大学者戈夫曼的“互动仪式”概念，加之“智能 +”技术的加持，使得虚拟偶像更加趋向网红化、大众化的三次元运行模式，而粉丝群体则通过互联网迸发出强大的凝聚力与行动力，形成了“粉丝文化共同体”，成为“消费符号”的目标对象，将有效助力流量的整合和共享变现。

8.3.2　内容逻辑：让虚拟偶像更多生动呈现与延续传承

从影像意义看，真人偶像综艺更多是具像、影像和仿像相结合的流变影像，而观众对其的感悟更多指向其叙事意义的“解释项”。虚拟偶像综艺秉承“把虚拟偶像拉到真实世界”的理念，让虚拟偶像在现实世界中展示自己的才艺以及亲和力，并与扩列师实时互动争取进入导师战队，然后再以战队的形式进行 PK，不仅实现了破次元壁的跨界合作，而且给观众带来更丰富的内容、更多元的模式与更有沉浸感的体验。该节目初期并未制定晋级淘汰的规则，而是全凭三位扩列师自己决定虚拟偶像的去留等问题，使得扩列师们的态度和定位通过

"选人"环节逐渐明确。加之虚拟偶像不同于真人选手的脑回路，使得节目中还时常爆出很多有趣内容，如虚拟偶像摔跤与表演时破音、虚拟偶像之间讲相声与脱口秀、导师和虚拟偶像玩梗互怼等。回顾已播出的内容不难发现虚拟偶像综艺节目的风格或可用几个关键词来概况其内容：动漫风、极致共鸣、好玩快节奏、敢于自我吐槽与契合年轻态。这些都较好地实现了虚拟偶像的生动呈现与延续传承，为文娱产业带来了更多的创作可能与探索。

8.3.3 技术逻辑：深刻改造着偶像工业体系

法国社会学家让·鲍德里亚（Jean Baudrillard）意识到技术正在重构社会，提出了"拟像—内爆—超真实"的三位一体的理论，而"内爆"从一定程度上说明想象与真实、"虚拟"与"现实"的界限已变得越来越模糊。虚拟偶像综艺必须具备复杂的技术和产业链,尤其是虚拟偶像的"文娱内容"与"角色魅力"，在这个过程中，技术公司在多项重要技术上取得突破，解决了虚拟偶像从"有形象"的智能扫描/智能建模/智能绑定技术到"会表演"的实时动画生成/实时解算/实时AI变声/实时特效技术、从"能说会道"的语音合成技术、实时TTSA（Text To Speech and Animation，文本转语音和动画）技术和深度学习技术到"能听懂"的语音识别和语义理解技术、从"能看到"的视觉感知/情绪感知技术到"可被看到"的离线渲染和实时渲染技术。正是通过技术公司对"智能+"技术的不断"探索"，才得以立体化实时捕捉虚拟选手的舞台综合表现，孵化虚拟偶像并赋予其更多的"人工智能感官系统"，如具备情感与创作能力、可基于文本实时自动生成虚拟偶像的语音和动画数据等能力,不仅持续推动着虚拟偶像从纸片人向立体样态的演进，还深刻改造着偶像工业体系，从而使其突破次元壁并活跃于各个娱乐媒介与场景。

8.3.4 传播逻辑：一种自带关系属性的新型传播媒介

加拿大传播学家麦克卢汉（Marshall McLuhan）曾提出"媒介即讯息"，指那些对社会真正有意义、有价值的"讯息"不应局限于媒体所传播的内容，而应扩展到时代所能使用的传播工具以及工具对社会变革的可能。美国思想家爱默生（Emerson）曾言：人只是他自己的一半,另一半是他的表现。虚拟偶像既拥有“人设”所带来的、文化消费的基本特征，又具备大众媒介的社会功能，是一种自带关系属性的新型传播媒介，是产生拟社会互动的重要前提，是人与人之间建立社会关系的一种潜在形式。虚拟偶像综艺节目通过网络视听平台爱奇艺进行播放，一方面为粉丝提供了“讨论—观看—讨论”的互动仪式链，这种参与式的内容消费为粉丝根据自身认知进行个性化解读提供了渠道，最大限度地实现了粉丝群体内部的身份认同，满足了年轻人参与主流文化构建的媒介想象，并帮助他们缓解了在主流媒介场域中的“失语”焦虑。另一方面，无论是粉丝基于兴趣或自我意识自主塑造的虚拟偶像，还是其他感兴趣粉丝对作品的二次创作，都帮助粉丝在表达人生观、个性化传播以及在陪伴、获取归属感等方面建立了深层次的情感连接，增加了内容关系属性，实现了从“媒介创造”到“粉丝养成”、从“追随者”到“领导者”、从“消费者”到“产消者”的深刻变革。

8.3.5　商业逻辑：新消费主义时代的新一轮布局

在“实物＋虚拟＋服务”消费体验升级与粉丝经济的媒介环境中，虚拟偶像相较真人偶像，更为纯粹。她无不良嗜好、无黑历史，且言行举止完全“可操控”，不会发生意外与丑闻，不存在“人设”崩塌的风险；她能够突破时空实现异地分身，具有很大的灵活度；她可持续叠加“智能＋”技术，能在“最强大脑”的支持下高效搜集、存储与处理大量内容；她既可在短时间内变成像真人偶像一样多才多艺，又可瞬时学会多国语言，具有很大的 IP 化开发潜力；她的外貌与声音都不会随着时间流逝变得衰老；她亦没有所谓的“私人生活”，不会受到情感的困扰，更不会因高强度工作产生疲惫，保证了工作的效率和频率。不难发现，虚拟偶像的发展不是单线模式，她是人们用新媒介技术不断满足粉丝在各种媒介场景的自我需求，已成为科技同商业、文化完美结合的一种产物。加之虚拟偶像还具备二次元与偶像的双重属性，而这些又恰好都是迎合年轻人的价值观、符合年轻人生活观的新的商业场景，其与综艺的结合，正开启综艺行业的全新赛道及参考范本，是更具互动性、个性化与契合度的新消费主义时代的创新布局。

8.4 虚拟偶像综艺的未来进路

通过上述分析，我们已认知和理解到了虚拟偶像综艺走向大众化背后的内在逻辑。从某种意义上说，虚拟偶像文化代表着年轻人主体意识的不断觉醒。未来，我们可用“四化”来布局虚拟偶像综艺的未来进路，即“再政治化”、IP化、拟人化与常态化，通过类似节目对年轻人的主体性意识进行积极引导。

8.4.1 “再政治化”：对二次元用户进行正能量价值引导

中国二次元文化具有“去政治性”与“再政治化”两个层面的含义，正在逐步以特殊的方式进入大众文化脉络。对二次元文化群体而言，所谓的“去政治性”，主要指他们受到代际、审美、文化与技术等因素的影响，呈现出幻想与脱离现实性；而“再政治化”，则指他们通过二次元的视听符号、话语与行动的形式感知、参与和关注现实主义议题，并渗透与融合于三次元现实世界中。该节目尝试通过具有不同性格的虚拟偶像的经历传达着正向能量和价值观，如第一期中充满未来感的选手Purple、第二期中为梦想而坚持的“狐狸先生”戊心渊、第三期中为了集体而肩负使命的责任感的虚拟女团And2girls，持续呈现着他们的热情、诚恳、青春活力、实力、正能量、团魂、挑战自我、不断向上的生活态度。随着类似于该类型节目的陆续推出，以及粉丝群体的逐渐扩大与社会影响力的实现，“消费符号”之下的意义实践则可愈发接近主流。基于此，虚拟偶像综艺应“以人为本”，积极考虑将符合社会道德标准和主流文化价值观的故事内容，以喜闻乐见的二次元“语言”方式对粉丝群体进行正能量价值引导，以此构建他们内心的价值体系，实现“再政治化”。

8.4.2 IP化：跨界融合打造具有超强可塑性的“消费符号”

虚拟偶像作为独立的IP，已走过了市场容量验证和粉丝培养的阶段，目前正通过“智能”+技术与跨次元方式持续全方位发力，处于全面拓展的第二阶段。虚拟偶像在综艺节目中与真人偶像间的互动，将使其具备更极致的风格与更独特的属性，并在广告业务、作品领域和粉丝沟通过程中代替明星，实现品牌需求的曝光效果。虚拟偶像综艺要形成健康的盈利模式，不仅应精准分析和把握粉丝群体的用户画像（如文化特质、群体心理、兴趣爱好、行为逻辑等），在赋予虚拟偶像更佳的“颜值”和更精准的“人设”（如外表、身份、设定、思想、行为甚至八卦等）的同时，深挖 IP 的全链价值，而且应通过“好的故事内容”，在让虚拟偶像成为故事感强、成熟度高、系统化、体系化的内容产品的同时，通过不同的设备终端向粉丝推送符合其情感需求的定制内容。如此，才能通过多元内容交叉、跨次元运营的方式满足粉丝对差异化高品质内容需求，将 IP 打造为具有超强可塑性的“消费符号”。阿里达摩院正在开发千人千面的技术，希望实现“同一个虚拟人对不同人的一对一人工智能交互”，这将大大提升虚拟数字人的功能性。

8.4.3　拟人化：持续影响拟社会互动的质量和强度

后现代哲学的过程哲学认为：所有的现实存在都是一种创造性的过程，原子核就是质子和中子相互紧密联系的创造性过程。虚拟偶像也是一个创造性的过程，如果我们把虚拟偶像视为生命而非机器，就应将二次元与偶像的双重属性、人与技术的双重逻辑、现实世界与虚拟空间的双重互动、传统与现代的双重接驳交织互嵌，探讨“技术 + 艺术”的生命成长。这就要求基于“智能 +”技术构建的虚拟偶像，需要具有类似人的生命内涵——有经历、有记忆、有情绪、能理解、能交互。对虚拟偶像综艺而言，应通过与技术、学术、心理等跨领域的专家跨界合作，加快虚拟偶像在细分领域的拟人化布局，加快实现自我认知和对粉丝的认知。一方面，可从虚拟偶像的记忆特质、情绪特质、交互特质等层面开展垂直化布局，为其提供包括图片、视频、声音、线上线下融合互动等在内的完整产品和系统服务，从而使其演变为有感染力、有生活态度、有社交能力的后现代主体。另一方面，可从虚拟偶像的用户关系、代入感、表达力、共鸣力等层面开展动态化布局，既要持续挖掘用户与虚拟偶像交互所生成的数据为内容生产提供燃料，又要支持数据在流动场景下的实时储存和查询，从而为粉丝提供日常生活中不一样的情感消费体验与陪伴，进而持续地影响拟社会互动的质量和强度。

8.4.4　常态化：更广泛地满足粉丝群体的消费需求和娱乐需求

粉丝个性化的内在需求要求把他们纳入内容创作之中。虚拟偶像的主要受众为年轻群体，对虚拟 IP 存在价值和情感认同，往往天生具有流量热度，这是虚拟偶像发展的优势。同时，随着“智能 +”技术的快速迭代、移动端的硬件计算能力不断提升，以及 5G 技术的出现，在移动端实现虚拟偶像制作并非没有可能。但目前的虚拟偶像还存在一些技术问题与互动问题，如在节目中就出现了虚拟偶像选手瘵鱼在后空翻时把头翻掉了的舞台事故，降低了用户体验；并且也有一些粉丝反映虚拟偶像表情不够丰富、交互沉浸感还有较大空间等，这些都是虚拟偶像持续发展的制约因素。智能时代，虚拟偶像综艺应在了解、尊重当地文化的基础上，根据粉丝群体的用户画像，持续优化内容的策划与人物的细节设定，通过对虚拟偶像的“改造与调试”“创新与复制”构建其与真人偶像沉浸式互动、跨品类、多场景、“常态化”的娱乐化阵营，这既能借各种场景的构建持续提升虚拟偶像的形象设计和内容策划，使虚拟偶像变得更“完美”，增强粉丝群体对虚拟偶像的黏性，又能吸引更多的二次元用户和年轻消费群体，在帮助他们形成相似性的媒介感知的同时，更广泛地满足粉丝群体的消费需求和娱乐需求，从而将 IP 优势转化为“价值认同”。

9　技术革新与融合传播

在媒体深度融合发展的大背景下，中央广播电视总台（以下简称总台）春节联欢晚会（以下简称春晚）作为中国家喻户晓的精品节目，已不再局限于一台吸引全国观众在除夕夜收看的联欢晚会，更是成了一个把国家意识形态叙事、家庭情感与个体价值巧妙连接起来的重要媒介事件，正着力突破传统广播电视的思维桎梏和路径依赖，持续促进着传统媒体与新媒体的融合创新发展。

由于新冠肺炎疫情因素，2021 牛年总台春晚似乎比往年更为“特殊”。春晚以技术创新为关键驱动，积极探索技术革新与艺术创新的深度对接方式，联结情感共鸣、激荡价值共振，如约给电视机和手机前的全球观众带来融媒体突破感官体验的惊喜与感动。数据显示，除夕当晚，通过电视、网络、社交媒体等多渠道，海内外收视观众总规模达 12.72 亿人。其中，新媒体直播和点播用户规模 7.34 亿人，比 2020 年增加了 1.28 亿人；用户直点播累计观看次数达 49.75 亿次；在新媒体端，春晚的总体美誉度达 96.17%；海外社交平台用户观看春晚直播的人次达 3259 万次，比 2020 年增加 454 万次；创造了包括连续三年刷新跨媒体传播纪录在内的多项纪录。

9.1 内容至上：在守正中继承

2021 年春晚一共 37 个节目，6 次新媒体互动，3 次公益广告，1 个特别设计环节，节目数量和时长基本与往年春晚保持一致。宏观上说，央视作为国家电视台，是各级各类新闻媒体、电视台的风向标，代表着主流话语权，央视春晚作为综合性文艺晚会更是主流话语表达的舞台，几十年的央视春晚都承载着主流意识形态叙事功能；中观上说，央视春晚是时代变迁的记录者，是历史记忆的呈现者，几十年的央视春晚都致力于反映当年的重大社会事件，用影像构筑现实体悟，承担了凝聚家国情感的职责；微观上说，央视春晚的目的还是让人民满意：一方面，要满足观众多元化、多层次、多样性的需求；另一方面，还要高质量、创新地讲好中国故事。因此，每一年春晚，从导演组、主持人团队、节目制作、节目类型、表达寓意、舞台呈现都力求在守正中继承，在继承中创新。

9.1.1 总导演组强强联合

2021 年春晚从总导演组官宣开始，就立足于创新，力求呈现一台“无愧时代、观众喜爱”的春晚。2021 年春晚总导演组 4 人，均多次担任过大型综合性文艺晚会的导演或制片人。总导演陈临春参与过 10 多届春晚的制作，既能在大局上把控 2021 年春晚的节奏，也有向观众呈现惊喜的实力；副总导演夏雨一直把创新求变作为自身的创作课题，并且在多场综合性文艺晚会上担任跨界创意类节目的导演，奠定了 2021 年春晚创新类节目的突破；副总导演邹为有歌舞创作导演经验，其创作具备精品意识和融媒体思路，曾成功突破“云制作”的瓶颈，意味着 2021 年春晚在科技创新上的跨越；副总导演赵越曾连续 5 年担任央视春晚语言类节目导演，能够肩负 2021 年春晚语言类语节目“重头戏”的重担。总体而言，2021 年春晚总导演组是强强联合，意味着 2021 年春晚必然在把握整体春晚格局的同时，会从节目内容、舞台呈现、制播水平、传播渠道上多态呈现创新元素。

9.1.2 主持人团队全新搭配

长期以来，央视春晚主持人肩负着民族传统文化的司仪、综合性文艺晚会的代言人、节目的串联者等多重身份，是晚会承上启下的角色。几十年的春晚，一方面，观众希望看到喜闻乐见的主持人；另一方面，长期“老面孔”会降低观众对节目的期待度，增加审美疲劳。2021 年春晚主持人团队全新搭配，在保证专业度同时，增加了新的活力，增添了新鲜度。首先，区别于 2020 年春晚有演员的加入，2021 年春晚主持人全是专业的，确保准确把握春晚角色的定位，控场实力无人质疑；其次，2021 年春晚曾经熟悉的主持人例如董卿、朱迅也不再主持，避免了春晚主持人的常态化、样板化，让观众看到了风格多样的“新面孔”；再次，2021 年春晚突破往年春晚主持人搭配格局，5 人团队老中青搭配，三位“老朋友” + 两位“新生代”，尤其是两位初次登上春晚的主持人，有效增强了 2021 年春晚的看点和期待度。

9.1.3 节目制作多元突破

2021 年春晚节目制作覆盖多元、出新出奇。从节目类型说，更丰富多彩，形式多样，有效满足了不同观众的需求，舞蹈类节目数量是历届之最，语言类节目的相声也是近几年之最，在覆盖魔术、戏曲、武术等传统文化节目的同时，还增加了创意表演和特别节目，丰富了春晚节目的类型，一方面，保持歌舞类节目、语言类节目、魔术、戏曲、武术等传统节目的可看性和水准；另一方面，从时装走秀节目、创意表演、特别节目等节目类型上丰富了节目制作的宽度和广度，让更多类型的节目走进央视春晚。从节目内容说，2021 年春晚更是“各美其美”“美美与共”，例如：舞蹈呈现古典舞、现代舞、芭蕾舞、五大洲特色舞蹈等，体现了中国的传统之美，也有世界多彩之美；戏曲节目有京剧、豫剧、越剧、粤剧、黄梅戏等多种剧种，充分表现了中国的灿烂文化。从演员阵容说，2021 年春晚演员阵容强大，充分考虑了各种层次观众的需要，从区域上覆盖了大陆、港澳台、外籍华人明星等，从年龄上有著名表演老艺术家、中年戏骨、青年演员等。

整体而言，2021 年春晚充分运用强强联合、跨界延伸、多元突破等表现形式呈现晚会内容，力求在内容上保持历届春晚节目格局，同时通过各种细节来增加观众黏性，增强节目看点，点燃传统中国年。

9.2　时代引领：在延伸中深耕

文艺是时代的发声，综合性文艺晚会更应承载时代的使命，央视春晚通过 30 多年运作，通过电视晚会呈现与时代特征相符合的表演，已经形成了一套成熟的创作思路和叙事体系。央视春晚从 1983 年至今，每一年春晚都有符合自己时代特色的主题，从而围绕主题进行艺术创作，布局晚会的基调与风格，用影像来建构晚会的时代特色，触发观众的情感共鸣。例如：2008 年央视春晚以“携手共进盼奥运”为主题；2016 年央视春晚以“你我中国梦，全面建小康”为主题；2021 年晚会更是砥砺奋进新时代的晚会，唱响时代旋律，整台晚会将建党百年、脱贫攻坚、中国梦、疫情防控等主题，通过多种节目形式，多种类型表达，生动、形象、深刻地进行了呈现，通过时代引领，延伸了春晚的艺术表现形式，进一步在内容生产中深耕。

从外在形式上看，央视春晚在创作上占据先天的优势，它作为一场有影响力的节目，是增强文化认同感与民族凝聚力的晚会，是宣传工作与文艺表演的有效结合，是时代发展与电视表达的有机结合。客观地说，2021 年春晚秉承了历届春晚创作的主旋律，从内容到形式上坚守了体现时代发展的创作思路。虽然除夕晚上 8 点准时开始的老传统、热闹红火的开场节目、零点倒计时环节、保持多年的结尾歌曲《难忘今宵》等，在流程上都体现了央视春晚的程式化，但是，伴随时代的发展、技术的革新、观众的需求，在内容和形式上 2021 年春晚更探索了新的创作。例如：2021 年春晚的主题立意既有国家主题又有社会热点，在特别节目和特别设计环节上也下足了功夫，特别节目《向祖国报告》是中国梦、强国梦主题的呈现；特别节目《国家宝藏》是中国传统文化保护与传承的体现；“2020 年脱贫攻坚奖”获奖代表莅临现场代表了战脱贫攻坚，实施乡村振兴的决心；特别设计环节——国家勋章获得者和其他英模人物代表的拜年是具有拼搏精神的中国人面貌的展现。这些节目都巧妙地设计在整台晚会中，起到丰富晚会形式、深耕晚会主题、增强观众幸福感、展现时代特色、唱响新时代主旋律的作用。

从内在逻辑上看，央视春晚从结构上是按照综合的电视文艺晚会框架进行架构，央视春晚能够长期保持艺术生命力和强大的社会影响力，是自身艺术性、娱乐性、社会性等多重价值的整合。近年来，央视春晚契合了文艺繁荣、高质量、多元化发展的主题，尤其从文艺回归到群众文艺发展、从文艺多元化到文化建设，再到现阶段的文艺繁荣，2021 年春晚更加在国家主题上赋予了时代的中国梦、体现了社会主题和社会热点。并且在确定主题后，更进一步按照整台晚会体现的内涵进行内在逻辑构架，对各类的节目进行串联，尤其是在艺术风格、表现形式、表现手法等上更是强化连贯统一，用时代来引领春晚节目制作，深耕内容，表现整体的艺术性、娱乐性和社会价值。例如：小品《阳台》展现了全国人民抗击疫情、克难攻坚、守望相助的故事；合唱《唱支山歌给党听》唱出了中国共产党百年的波澜壮阔；钢琴曲《我爱你中国》表达了全中国人民对祖国深层的爱；小品《开往春天的幸福》呈现了“中国速度”，表达了乡村振兴的美好规划和愿景。这些节目都表达了振奋人心的艺术力量，谱写了激昂洋溢的中国故事，彰显了春晚舞台发挥主流媒体作用的责任与担当。

9.3 技术革新：助推影像艺术的超高清、全息化呈现

当下，以云计算、大数据、人工智能、用户画像等为代表的“智能 +”技术的迭变，正在大规模地触发着媒介的生产、传播与消费之变。总台将其“5G+4K/8K+AI”的最新研究成果应用到 2021 年总台春晚创作中，不仅展示出新时代春晚的独特魅力和蓬勃生命力，而且展现出科技与艺术的完美融合。

9.3.1 首次 8K 超高清视频呈现

为确保海量超高清舞台视频同步安全播放，总台不仅在春晚演播大厅布置了 9 台 8K 摄像机，在 8K 导控室部署了 8K 播放服务器和字幕包装设备，而且通过自主研发的大屏“控管监”大屏幕播放系统对 120 路超高清视频进行裁切、合成和同步安全播放。据悉，2021 年总台春晚舞台设置了一道 61.4 米 ×12.4 米的 8K 环形新媒体背景墙，拥有独立传输信道的 154 块超高清大屏幕分布在

观众席后区上方，与舞台主屏、地屏和装饰屏融为一体，构成穹顶的演播空间，极大地拓展了舞台视觉空间。2021 年总台春晚舞台区域模型图如图 2–29 所示。

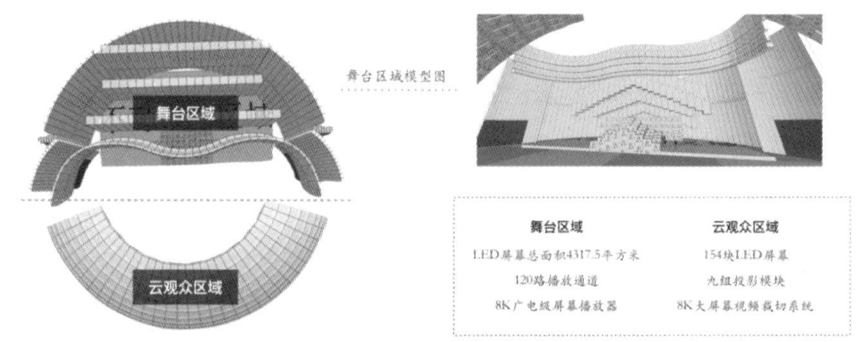

图 2–29　2021 总台春晚舞台区域模型图

9.3.2　世界首次 8K 超高清视频直播

2021 年总台春晚，总台联合四大运营商将 8K 超高清电视信号传送到北京、上海、成都等 10 个城市公共场所（包括北京国家大剧院、上海国际传媒港、成都春熙路商业街等）的 30 多个 8K 大屏幕或 8K 电视机同步播出，在这 10 个城市的市民通过这些公共 8K 大屏体验到了 8K 春晚绚丽多彩的视觉盛宴，这是世界首次在 8K 超高清电视频道进行的 8K 直播。之后，8K 超高清电视试验频道还重播 2021 年总台春晚。

9.3.3　首次进行 4K 影院直播

为响应国家“就地过年”的倡导，总台还将其电视总控与上海国际传媒港融媒体影院 9 个影厅进行了互联互通，并采用自主研发的虚拟切换技术通过 4K 伴随 HD 制播模式对 2021 年总台春晚进行了 4K 智能直播，这也是春晚首次实现 4K 春晚影院直播。

9.3.4　首次“VR 视频 + 三维声”新媒体直播

为实现三维影像和三维音频完美融合呈现，总台在春晚演播大厅部署 6 套超高清 VR 摄像机，配备了专业的三维声采集技术设备，并通过 5G 技术将高质量 VR 内容回传至现场 VR 渲染系统，实现多机位和提前制作好的 VR 视频的切换与三维声音频的同步制作，实时输出 VR 视音频的 PGM 信号（节目视频信号）。此外，总台还首次采用自主研发的 AI 在对拍摄人物与场景状态进行智能分析的基础上，将内容自动裁切生成特定人物集锦，一方面满足了观众在“央视频”和“央视文艺”对 2021 总台春晚节目进行多视角观看的需求，另一方面被 AR 技术效果覆盖的观众席被打造为多场景转场的变幻空间，为观众带来了移步换景、身临其境的沉浸式体验。

9.3.5 众多黑科技融入 2021 总台春晚节目

2021 年总台春晚将多项“黑科技”融入节目策划和制作中，向全国人民呈现了一张“技术如何改变世界”的未来蓝图。为提升节目视觉呈现效果，总台首次采用了“AI+VR 裸眼 3D 演播室”技术，通过 VR 渲染引擎在 LED 屏幕构建的空间中构建多场景及空间转场变化的沉浸式体验，使演员能够根据屏幕画面，与身边的虚拟元素进行沉浸式互动，打破了传统虚拟制作抠像技术限制，融通了虚拟空间与现实世界；为 360° 全面展示演员的动作，总台与华为公司合作在春晚演播大厅搭建了自由视角拍摄系统，这套系统包含 100 台 4K 摄像机组成的圆环型 4K 拍摄阵列与螺旋形 4K 拍摄阵列，支持对节目主体演员的 360 度环绕拍摄，编导可根据节目呈现效果选择最佳视角，生成“时空凝结”般的精彩瞬间视频；为解决由于新冠肺炎疫情防控需要部分演员无法到现场演出给春晚带来的遗憾，总台使用超高清“云”视频技术通过提前录制并经过技术包装的视频让“云”端演员参与演出。例如，时装走秀《山水霓裳》借助全息投影技术，出现了 18 个克隆李宇春同台演出的场景；少儿歌舞《听我说》用 AR 技术绘出诗画般的田园，让虚拟偶像洛天依与两位歌手同台献唱，突破次元壁；歌曲《莫吉托》在 MR（Mixed Reality，混合现实）技术的助力下，把舞台“搬”到海滨城市，使人物、道具跟虚拟场景的互动和结合；创意表演《牛起来》通过 AR、云技术，通过北京与香港“云”上联动录制的方式，不仅让刘德华“出现”在现场与王一博、关晓彤“同框”演出，而且使刘德华还能与身边的机械牛等虚拟元素进行沉浸式互动。

9.4 融合传播：凸显立体多样的现代传播体系

2021 年总台春晚凭借健康、高效的全媒体传播矩阵，不仅深度运用全媒体创新传播内容、形态与阵容，极大拓展了观众对传播的认知边界，而且为亿万用户带来了一场集科技创新、内容创新、思维创新的传播新景观，凸显了立体多样的现代传播体系。

9.4.1　全媒体矩阵巩固主流媒体内容优势

在 2021 年春晚开播前、节目进行中及播出后，总台不仅立足自有频道、频率与新媒体平台，而且通过媒体合作伙伴，全面实施融合传播策略，既最大限度地满足了全媒体时代观众的收看需求，又让世界感受中国传统文化魅力与科技创新浪潮的同时，向世界展现更加真实、立体、全面的中国。首先，总台通过自身的电视直播频道（综合、综艺、中文国际、国防军事、少儿、农业农村、4K 超高清、8K 超高清试验等）、广播频率（音乐之声、经典音乐广播、文艺之声、中国交通广播、华语环球广播、大湾区之声、南海之声等）、网络直播平台（总台新闻新媒体、云听、总台网、央广网、国际在线等）实现了全程同步视频、音频直播，而且在总台诸多频道（新闻、英语、西语、法语、阿语、俄语等）和 43 种外语新媒体插播了 2021 年总台春晚的精彩节目。其次，总台进一步整合国外媒体资源对 2021 年总台春晚进行了宣传，使得全面覆盖 G7、G20、“一带一路”沿线等重点国家和重点人群，包括美国、法国、意大利、俄罗斯、日本、巴西、澳大利亚等在内的 170 多个国家和地区的 620 多家媒体对 2021 总台春晚进行直播及报道，并在部分国家实现突破，合作传播媒体数量比 2020 年增加 64 家，增幅达 22%。

9.4.2　春晚超级 IP 背后的全代际传播共振

春晚作为过年不可或缺的一部分为观众提供了团聚与团结的特定场域，是为数不多、可即时实现“代际融合”的文化产品，既起到融合传统与现代、连接不同观众价值观的重要作用，又是互联网传播环境下媒体融合发展的未来指向。2021 年 1 月初，各省陆续发出“春节期间非必要不返乡”的倡议，尽管不少人只能相隔屏幕团聚，但总台从春晚这一超级 IP 出发，不仅让“云拜年”“云过节”“云团聚”“云干杯”“云守岁”成为新风尚，让互联网的影响力直达社会基层，特别是低幼和白发的用户群体，而且用“跨界”“跨屏”“跨龄”“跨圈层”的“地毯式触达”，制造了符合时代背景、贴近生活场景的“共情点”，找到了大众传播和圈层传播的平衡，并借助圈层间在新媒体不断编码解码的过程，实现了春晚最重要的“天涯共此时”全代际传播共振。例如，总台通过《春晚倒计时》《春晚进行时》《春晚微纪录》等一系列跨屏节目，最大限度地释放着全民互动巨大能量，延伸着“春晚季”欢乐氛围。除夕当晚，数以亿计的观众通过总台新媒体平台，以及抖音、腾讯视频、爱奇艺、优酷、新浪微博等第三方新媒体合作平台观看春晚，参与互动，形成春晚刷屏传播力。事实上，观众与春晚的互动将不再局限于观看春晚的除夕夜，后续对春晚部分节目和情节的模仿等行为，都可以视为春晚对观众“春节记忆”的塑造。为此，在今后的传播中，要全面发挥各类媒介资源的功能、技术与价值，在不同用户中画出最大“同心圆”、求取最大“公约数”，电视与新媒体应从各自为战的注意力与流量争夺的状态，转变到触达各年龄段用户的全代际传播上。

9.4.3 大小屏联动下的媒体融合新生态

电视大屏有助于弥补手机小屏的内容缺陷，手机有助于扩大电视大屏的互动效果，使得大小屏联动成为推进媒体融合进程的“切合题意”。在 2021 年总台春晚的传播中，总台以电视春晚内容为核心向外延展，一方面通过“5G+4K”等技术加持下的电视大屏传播着精华内容，增强着电视大屏的表现力；另一方面通过与快手等新媒体平台的直播与互动，以及注重互动性、共享性、泛在性的云传播，不仅完成了流量留存，而且增加了用户黏性，打出了一套大屏春晚“破圈”传播的“组合拳”。此外，“眼尖”“手快”和“极具创造力”的网友对春晚细节的点评、对“失误”的聚焦，又即时凝结在 UGC“话题”中，留言、截屏、表情包、微博、微信、朋友圈，弹幕、抖音、随手剪……各种各样的社交媒体工具都被“春晚”调动起来，构建着社交媒体上的“网络春晚”，不仅让观众完成了仪式的全媒体参与，而且持续发酵着“现场春晚”的延展价值。例如，与抖音 App 联动，通过“红包雨”“云拜年”“点亮灯笼”等活动，仅“上抖音过团圆年”累计曝光 813 亿次，春晚抖音红包总互动次数达 703 亿次；与淘宝联动，通过“清空购物车”“20 亿元商品补贴”等活动，助力观众“淘”到好运；与“猿辅导”App 联动，通过“知识福袋”“看春晚，填成语”等活动，用知识点亮中国年；等等。此外，2021 年总台春晚演职人员表中，“新媒体技术”一栏的工作人员数量已从 2020 年的 4 人小组扩充至 49 人的大团队，也佐证了春晚对大小屏联动的重视程度的提升。

9.4.4　“超级播”入场后的跨媒体直播综艺新玩法

在“就地过年”“宅家过节”的大环境下，总台通过与各类新媒体平台的优势互补，让自带陪伴属性的直播内容抚慰着无数“每逢佳节倍思亲”的异乡人。例如，在总台文艺与快手平台联手打造跨媒体互动视频直播综艺《我们一起上春晚》里，张艺兴、周深、刘烨、李玉刚等数十位嘉宾分成五组依次登场，新生代艺人搭配春晚常青树，直播节目紧扣“春晚”主题，从“春晚爆料 / 揭秘”入手，不管是谈话类的春晚“吐槽”、幕后故事分享，还是互动性的经典场景重现、现场连麦挑战，都极具内容量和看点。事实上，正是由于总台把原本在时间偏向上的春晚变成了无数个在空间偏向上的春晚短视频，才让春晚实现了在时间、空间两个维度上传播优势的延展，并利用春晚这一超级 IP 的晕轮效应对各类新平台可能带来的低俗或负能量内容。这不仅意味着互动直播综艺形态衍生出了新的形态，更预示着“跑步进场”的跨媒体直播平台的未来可能。

10　“新基建”与传媒产业高质量发展

“新基建”并非是一个新词汇，自 2018 年底中央层面首次提出“加快新型基础设施建设”以来，已先后 10 余次出现在包括 2019 年“两会”、2020 年国务院常务会议、2020 年中央政治局常务会议等在内的中央级别重要会议中，这为“新基建”按下了“快进键”。可以说，从一开始，“新基建”的内容、价值及发展方向便引起了包括传媒产业在内的各行各业的高度关注，除其是国家规划外，更因为其与 5G（信息网络通道）、人工智能（计算调度能力）、数据中心（存储系统和计算能力）等新兴产业紧密相连，代表了一种新的体系、新的动力和新的方向，将在补短板的同时构筑一条从信息化到智能化再到智慧化的“国家信息高速之路”，并为新一代信息技术的集群突破、协同创新、生态构建与融合应用带来机遇与红利。

10.1 “新基建”的认知、概念范畴与特征

如果把面向民生工程的“铁公机”“水电气”视为20年前中国经济的“新基建”，则可把面向智能化与智慧化高增长需求的5G、人工智能、数据中心、物联网、云脑等信息网络基础设施，视为支撑未来20年中国经济社会繁荣发展“新基建”。廓清“新基建”的概念与特征，有助于传媒产业的高质量发展。基础设施的主要类型及其组成如表2–4所示。

表2–4 基础设施的主要类型及其组成

基础设施类型	基础设施名称	传输对象	通道	节点
传统基础设施（物理基础设施）	交通运输	汽车、自行车	公路	汽车站、桥梁、服务区
		火车	铁路	火车站、桥梁
		飞机	空城	机场
		轮船	江河湖海	码头
	管道运输	水	水管	自来水厂
		热力	热力管道	供热中心
		燃气	燃气管道	制气站
		原油、成品油	输油管	炼油厂、加油站
	水利设施	水	河道、堤防	湖泊、水库
	电网	电	电网	发电厂、变电站
新型基础设施（信息基础设施）	信息网络系统	信息	信息网络	存储系统、计算能力

10.1.1 “新基建”的认知

认知“新基建”，首先应理解它指向的“深刻含义”。站在狭义的视角理解，“新基建”指的是与数字经济密切关联的科技型基础设施建设，包括5G网络、人工智能、数据中心、物联网和工业互联网；站在新义的视角理解，“新基建”指的是体现新发展理念（如绿色、共享、创新等）基础设施建设，不仅包含狭义视角上的科技型基础设施，而且包含高铁、轨道交通、特高压和新能源汽车充电桩；站在广义的视角理解，“新基建”指的是“基础设施数字化”和“数字基础设施化”，不仅包括“上云用数赋智”的数字经济底层基础，而且包含数字化升级和智能改造“铁公基”等传统基础设施。由此可见，“新基建”不

仅不是传统基建的替代物，而且因其汇聚了海量的包括感知、采集、加工、传输、存储、计算、分析、应用、安全等在内的全生命周期管理数据，在多数情况下将与传统基建融合互通，共同发挥积极作用，例如智慧城市的基础设施建设等。

10.1.2　“新基建”的概念范畴

此前，由于划分主体与阶段的差异，以及“新基建”的内涵和外延的不断拓展，“新基建”的概念范畴一直存在很大的分歧。直至 2020 年 4 月，国家发展和改革委员会才明确了“新基建”的概念范畴，即为数字转型、智能升级与融合创新等提供有力支撑的现代基础设施体系。具体而言，“新基建”包括信息基础设施（如通信网络基础设施、算力基础设施等）、创新基础设施（如产业技术创新基础设施、科教基础设施等）与融合基础设施（如智慧能源基础设施、智能交通基础设施等）三大领域。

但随着时间的推移，“新基建”的概念范畴或还存在不断演进的空间。笔者认为，“新基建”的核心在于数字世界与物理世界的交互融合。因此，只要能更加适应日新月异变化的外部宏观环境并挖掘出新的增长点，能在价值逻辑和商业模式上补齐短板并展现出更强的优越性，能赋能传统产业转型升级并对其产生网络效应、渗透效应和溢出效应的科技型基础设施，便可纳入“新基建”的概念范畴。

10.1.3　“新基建”的三大特征

跨网、弹性、智能是“新基建”的三大特征。跨网意味着“新基建”能够打通各种数字化基础设施的互联通道，让分散在各种传统基础设施中的数据要素（如人流、商流、能流、资金流、信息流等）默契配合与高效运作。弹性意味着“新基建”能够发挥其动态耦合的云化体系，并根据环境变化及时调整运行策略，以保障平台和业务正常运转。智能意味着“新基建”能够叠加数据智能的软硬件系统，并帮助使用者提升决策智能，以此爆发出巨大的效率价值。

10.2　“新基建”释放传媒产业新动能

“新基建”视域下，5G 如同“信息高速公路”，为信息与价值的传递提供高速的传输信道；人工智能如同云端大脑，依托从“高速公路”获取的信息和价值使得机器智能化；数据中心如同枢纽工程，实时处理、标注“高速公路”中的人、机、物、系统等。由此可见，5G、人工智能、数据中心等关键技术能力将相互交织并集合成工具箱，并引发“计算、网络、媒介”的“三浪叠加”：计算变革赋能网络变革，网络变革激活媒介变革，媒介变革引发传统产业的智慧升级。计算、网络、媒介的“三浪叠加”效应，如图 2–30 所示。

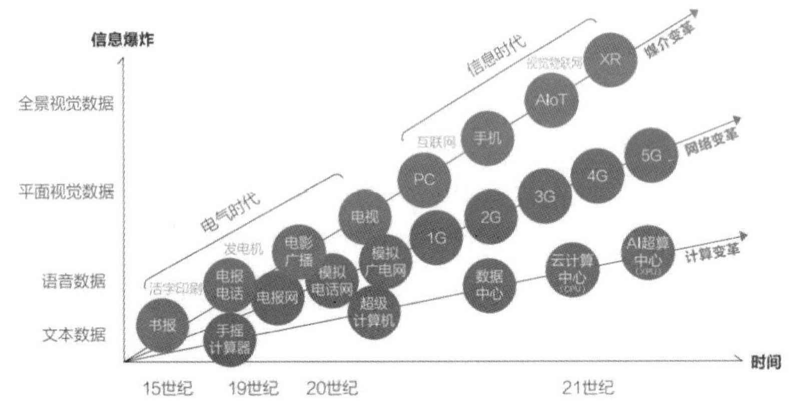

图 2–30　计算、网络、媒介的“三浪叠加”效应

10.2.1　5G：为传媒产业发展带来新的契机

如果说以网络媒体、“互联网 +”等为代表的内容型媒体象征 3G 时代，以社交化媒体、“短视频 +”等为代表的关系型媒体象征 4G 时代，那么以“人—机—物—系统—媒介”“XR+”等为代表的价值型媒体则将孵化出崭新的 5G 时代。5G 网络具有超大带宽、超低时延、海量连接三大应用场景，能更加满足传播业务中更高清晰度、更高速率与更高沉浸感的应用需求。5G 技术革新下的智联网将引领万物互联、万物皆媒，为媒体融合与传媒产业的转型升级带来新的契机，并助推媒体演变为“在线社会信息传播系统”。

（1）助推移动互联网迎来新的流量红利。数据显示，我国网民中手机上网比例已达 99.3%，而 2019 年至今，活跃用户人均单日时长仅增加了 18 分钟，加之网费对“五环外”下沉区域市场还是不小的负担，因此，移动互联网的总体用户与使用时长的总盘子几乎已到达顶峰。5G 网络无疑将成为“提速降费”的创新元素，将直接拉升移动互联网的核心价值——随时随地地占据用户更多时长并形成更为广泛的“在场感”，使得用户时长等方面出现新一轮的增长，并触发用户在虚拟文娱（虚拟影院、虚拟偶像、虚拟社交、虚拟电台等）、个人可穿戴设备、远程教育、信息咨询、垂直业务等领域的消费和需求。例如，腾讯研发的 VR 版的微信，是一款基于虚拟现实并高度依托 5G 网络，能够让用户的社交活动从屏幕端的点触、打字、交谈转向面对面、实时性、互动式、沉浸式的三维动态视景产品，让用户拥有全新的社交体验。

（2）助推用户体验多元创新。5G 时代，“一切在云端或边缘”变为现实。5G 网络将在既有的业务基础上优化和增强用户体验，让用户彻底抛弃 App，回归互联网起源的链接时代，并让“成交”取代 4G 时代广告术语中“下载”“试玩”“表单”等，从而为互联网应用场景增加新动能。以互动广告为例，由于过去受到网络的限制，其并未释放出应有的魅力。5G 网络或将彻底打破传统桎梏，在提升感知式、情景式、体验式等功能的丰富度、精确性和影响力的同时，以更低成本、更高质量和更佳效能的方式将用户体验“演绎”到淋漓尽致，这不但能服务于当下的线上文娱，也会传导到线下产业。因此，业界专家预测：5G 带来的智能广告终端与互动广告玩法（广告创意、广告制作与互动形式等）或将分别增加 100 倍和 1000 倍，而基于 App 的推广场景将被基于 H5 的互动场景全面替代，可真正让用户获得他需要的产品和服务。

（3）助推超高清视频成为主赛道。传媒产业具有明显的供给驱动模式的特征，5G 网络不仅将引领视频行业品质升级，而且将带来从渠道争夺到终端制胜、从“内容 + 应用 + 受众”到“场景 + 能力 + 用户”的发展潜力与机会。站在带宽的视角来看，要实现 8K 视频的直播或者点播，至少需要 200Mbps 的传输速率，而 4G 网络的峰值速率仅有 100Mbps，显然已无法满足 8K 的应用需求。5G 网络的峰值速率与用户体验速率分别支持 10Gbps、1Gbps，同时结合其正在构建的“云、网、边、端、业”一体化的 MEC（移动边缘计算）、网络切片等特性，可在解决超高清视频大数据量传输痛点的同时，带来更可靠、稳定、安全的融合视频传输，从而使其出现规模化爆发式增长并带动视听新媒体服务的升级。

10.2.2 人工智能：赋能传媒产业提升核心竞争力

人工智能已促使机器具备了感知、认知、运算、运动等领域的智能化能力，其在传媒领域应用的本质便是通过智能化、跨媒体、泛内容技术，打造集智能感知、自然语言理解、动态知识图谱、智能交互与智能决策等于一体的数据自动流动闭环，以应对以客户需求为导向的传播变化。目前，全知、全能、全息的智能媒介仍处于发展探索时期，其包含的关键技术、场景应用与产业发展等均还处于初级阶段。毋庸置疑，人工智能将遵循“传感+”“物联+”“智能+”三步走策略，助推传媒产业的整体智能化转型升级。

（1）助推传媒产业广泛而多元的创新生态。在“技术+娱乐”的双螺旋DNA引导下，诸多传统媒体与新媒体平台持续发力，以人工智能为核心的技术应用在内容采集、生产、分发、推荐、消费与变现等全链价值上，不仅降低了内容创作的难度和复杂度，提升了内容创作效率，而且通过人与智能机器的合作共事，扩大、延伸和部分地取代了传媒从业者在内容创作中的脑力劳动，还创新性地提供了极简、极致、个性化与智能匹配的“内容找人”，并让用户更为高效精准地获取更多的优质内容，同时兼顾普通和长尾用户。同时，在持续的技术创新探索与应用下，人工智能还可更大范围地代替人工实现对重复性劳动的智能化处理，开创智能驾驶、内容电商与新型广告植入等新型商业模式，在提高社会“存量”资源、优化配置效率的同时，重构基于“增量”的创新体系。例如，未来的短视频领域或将出现与草根的抖音相对应的精品的短视频版“爱优腾”，而竖屏新赛道开启后，或能催生更多新文娱品类，如“直播+竖短视频”“竖屏+互动影视”等。

（2）助推智能视觉物联网推广普及。视觉物联网涉及物联网的视觉感知部分，可赋以目标不断延展的技术“身份”，创新用户个性化的服务体验，从而为后续利用提供支撑。随着移动终端设备的功能从连接到智能的让度，诸多互联网企业纷纷将人工智能处理从云端传送到用户终端，使得视觉加人工智能处理已然成为包括智能互联汽车和其他需要本地处理等在内的诸多应用的关键元素。英特尔预测，未来10年视频将占据互联网90%的流量，综合覆盖C端（如移动智能终端、服务机器人、虚拟现实新闻、消费电子等）用户视频数据和 B 端（如智能驾驶、全景视频、媒体无人机、新型智慧城市等）产业视频数据。由此可见，视觉物联网将更大程度地开启传媒产业的“眼”和“脑”，并实现云智能与端智能互补。例如，百度 ApolloRobotaxi 于 2020 年 4 月推出了百度地图与百度 Dutaxi App，不仅使行车路线覆盖多维实用生活场景，而且使可视化界面能够 360 度还原视野范围内的障碍物与动态预测等。

（3）助推传媒产业从感知智能与数据驱动向认知智能与知识驱动转变。目前的传媒产业虽已在感知智能领域（如用户场景、地理位置、行为轨迹等）取得了一定的进展，但在认知智能领域还不尽如人意，如结合知识图谱的深度学习、提取内在隐含或基于背景的关联知识等，导致新兴技术在传媒领域的产品和应用还不够丰富。“人工智能 + 媒体”既可融合知识图谱与深度学习，又可根据不同的业务需求与不同的背景知识提取相关结果，不仅可助推传媒产业实现“技术 + 场景 + 闭环数据”的深度结合，而且可助推传媒产业迈入“场景为王”的时代。例如，对客户服务、专业词汇、小语种等对话系统而言，人工智能不仅可改善以往通过人工标注相关语言信息数据的传统模式，而且可将智能标注的信息作为深度学习训练集，从而较好地提升人机对话系统的体验。

10.2.3　数据中心：构建融媒体内容“智”造协作新体系

伴随着以数据为基础的智能融媒体平台的普及应用，以及“云大物移智区加”、5G、虚拟增强现实等新兴技术的广泛商用，贯穿传媒产业全流程、全产业链、全产品生命周期的数字化描述、大数据分析与跨层融合的数据价值将不断彰显，成为驱动传媒产业智慧升级的“助燃剂”。数据显示，从 2012 年至今，中国数据规模的复合年均增长率全球最快（高达 41.9%），至 2025 年，中国的数据量将占全球的近三成并成为全球最大的数据集聚地，将使人工智能训练得到极大的丰富。

（1）助推构建传媒“数智中心”。如果把人类语言视为知识传递的工具，把知识图谱视为认知核心，那么数据中心则可被视为让机器认知与理解世界并促进媒体“感知、思考、决策”的枢纽工程。基于大数据的深度学习虽已在传媒领域取得一定的进展，但其还难以达到和认知智能同样的效果，这便需要超大规模和多形粒度的原始数据。万物互联、万物皆媒的智联网时代，更丰富而多元的业务场景、更高频的用户交互，促使各种智能硬件产品每时每刻都在生成“非结构化”的原始大数据（如浏览偏好、访问行为、点击频率等），将构成传媒产业的“新能源”，并给媒体融合服务民生、政务和企业带来创新发展机遇。数据中心作为一种能力超强的数据集合，可通过智能元数据的感知、识别、清洗和分析等，大幅提升数据计算质量，并提升媒体融合进程中相关机构在搜索、推荐、信息流等各类实时在线业务的传播效能，从而使其成为社会经济发展和现代化国家治理体系的平台型技术工具。

（2）助推广电“全国一网”下的“云网协同”。伴随着广电网络视频业务与5G、VR/AR等新兴技术的融合发展，加快数字化、生态化进程为云服务提供重要的滋养土壤。作为“连接提供者”“平台使能者”“应用创新者”的各大运营商为实现从传统的“管道服务提供商”向“综合信息服务提供商”转型，纷纷布局无损、智慧、开源、共生共享、协同共赢的生态型数据中心。这自然会对具备内容资源、业务体系与牌照优势，但又山头林立、“割据”态势的广电行业提出了新的要求——建立基于“全国一网”基础之上的“云网协同”。站在内生需求的视角来看，“云网协同”不仅是盘活出版广电行业在不同地区、行业、用户与场景，以及不同传播规律前提下信息消费新模式与新业态的重要引擎，而且是四级办（中央、省、市和县）广播电视与“全国一网”运营的关键支撑，还是促进广电现有的县级融媒体中心、宽带接入业务、互动数字高清视频业务、超高清虚拟现实业务、互动增值业务与广电IT支撑系统等重要举措。站在对外发展的视角来看，广电“全国一网”通过“云网协同”，不仅可连接具有自主内容的CDN云（如阿里CDN、百度CDN、腾讯CDN等），而且可连接具有动态内容缓存（不具有自主内容）的CDN云（如微软CDN、亚马逊CDN、华为CDN等），还可连接具有实际业务（应用或内容）的数字媒体平台，进而将用户的内容需求和服务请求终结在广电网内并在可管可控的前提下实现OTT广电“全国一网”。事实上，目前已经有湖南广电、贵州广电、广东广电、天威视讯等地方已在积极建设广电数据中心。

10.3　传媒产业反哺“新基建”的五种核心能力

网络视频、电子商务、在线服务、小程序等媒介产品作为用户接入互联网的“入口”，能对“新基建”起到自上而下的“反哺”效应。与此同时，数字世界与物理世界的交互融合，将极大地提升数字“比特”与物理“原子”之间的实时互动能力，并更好地衔接“新基建”与用户需求。在此过程中，传媒互联网将充分发挥五种核心能力，形成“大连接”，为数字生态共同体注入强劲“韧性”。

10.3.1　内容触达力，促进“新基建”业态升级

新兴技术可进一步激发和培育具有丰富“想象力”的感性空间与应用场景，可进一步提升用户洞察能力、产品的良好体验与迅速迭代能力，并可通过各类应用场景打通用户连接的“最后一米”，从而最大限度地保障“新基建”多要素、端到端的互联互通。站在公共服务领域的视角来看，确诊地图、同程查询、短视频与健康码等小程序的及时发布，既利用传播矩阵实现了信息下沉，又保障了群众的出行畅通和城市的治理安全。站在商业服务领域的视角来看，各类互联网生活服务平台积极发挥更大的互联作用，既加强了商家的基础性经营，又保障了居民的生活必需品。由此可见，基于微“入口”的全面触达力，可最大限度、最全链路地释放并传递“新基建”的普惠价值。例如，新冠肺炎疫情期间创新出现的各类公众号、小程序与二维码等微“入口”，正如同一个个细小的毛细血管，不仅真正深入疫情之下的每一个场景，而且通过低门槛的方式迎接了更加广泛的用户群体，彰显了链接触点对社会快速应急和恢复的广泛价值。

10.3.2　技术创新力，赋能“新基建”弹性落地

新型媒介产品的高效研发、敏捷迭代和响应能力，可助推“新基建”的数字核心与平台生态价值共创，显著增强各行各业的自主创新活力。互联网“从无到有”，不仅使得以互联网为基础的数字平台已成为天然的信息媒介，而且在“云大物移智区加”等技术资源及能力的支撑下催生了传媒大数据、媒体云服务、智慧家庭、智能媒体等媒体业态、形态与生态。在这个过程中，具有显著的双向交互式特征的新型媒介产品，为用户快捷高效地接入互联网提供了大

规模的“试验场”，成为了赋能具有“弹性”的“新基建”的重要保障。例如，在5G、AI等新兴技术的加持下，万物皆屏、万屏皆媒将成为现实，未来的户外广告将更加智能化与程序化（如可根据人群的用户画像推送适合的广告等），这不仅能提高新型媒介产品满足用户需求的承载能力与服务能力，而且能体现其参与“新基建”的核心价值体现。

10.3.3 开源协同力，扩大“新基建”公共价值

开放式创新能进一步释放全社会的迭代活力和创造潜力，不仅可最大限度地缩短创新和迭代的周期和成本，支撑和促进技术成果及时转化为共建共享的基础设施，而且有利于“新基建”的生态共建与最大化“新基建”的公共价值。在采用开源技术的“新基建”支持下，以ATM（阿里、腾讯、美团）为代表的互联网企业可凭借其多年积累的连接、计算、交互、数据与流量变现等能力，不断整合多方资源构建开源开放生态，不仅可让各行各业通过开源平台来构建、训练和部署服务和产品，还可让各行各业将精力更多聚焦于核心业务发展，从而有效满足各行各业碎片化与定制化的应用需求。例如，旷视科技便通过开源的方式，向全球开发者开放了深度学习核心框架——旷视“天元”（MegEngine），同时还邀请企业级种子用户参与共建这套中国自研的生产力平台核心部分，试图在人工智能时代提供一套人人可用的生产力工具，让人工智能变得平凡，助力了人工智能技术广泛应用至各行各业。

10.3.4 平台生态力，释放“新基建”数字生态推动力

媒介创新基于专业系统、业务流程、平台逻辑与共享技术能力等，可为数字生态链引入众多的行业合作伙伴，共同建设、创新和完善基础设施。而“新基建”基于新兴技术与各行各业的转型、升级、融合，可构建起“智能+”时代的数字生态新图景。不难发现，媒介创新不仅能够将“新基建”引入丰富的数字生态共同体中，而且能够放大“新基建”对整个数字生态链的推动作用。例如，新华社将新兴技术运用在新闻采、编、播、发、收、反馈等全价值链路，先后开发了“现场云”“媒体大脑”“AI主播”等，不仅满足了自用的需求，还带动开发者参与上层的应用开发，向相关传媒机构提供入驻、数据共享、二次开发，以及基于典型事件的传播模型“知识图谱”等，较好地推动了新型媒

介产品和传播渠道的相互融通和协同服务，营造了传媒产业协同智能化转型升级的氛围。

10.3.5　全域安全力，护航“新基建”跑出“加速度”

从内容安全到产业安全的思维与意识升维，将助推“新基建”加快构建产业安全生态圈。在社会数字化转型过程中，垂类直播、社交电商、网络游戏、网络文学、算法媒体等不断丰富多元的互联网应用场景，普遍存在的数据窃取、篡改、盗版、劫持等各级各类安全隐患，将为“新基建”的稳定与安全带来新的挑战。这就要求传媒产业站在战略的视角审视内容和服务，进行事前、事中、事后全过程全生命周期的智能化安全防护，将安全思维与意识从被动防御向主动规划转变，有效联动内容供应链上的用户规模、功能属性、技术实现方式、基础资源配置，以及技术层面上的操作系统、开源软件、产品周边攻击的防御和应对等。例如，爱加密通过持续的技术革新，重新定义了“智能加固”的概念，其面向互联网群体推出了集安全服务能力全面覆盖、安全资源与安全能力智能配置、移动安全态势可视化等于一体的应用安全服务，不仅为用户带来了更好的“获得感”和“幸福感”，而且为“新基建”和传媒产业的融合发展带来了更多的“安全感”。

11　新兴科技与突发公共事件

2020 年新春伊始，新冠肺炎疫情突如其来。疫情就是命令，防控就是责任。在这场“战疫”中，如何最大限度地扩大信息传播效能、提升舆论引导、降低人际传播风险、监控人员流向等，成为亟需解决的关键问题。为实现更好的疫情管控防治效果，各级机构共同开启了“世界最大规模的实验”，用急智、巧智发挥自身技术优势，用科技赋能疫情管控防治，与时间赛跑。其中，以“云大物移智区加”为代表的新一代跨媒体智能技术，通过跨媒体数据挖掘、智能数据处理与智能决策计算等多个维度为疫情管控防治赋能，不仅构建了打好新冠肺炎疫情阻击战的一道信息技术防线，形成了主流价值与创新活力的全新传播生态，而且成为各类信息系统实现智能化的“使能器”，让人们再次见证了新兴科技对社会和民生的重大影响。融媒体传播生态位构成要素及组织架构如图 2-31 所示。

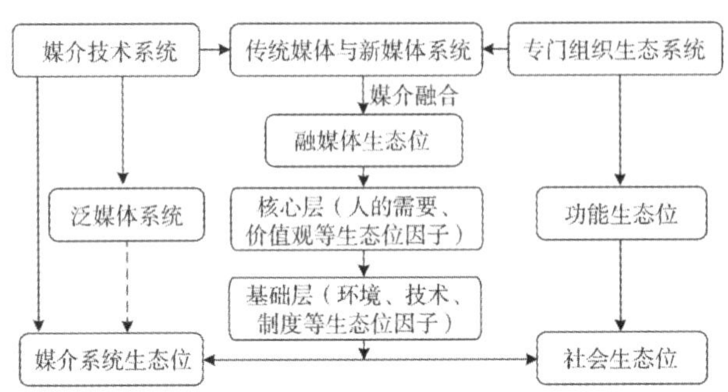

图 2-31　融媒体传播生态位构成要素及组织架构

11.1　实践进展：以新兴科技为“器”跑出战“疫”加速度

新冠肺炎疫情来势汹汹，各行各业概莫能外。以“云大物移智区加”为代表的新兴科技力量在疫情管控防治方面突破了传统思维的瓶颈，在包括疫情信息传播与服务、舆情监控、远程协同、目标识别，以及普通人的守望相助等在内的诸多领域提供了多维度的鲜活经验和全新尝试，不仅使信息传播更加及时、透明，有效缓解公众焦虑，而且通过“无接触服务”“零聚集服务”“不见面审批”等手段最大限度降低疫情的传播风险。

11.1.1　互联网：信息“魔法师”，玩转泛传播

11.1.1.1　互联网信息服务平台

当前，以互联网为基础的数字平台已成为天然的信息媒介，为疫情管控防治创造了有利条件。在这场战“疫”中，各类机构纷纷通过互联网信息服务平台搭建起信息收集与发布的直接渠道，进一步扩大了信息传播效能。例如，百度、腾讯、新浪等机构及时上线新冠肺炎疫情防控专题，包括疫情通报、防疫知识、网上辟谣等内容；丁香园、微医等机构及时上线“在线问诊”等；人民网、微信等及时上线“患者求助平台”；科大讯飞及时上线“口罩在线预约购买”服

务等。

11.1.1.2　远程协同办公

疫情让人们隔离，而工作无法停止，远程协同办公迎来高光时刻。在这场“战疫”中，各类机构通过升级原有功能与针对疫情创新服务功能等手段，分别面向社会免费开放了钉钉（阿里）、企业微信（腾讯）、飞书（字节跳动）、豆芽（苏宁科技）、“AI+”办公（科大讯飞）等协同办公平台，涉及即时通信、协同文档、音视频会议、跨企业虚拟团队、云盘以及客户管理等特色功能的应用，满足了用户高效远程协同的办公需求。

11.1.1.3　智慧空中课堂

学习是刚需，无法到现场学习，在线教育自然吸引了学生的注意力。在这场“战疫”中，各类机构以“智慧空中课堂”的方式最大限度实现“停课不停教、停课不停学”。例如，学大教育、科大讯飞等免费提供了涵盖从小学到高中所有年级、全部学科的课程、微课程。直播、录播等形式的在线教育，不仅让学生们可在线同步预习巩固校内课程，而且名额不限且完全免费。数据显示，仅 2020 年 2 月 2 日，科大讯飞平台的总听课学生人数就达 22 万人，同时在线人数最多达到 10 万。

11.1.2　人工智能：信息“电子眼”，服务全方位

11.1.2.1　传播趋势研判

在这场“战疫”中，各类机构通过基于 AI 的集成学习方法和已有数据创建模型（动力学模型、统计模型、时序序列模型等），并以可视化的方式呈现出疫情发展与传播趋势、疫情“拐点”等，辅助了政府部门和医疗机构等改进疫情管控防治措施，助力疫情攻坚战的胜利。例如，摄星智能科技等各类机构面向公众提供了一定周期内的肺炎疫情预测数据，可帮助公众们更快、更好、更精确地了解疫情发展趋势、峰值时间与数量等。

11.1.2.2　人脸无感通行

通过计算机视觉、生物识别等技术赋能红外热像，AI 支持“看到即测到、测到即感到、感到即判到”的全时段（24 小时）多目标实时分析（可达 300 人 / 分钟），辅助城市管理实现高密度人员流动场景中无接触感应、高效率通行、

高温智能预警等，并让安全与效率之间的平衡点被重新定义。例如，北京旷视科技“AI 测温平台”、陕西天诚科技“热成像人体测温平台”等，不仅可让人们可以无感通行，而且“升级版”的人脸识别技术还可对佩戴口罩人员进行精准识别，大幅度提高了测温效率和异常体温者检出的准确率。

11.1.2.3　智能机器人

依托于语音识别、自然语言处理等技术，包括聊天机器人、配送机器人在内的智能机器人得到了迅猛发展，不仅足不出户就可以实现高效在线问诊，缓解工作人员的压力和压抑情绪，还为公众尤其是那些被迫“隔离”的公众给予了情感关怀。例如，百度“智能语音外呼助手”、阿里“智能疫情机器人”等，通过机器人代替人工呼叫，倍数级（2000 人 / 分钟）完成了辖区内居民健康信息采集、排查、回访和宣教等事宜。又如，科大讯飞“智医助理”、京东“智能情感客服”等，通过人机协同模式提供病例分析、潜在高危患者筛查等服务。

11.1.3　大数据：信息“穿梭机”，回溯你我他

11.1.3.1　人员行为轨迹

依托于大数据技术建立高危人群后续的行为轨迹，并通过“数据联动”的手段勾画出高危人群的接触关系图谱，充分挖掘其密切接触人群，实现疫情管控防治的可追溯、可预测、可视化和可量化。例如，美亚柏科等机构推出等“新冠疫情传播监测专门平台”，包括疑似病例交通、住宿、接触人员等信息。又如，百度、搜狗等机构推出了“人口迁移地图”“热力地图”“病例小区地图”等。

11.1.3.2　舆情监控

通过全方位、个性化的数据追踪，可勾勒出相关机构关心的热点事件的概貌并准确反映其在不同时段的舆情变化，从而帮助其看清、把握与预见舆情。例如，清博舆情及时推出了突破壁垒不“设限”的 5.0 系统，一方面新增对抖音、快手等短视频平台的数据分析，另一方面新增新不限关键词数、不限方案数的数据服务。

11.1.4　5G：信息“破壁者”，突破旧壁垒

11.1.4.1　提升传播质量

由于5G具备更大带宽、更低时延等特点，不仅推动了更多的终端设备的媒体化、可视化与联网化，而且提升了视频媒体的传输效率与灵活性，在信息传播、融合发布等多元场景中发挥着重要。例如，央视频借用5G直播这种媒体属性（立体、实时）开通火神山建造24小时直播，不仅让超过9000万密切关注武汉疫情的网友以高清视频方式“围播”了武汉“小汤山”的建设进度，还让他们在不经意间完成了一种集体交互，让直播视频实现了从“被看见的力量”到“参与的力量”的转变。

11.1.4.2　拓展传播场景

除提升传播质量外，5G还能较好地拓展传播场景。例如，浙江大学医学院利用“5G+VR远程观察及指导系统”，通过高清画面和VR技术对重症病区对病患进行观察，实现隔离病房患者与医生（病区医生、异地指导医生）的实时交互和多端会诊，降低了医护人员直接接触病患可能带来的感染风险。与此同时，病患家属也可通过该系统观察到在重症隔离区内的亲人的相关情况。

11.2　现实困境：“有限”的服务与“无限”的需求

新兴科技在信息传播创新实践方面发挥了不可忽视的作用，但仍面临诸多“成长的烦恼”，特别是面对新冠疫情这样的突发公共事件，并无任何经验可循。经过此次“战疫”的洗礼，我们的思维不可局限于事发后及时上线或推出的应对措施，更应从整个社会体系视角对新兴科技“有限”的服务与公众“无限”的需求之间的矛盾进行审视，并不断纠偏、优化和迭代管控防治手段。

11.2.1　无法判断主流价值的算法推荐

目前的算法推荐，强调通过挖掘、聚类和处理用户海量、异构、多维、多尺度的消费行为和偏好数据，实现精准的用户画像，并强调通过个性化的内容供给匹配与智能推荐，满足用户“千人千面”的需求。但是，我们必须看到，目前的算法推荐存在缺少“把关人”、无法判断内容的社会价值及真实程度、“信息茧房”（个人的信息领域被限于狭隘空间）、“回声室效应”等问题，加之“流

量至上”纵容了其劣质生产动力与“后真相”泛滥，不仅不利于主流意识形态的整合，而且不利于社会主义核心价值观的传播。

11.2.2 未被广泛认知的 AI 服务能力

在此次“战疫”中，AI 技术快速走向战场，基本达到了随时可用的特点。但从目前的应用场景来看，所提供的 AI 服务能力还相对单一，缺乏足够的场景覆盖度。一方面，诸多 AI 服务能力并未在第一时间落地应用到疫情核心区，还局限于一线城市小规模使用；另一方面，AI 技术本身的发展超越了应用的发展，造成一线医疗人员对这些服务能力并不熟悉，需要很多时间进行彼此沟通，这从一定程度上说明了 AI 与服务的产业融合度还存在较大的提升空间。工信部也于 2020 年 2 月 4 日发布了《充分发挥人工智能赋能效用，协力抗击新型冠状病毒感染的肺炎疫情》的倡议书，号召进一步发挥 AI 赋能效用，提出优先研发支撑疫情防控的相关产品和应用。事实上，AI 与新兴科技的其他分支并无特殊性，是一种把大量基础能力与基础算法相结合，并能够随时配置出各种服务能力、凝固为特定产品与平台的技术，正是如此，我们才一直认为当前的 AI 仍处于由“弱人工智能”向“强人工智能”缓慢过渡的发展阶段，因此，未更早上线的 AI 便成了某种缺憾。例如，类似疫情这样的突发公共事件发生后，AI 除提供模板式的“对话”之外，完全可在分析用户偏好、生活状态、求医诉求等数据并构建用户画像的基础上，建构用户的心理模型，并结合新闻传播学、教育学等专业知识对其开展具有针对性的持续沟通与辅导，从而缓解其孤独感和焦虑情绪，进而塑心灵与恢复生活。

11.3 路径选择：从单一工具赋能到生态价值赋能

信息产品具有公共属性，承载着媒体价值和社会责任。经过此次“战疫”的洗礼，我们必须看到，仅仅几家头部企业的覆盖能力，显然是不够的，还必须有更为多元的价值共创主体，才能倒逼新兴科技的价值定位从单一工具属性提升为生态价值属性。唯有如此，才能按下新兴科技的“快进键”，推动包括信息传播在内的各个领域加速“蝶变”，激发信息传播工作的新动能，加速进入应对突发公共事件 2.0 阶段，从而助推国家治理体系和治理能力现代化。

11.3.1 以价值引导为引领，加快重塑算法推荐的主流价值

技术承载着价值，决定了它可以也应该成为主流价值的载体。而基于技术的算法推荐，渗透着新媒体平台的价值判断和情感取向，在主流价值观塑造上能够发挥积极作用。因此，我们既要通过赋予算法新闻伦理和价值观，还要做好算法的“把关人”，使其在信息聚合、过滤、流通、消费、引导和调控等各个环节能更好地服务于正能量宣传。在后期的传播实践中，一方面要确保信息内容的价值观导向正确，另一方面要以正确和中性的用户画像来呈现用户兴趣点，此外还要找到舆论引导和用户体验间的平衡点，从而推动网络舆论生态形成良性循环。唯有如此，才能发挥技术的“赋能”作用，让用户接收到“应该看的”的内容并远离“信息孤岛”，从而让主流价值搭乘新技术快车。

11.3.2 以人机协同为坐标，加快重构信息生产与分发新空间

我们要谨记，新兴科技的核心定位是提高产业效率，是以辅助工具和加速器的方式让技术替代重复劳动而非代替人的劳动。在后期的传播实践中，各类新媒体平台要在自身经验坐标基础上加快人类和机器优势的相互融合与平衡，将人的经验、智慧赋能给机器，同时用新兴科技放大人的智慧，如此形成正向循环，解放生产力，释放创造力。同时，还要通过加强与权威媒体深入合作等方式加强权威内容建设，通过扶持优质自媒体和精英拍客等社会化创作方式加强优质内容建设，并重视编辑推荐的权重，而非停留在依赖算法筛选海量社会化内容。当出现类似于疫情这样的突发公共事件时，编辑可及时启动重大突发事件处理机制，同时让算法打开“闸门”并作为辅助工具。唯有如此，才能让正面宣传在资讯“过载”的缓解下具有传播力、引导力、影响力与公信力，并更好地体现新媒体平台作为信息产品载体的媒体价值和社会责任。

11.3.3 以数据基础为支撑，加快构建全域覆盖的协同创新平台

随着新兴科技的迅猛发展，全球数据随之倍数级增长，但流通不畅或失真的数据将严重影响人们获得规划、运营所需要的正确洞察。因此，我们要想发挥数据“更进一步”的“无穷”特质，须从大数据的“8V”特征切入，通过打造“点全·线联·面融”的数据运营基础，加快构建基于数据驱动、横向到边、纵向到底的全域覆盖的协同创新平台。在后期的传播实践中，我们要想更好地

发挥数据价值，须从数据采集、挖掘、分析与运用等层面下狠功夫，因为即便是最智能的分析和预测系统，也得依赖于实用优质的数据。当然，新兴科技环境下的数据，不仅仅包括机器或软件，还包括基础数据、属性数据、行为轨迹数据、资源数据、基因数据或教育数据等全息生命范畴。除此以外，还须使用正确的工具来监控并溯源相关数据来源、处理的行为和环境，最大限度地减少因数据完整性、虚假性或错误性带来的社会风险。

11.3.4 以新兴科技为引擎，加快打造危机预警平台

毫无疑问，在类似于疫情这样的突发公共事件面前，任何的“事后诸葛亮”行为都不会有实际效果，唯有加强可靠前瞻与精确精准预判，才能最大限度地降低其给社会带来的危害。事实上，2020 年 1 月 9 日，世界卫生组织（WHO）便通报了这场疫情的预警信息，而加拿大健康监测平台（BlueDot）和美国疾病控制与预防中心（CDC）基于互联网平台的数据也分别 2019 年 12 月 31 日和 2020 年 1 月 6 日发布了预警信息，我们应以此为鉴进行积极反思。以 BlueDot 为例，其在建立 150 多种病原体详细信息与收集互联网平台上的权威数据（包括每天 65 种语言发表的逾 10 万篇新闻报道、各国各级政府发布的信源信息、全球机票数据等）的基础上，通过 AI 驱动的算法，不仅发布了疫情预警，还量化了受灾难影响的人口及其在未来一段时间内的流动。因此，我们应以新兴科技为引擎，积极探索其与各行各业的融合，并通过构建突发事件语料库（包括地震、火灾、交通事故、恐怖袭击和食物中毒等）、建立预警模型、完善基于数据的分析决策机制、搭建城市级统一数据服务平台及强化应急状态下数据动员能力等手段，加快打造基于互联网的危机预警平台。

11.3.5 以 5G 商用为契机，加快向智能媒体转型升级

“以用户为中心”的数字化“全触点”不仅带来了超大规模的信息流动，而且激活了更多原本并没有被发现的需求，呼唤着更加快速、更加海量的信道。5G 作为一种“通用性基础技术”将为以“云大物移智区加”为代表的新兴科技带来巨大的实践空间和想象空间，并使传媒从业者在新兴科技的驱动下进行更“全息”、更“全效”的思考。事实上，5G 商业化将全面推动万物互联、万物皆媒进程，成为智能媒体成长的基础，而智能媒体的持续发展又将为 5G

提供源源不断的动能，如此形成正向循环。因此，我们应积极学习新技术、洞察新动向、把握新趋势，并以 5G 商用为契机，积极探索 5G 在信息传播手段（包括采集、生产、传播、消费等）方面的“全链条”创新服务，深度挖掘 5G 在信息传播方式（包括超高清、远程协同、泛娱乐、智能家庭、智慧城市等）方面的创新场景，全面提速推进更多维度、更多层次的智能媒体功能及服务，从而向用户提供更精准、更快速、更有人情味的信息产品。

第 3 篇　教育篇

近几年，国内媒体融合深入推进，传统媒体正在发生嬗变，大量新闻信息内容不仅通过报刊、广播、电视等载体传播，还向网站、“两微一端”等新的传播渠道拓展。随着算法推荐、语音交互、计算机视觉等技术的不断发展，国内新型主流媒体建设提速，国外媒体对人工智能的探索运用也如火如荼。传媒业希望借助人工智能技术高效地进行内容的生产、分发、管理，打造媒体与用户之间互联互动的新生态，助力转型升级与融合发展，相关的战略制定、人才培养蓄力已久。

教育信息化 1.0 阶段，随着我国大力实施“国培计划”“全国信息技术应用培训教育工程”等培训与发展行动，有效提升了我国学生的信息技术应用能力，基本可以满足其在数字学习、操作中使用信息化工具的需求。教育信息化 2.0 阶段，我国必然需要引入一种新的学生发展理念，转变这种以技术应用为主的基础素养观，即发展学生在数字学习、生活与工作中的数字素养能力。只有这样，面对层出不穷的数字技术和数字学习、生活、工作中的问题与挑战，应用型传媒人才才能更好地胜任未来的学习、生活与工作，才能真正实现数字化生存的创新发展。

技术是人的技术并服务于人类，媒介发展过程中的技术是人类思维的外化。作为媒介形态与传媒业态嬗变的一种应然状态，中国传媒产业不仅呼唤着高等传媒教育尽快适应媒介市场的快速变化，而且期待着通过高等传媒教育与研究去规范引领传媒业态发展。因此，发展我国应用型传媒人才的核心素养能力，既是解决上文所述的数字学习、生活与工作问题的需求，也是促进实现教育信息化 2.0 的目标和发展学生核心素养的需求，更是培养应用型传媒人才成为全球竞争性人才的需求。

1　国际国内关于高等传媒教育的研究

培养大批具有创新精神的杰出人才既是应对日趋激烈的国际竞争与推动国内社会经济快速发展的强烈呼求，也是高等教育的首要任务与深化改革的客观要求。国外一流大学之所以能够培养出大批杰出人才自然存在多方面的原因，但与它们长期以来形成的极具特色的人才培养模式有着极为密切的关系。

传媒影响世界，教育引领传媒。以新闻传播类专业为例，数据显示，截至2019年6月，国内有近700所高等院校开设了近1300个新闻传播学类本科专业，在校本科生约23万人，其中，有接近60%的“985”“211”高校开设了该类专业，学科专业教学点的不断增加让应用型传媒人才的培养改革更具迫切性。此外，中国还于2019年成功申办2022年世界新闻教育大会，这标志着中国新闻传播类专业向国际学术界迈出了开拓探索、发出中国声音的重要一步，对推动中国特色的新闻传播教育国际化具有重大的指导作用。

1.1　国外关于高等传媒教育的研究

1.1.1　高等传媒教育模式的研究

现代高等传媒教育和人才培养都起源于20世纪初的美国。美国国家教育目标小组（National Education Goals Panel）（1993）早在20多年前就将高层次思维能力定位为美国高等教育的目标之一。美国高等教育改革家亚伯拉罕·弗莱克斯纳认为：“大学不是风向标，不能流行什么就迎合什么。大学必须时常给社会一些社会所需要的东西（needs），而不是社会所想要的东西（wants）。”哥伦比亚大学新闻学院和工程与应用科学学院进行合作，于2010年设立了全美首个新闻与计算机科学双硕士学位，创新了传统新闻学学位的授予机制。美国哥伦比亚大学新闻学院新媒体中心主任约翰·帕夫利克（John Pavlik，

2013）认为，若一家新闻媒体想要拥有活力并能成功，就应该持续创新；若一家新闻媒体要吸引更多年轻人进入数字媒体，就应该将创新创业融入高等传媒教育之中。美国学者霍华德·莱茵戈德（Howard Rheingold，2013）认为，要构建健康的新经济、社会和文化，最好的方式就是培养人们良好的数字媒体使用习惯，提高注意力、对垃圾信息的识别能力、参与力、协作力和联网智慧这五个素养。美国学者 J.Michael Spector，M.David Merrill，Jan Elen 和 M.J.Bishop（2014）在《教育传播与技术研究手册（第 4 版，上册）》中提出，新视角和新观念最有可能在不同范式的交汇处发展起来。美国密苏里大学新闻学院的 Lei Guo 和 Yong Volz（2019）在分析了 669 条美国媒体发布的招聘信息后提出，随着大数据和算法技术的推进，用数据讲故事、数据分析、解读数据的能力成为传媒业招聘的重要参考指标。

联合国教科文组织（UNESCO）（2007）发布了由美国、欧洲、亚洲、南美和非洲的一些新闻学教授编写的新闻教育课程的新模板（没有中国新闻教育者参加编写），强调新闻教育的规范、价值、工具、标准和惯例，以及新闻报道的全球视野，并增加了数据新闻等新课程。该课程模板推出后，好评不断，但也受到一些学者的质疑和批评。例如，有学者认为该课程模板体现出的是“理论上的雄心勃勃”和“实践上的不可操作”。第五届世界新闻教育大会（2019）以数字时代的新挑战、创新实践与新闻伦理等为主要议题进行了研讨并分别提出了发展建议，对智能媒介时代的高等传媒教育很有启发。总体来看，国外的高等传媒教育主要是指新闻教育、大众传播教育和新闻传播教育。美国是世界新闻教育和传播教育的发源地，虽然有不少国家的传媒院校积极效仿美国跟进高等传媒教育，但很少对智能媒体时代的应用型传媒人才培养问题展开系统的研究。为应对互联网、新媒体和媒体融合的挑战，国外的一些高校不断推进传媒教育改革。尤其是“密苏里方法”中的融合新闻专业，直指“数字技术环境下如何向用户提供更好更高质量的新闻内容的教育”。世界经济论坛（2020）发布的报告《未来学校：为第四次工业革命定义新的教育模式》提出了“教育 4.0 全球框架”，并指出，教育学习模式应从基于过程的内容传授转向基于项目和问题的研究性教学。

回顾国外人才尤其是应用型传媒人才培养的教育历史，从实用主义到学科融合，从综合性人才到复合型人才，再到现在的技术思潮，教育模式多样且复杂，而教育变革不断进行，反复又有规律。不难发现，重视人才培养模式的改革创新是国外一流大学培养大批杰出人才的关键。国外一流大学人才培养的多元模式，见表 3–1；国外应用型传媒人才培养的多元模式如表 3–2 所示；密苏里方法的重点领域与兴趣领域如表 3–3 所示。

表 3–1 国外一流大学人才培养的多元模式

国家	国外一流大学	特色	内容描述
美国	哈佛大学	以核心课程与导师制为特色	注重素质、崇尚个性、发挥潜能的“全面发展模式”
	普林斯顿大学	以学科交叉和科研创新为特色	注重研究思维启迪和研究方法训练的“科研激励模式”
	斯坦福大学	以校企合作和实践应用为特色	强调创造力培养和学以致用的“实践提升模式”
英国	牛津大学	以综合性课群和导师个别教学为特色	强调独立思考和心智启迪的“教学相长模式”
	剑桥大学	以模块课程和研讨教学为特色	注重质疑精神和理性思维培养的“自主探究模式”
德国	慕尼黑工业大学	以跨学科课程和产学研相结合为特色	形成跨学科知识结构和实践应用能力的“学与术和谐统一模式”
法国	巴黎高等师范学校	以学术自由和前沿科研为特色	聚焦创造性和自由发展的“科学与人文融合模式”
日本	东京大学	以交叉课程和自由学习为特色	注重文理渗透和基础拓宽的“通专并重模式”

表 3–2 国外应用型传媒人才培养的多元模式

国家	培养模式	对应人物	内容描述
美国	密苏里方法	沃尔特 · 威廉姆斯（Walt Williams）	学院自有九大媒体实践基地，覆盖报纸、杂志、网络、电视、广播、广告、多媒体等领域； 教师几乎全部来自业界，都是自身媒体从业者； 致力于新闻实务教学，强调学生的动手能力培养，“边做边学”； 紧跟传媒业发展趋势，培养能够适应传媒业的实战型人才
	威斯康星模式	威拉德 · 布莱耶（Willard Grosvenor Bleyer）	强调通识教育，新闻学课程只占 1/4

国家	培养模式	对应人物	内容描述
美国	哥伦比亚模式	约瑟夫·普利策（Joseph “Joe” Pulitzer）	不讲授新闻理论，也不愿招收学习新闻理论的生源；不要求教师拥有博士学位，更重视教师的实践能力；以小班讨论的教学方式为特点，强调学生主动参与
英国	学徒制		强调学生边工作、边学习
德国	记者学校		重实践，重技能培训，特别是写作能力的培养
日本	社内教育		通过高校设立新闻与媒体课程，让学生的传媒素养得以提高； 通过社会机构举办专业讲座，让学生与业界专家零距离接触

表 3–3　密苏里方法的重点领域与兴趣领域

重点领域	兴趣领域
融合新闻	无线电融合报道与生产、新兴媒体、企业新闻、电视融合报道、融合新闻摄影、多媒体制作
杂志新闻	杂志设计、杂志编辑、杂志写作、艺术与文化新闻、杂志出版与管理
新闻摄影	新闻摄影、视觉化编辑与管理
纸质与数字新闻	新闻设计、新闻编辑、新闻报道、监督新闻、体育新闻、科学与健康新闻、商务与经济新闻、多媒体平台设计
广播电视新闻	广播电视生产、广播电视报道与主持
战略性传播	媒体策划、公共关系、艺术指导、版权交互、财务管理、调查
特殊项目	国际新闻、个人定制专业

1.1.2　应用型传媒人才需求的研究

长期以来，学生是否具备良好的社会责任感、文化修养与专业素养是美国高校评价新闻教育是否成功的标志。美国著名的游戏设计师、教育专家 Marc Prensky（2001）首次提出“数字原住民”（Digital Natives）和“数字移民”（Digital Immigrants）概念，将那些与互联网同步成长的一代人视为“数字原住民”。世界著名的媒体文化研究者和批评家、美国学者尼尔·波兹曼（Neil Postman）（2005）认为，当学生微笑地沉溺于数字媒介中，却不知微笑的原因时；当学生自认为掌控着“电游”操作杆，实质却是被“电游”软禁时，世界就不再美丽。美国学者 Prrez（2010）认为，“00 后”的大学生虽然常被称作“数字原住民”，但他们评价数字信息可靠性的能力仍很欠缺。美国学者 W.James Potter（2014）指出，当媒介源源不断地为我们提供海量信息时，我们不应该一味地接受，而是要学会选择。欧美国家部分知名大学虽然将专业技能训练与人文素质教育、

续表 3-2

思想思维培养同时作为新闻传播本科教育的三个重点层面，但他们更加看重思维训练，因为他们认为独立的思维习惯和思想能力是优秀的传媒人必备的素质。资料显示，为吸引受众，提高媒体与受众的互动参与率，美国知名新闻媒体（例如美国有线电视新闻网、《华尔街日报》、《今日美国》等）开设10个新兴新闻岗位，包括受众分析员（Audience Analyst）、参与编辑（Engagement Editor）、应用技术创新引领员（Creative Lead of Applied Technologies）、社交媒体和社区编辑（Social Media and Community Editor）、社会发现总监（Director of Social Discovery）、移动项目经理（Mobile Project Manager）、消费体验总监（Consumer Experience Director）、直播编辑（Live Editor）、创新实验室主任（Head of Innovation Labs）和虚拟现实编辑和拼接员（VR Editor and Stitcher）。不难发现，传统媒体对于技术性人才的需求越来越大，即使最传统的编辑岗位，也赋予了更多的洞察力、内部协调的职责。

1.2 国内关于高等传媒教育的研究

1.2.1 高等传媒教育模式的研究

钱伟长（2003）提出，科学技术的迅猛发展让学者们意识到“科学的突破点往往发生在社会需要和科学内在逻辑的交叉点上”。郑保卫（2007）提出，传媒教育要尽可能增加那些能够代表和反映新闻传播领域最新知识体系和新兴媒介技术的内容。胡远珍（2010）、郭彩霞（2012）早已意识到，大众传媒不仅创生了人的公民数字胜任力，而且已成为彰显和培育公民数字胜任力的主要场域。董泽芳、王晓辉（2014）认为，创新人才培养模式必须更新人才培养理念、改革专业设置模式、改变课程设置方式、加强隐性课程建设与重视教学评价方式革新等。陈昌勇（2017）指出，公共性是传媒的本质属性，它体现在传媒以公共利益至上为原则的实践中。陈昌凤、石泽（2017）认为，应该让人工智能更好地体现人的主导性和价值观，最终实现技术理性与价值理性共融。由此，以问题和实践为导引，不仅“整个新闻传播研究的概念框架、思想观念和知识体系都需要重构”，“新闻传播学教育和研究的未来方向也应随之调整”。同时，卜亚敏（2019）认为，要顺应媒体融合的形势，卓越应用型传媒人才培养模式急需改进，要分类对待，对待不同层次的人才需要有不同的培养模式。李晓静、朱清华（2018）指出，智能媒体的技术特质以及由此而来对传媒业造成的影响，是研究当下新闻传播学科育人问题的重要逻辑起点。廖祥忠（2019）还强调，培养德才兼备的应用型传媒人才是新时代传媒院校的新使命和新要求，高等传媒教育若希望确保存在的主体性和价值性，那就必须尽快摒弃传统的教育模式、布局智能传媒理论体系。李华君（2020）意识到，高等传媒教育需要结合时代背景设立课程体系，改进教学方法，更新教学内容，推进多学科的交叉融合，而多元交叉的新闻理论知识图谱、有机复合的媒体实践创新平台、跨域协作的教研融合思维正在推动当前高等传媒教育向学科融合转型。陈小燕、陈龙（2020）提出，传媒教育只有坚守人文价值理性，才能超越并引导传媒业态技术工具理性的发展。巢乃鹏（2020）具体以深圳大学传播学院的人才培养模式改革为例，提出他们将尝试在坚持“高端应用型传媒人才培养”培养体系的基础上，强化对数字素养、技术哲学、新媒介伦理等价值型课程的建设。2021 年 1 月，中国传媒大学挂牌成立通识教育中心设计思维学院（D-School），学院的成立将进一步充实学校通识教育精品课程，与阳明书院、修辞学堂并立成为学校通识教育的重要支柱，发挥本科教育中“厚植文化涵养”“提升写作与反思能力”“孕育创新思维”的重要作用。我国新闻传播类专业教学点数量分布表，如表 3-4 所示。

表 3-4　我国新闻传播类专业教学点数量分布表

序号	专业名称	教学点数量（个）
1	新闻学	326
2	广播电视学	234
3	广告学	378
4	传播学	71
5	编辑出版学	82
6	网络与新媒体	140
7	数字出版	13
合计		1244

1.2.2 高等传媒教育法规政策的研究

为更好地促进和保障高等传媒教育和卓越应用型传媒人才的培养，中央、教育部、国家广播电视总局近十年来还相继发布了一系列政策法规。国内高等传媒教育相关的政策法规，如表 3–5 所示。

表 3–5 国内高等传媒教育相关的政策法规

时间	发布机构	名称	主要内容
2020 年 1 月	国家广播电视总局	“全国广播电视和网络视听行业领军人才工程、青年创新人才工程”	推动行业高质量创新性发展提供坚强的人才支持
2020 年 1 月	教育部	《教育部产学合作协同育人项目管理办法》	促进教育链、人才链与产业链、创新链有机衔接，以产业和技术发展的最新需求推动高校人才培养改革
2019 年 4 月	教育部	“‘六卓越一拔尖’计划 2.0”	全面实施卓越工程师、卓越医生、卓越农林人才、卓越教师、卓越法治人才、卓越新闻传播人才教育培养计划和基础学科拔尖人才培养计划；全面推进新工科、新医科、新农科、新文科建设
2018 年 10 月	中宣部、教育部	《关于提高高校新闻传播人才培养能力实施卓越新闻传播人才教育培养计划 2.0 的意见》(教高〔2018〕7 号)	要紧密结合技术变革新趋势、媒体融合新动向和行业发展新动态，修订完善人才培养方案，健全课程体系，促进跨学科、跨专业、跨院系横向交叉融合，加快培养会使善用“十八般兵器”的全媒化复合型专家型新闻传播人才；强调建设 20 个融媒体实验教学示范中心和 50 个虚拟仿真实验教学项目
2018 年 9 月	教育部	“卓越教师培养计划 2.0”	提出深化信息技术助推教育教学改革、完善全方位协同培养机制等 8 大举措，全面引领教师教育改革发展
2014 年 12 月	教育部	“卓越教师培养计划”	明确“继续实施基础学科拔尖学生培养试验计划、系列卓越人才教育培养计划”
2013 年 6 月	中宣部、教育部	《关于加强高校新闻传播院系师资队伍建设，实施卓越新闻传播人才教育培养计划的意见》	决定在高校新闻传播院系实施“卓越新闻传播人才教育培养计划”，要求注重学科交叉融合，注重现代技术运用，深化高等新闻传播教育综合改革，提高新闻传播人才培养质量，创新人才培养模式
2012 年 2 月	教育部	《教育部 2012 年工作要点》	第 23 条指出：“积极探索文化艺术人才培养改革，启动实施卓越农林人才、卓越新闻传播人才等教育培养计划。”卓越新闻传播人才培养计划被提上日程
2010 年 7 月	教育部	《国家中长期教育改革和发展规划纲要（2010—2020 年）》	按照面向现代化、面向世界、面向未来的要求，适应全面建设小康社会、建设创新型国家的需要，坚持育人为本，以改革创新为动力，以促进公平为重点，以提高质量为核心，全面实施素质教育，推动教育事业在新的历史起点上科学发展，加快从教育大国向教育强国、从人力资源大国向人力资源强国迈进

1.2.3 应用型传媒人才需求的研究

高钢（2007）指出，要提高应用型传媒人才对市场需求的适应宽度，必须从学科专业框架的建设和学科组织框架的建设两个方面着手。王渊明 (2011)、何志武（2013）、郭德刚（2014）认为，当下的应用型传媒人才，应该具备良好的人文素养与职业素养，在其培养过程中应该高度重视学科交叉和媒体融合，唯有如此，才能满足媒体的社会作用和传媒人的社会角色，成为名副其实的高素质的文化传播者。张昆（2014）、骆正林（2020）指出，新闻传播系统通过前所未有的渗透程度，在信息混杂的“乱码世界”给公民一种清晰的声音，决定着整个社会的运行与发展，当代中国需要的卓越应用型传媒人才，必须政治上可靠、业务过硬，而且具有深厚的发展潜力。黄旦（2015）强调，网络思维在智能媒体时代的新闻教育改革中有着极其重要的位置，建议以网络化思维思考人才培养的目标。蔡雯（2015）认为，随着媒体的深度融合，媒介形态正发生着巨变，使得传统媒体的编辑记者的工作任务与理念、服务对象、技术手段等都发生了较大改变。张志安（2015）、张淼（2019）还强调，对高等传媒教育而言，培养出“好公民”远比“好记者”更重要，在培养的过程中，既要强化受众选择信息的理念、理性和技巧，也要强调教师媒介信息知识和技能的更新。刘蒙之（2017）认为，新兴媒体对传媒教育产生了巨大影响，要提升应用型传媒人才应对全新技术岗位的能力，应创新课程设置、着力全媒体人才培养、重视职业素养与性格品行的培养等。崔雪茜（2017）认为，记者在媒体深度融合的进程中，应强化新媒体融合技术学习，掌握数字化技术、计算机技术，适应新媒体传播环境，应有意识地熟练驾驭多种体裁、题材，生产出有厚度、有广度的新闻产品，最大限度吸引用户。胡建金（2017）在分析了地方媒体招聘信息之后，探讨了融媒时代社会对应用型传媒人才的需求及人才必备的素质与如何培养等问题，同时他还提出，融媒人才应建立包括“互联网 +”思维、用户思维、跨界思维、协同思维、精准服务思维等在内的系统思维方式。潘晓婷（2018）认为，融媒时代，具备一切区别于人工智能的，从人出发、超越机器的能力才是智能媒体时代新型新闻人才的根本性优势；智能媒体时代的新闻传播人才需要的不是能够被机器全面接管的程序化写作能力，而是具备更高层次的社会学家的想象力与洞察力。巢乃鹏（2020）认为，未来一段时期传媒教育既需要回应新媒介生态的不断演进，在核心职业技能训练上紧跟媒体变革的潮流，培养真正掌握“融合技能”的人才，更需要注重培养学生的社会关怀、批判精神以及学术研究能力。陈小燕、陈龙（2020）认为，对新闻从业者来说，未来的职业可能是机器人记者和人类记者配合，前者负责快速地发消息，后者负责后续跟进和深入分析，新闻生产的方式将从记者编辑生产转向记者为主智能机器为辅的报道模式；新闻传播职业的挑战，其实一直是在动态中进行的。学科融合背景下应用型传媒人才能力要求如图 3–1 所示；近年来国内应用型传媒人才培养的相关研究汇总，如表 3–6 所示。

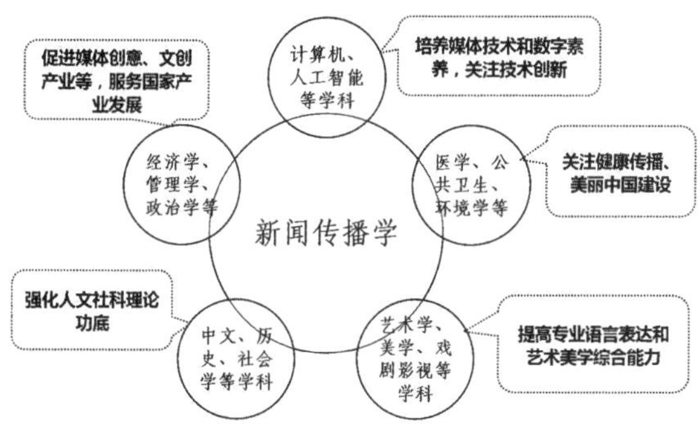

图 3–1 学科融合背景下应用型传媒人才能力要求

表 3–6 近年来国内应用型传媒人才培养的相关研究汇总

关注领域	具体内容	学者
思维	跨界思维、移动互联网思维、数学思维等	曹坤（2012）、喻国明（2015）、杨溟（2015）、王康（2015）、崔保国（2016）、白选林（2016）、颜璇（2017）、崔林（2019）
教学	实践教学、沉浸式教学、教育场景等	董天策（2009）、俞锫（2010）、何志武（2013）、吕萌（2014）、张志祯（2016）、冯霞（2017）、赖宇（2018）、赵新利（2018）、陈佩芬（2019）、梁福春（2019）、袁振宁（2019）、姚争（2020）、孟越（2020）、王春美（2020）、姚争（2020）、史安斌（2020）
平台	实践平台搭建、工作室制等	余林（2013）、白贵（2014）、戴蔚（2015）、许志强（2015）、覃力立（2016）、姚倩（2016）、韩永青（2018）、刘彤(2018)、陈忠正（2019）、卜新章（2019）、吕宗礼（2020）
合作	产学研、校企（媒）合作等	周哲（2013）、赵树旺（2013）、张惠（2015）、韩永青（2016）、杨萌芽（2016）、吕静（2017）、李虹（2017）、张海欣（2017）、胡睿（2020）、张国伟（2020）、王冬冬（2020）

续表 3-6

关注领域	具体内容	学者
素养	数字素养、信息素养、媒介素养、人文素养、法律素养、智能素养、通识素养等	欧阳霞（2014）、姚忠保（2014）、耿益群（2016）、李荣（2016）、赵雯（2016）、范玉吉（2016）、江龙军（2016）、邱凤香（2017）、纪楠（2017）、曾凡斌（2017）、秦瑜明（2019）、陈淼（2019）、栾轶玫（2019）、彭颜红（2020）

1.2.4 高等传媒教育不足与改革的研究

媒体融合发展是传媒领域一场重大而深刻的变革，是传播学学科核心范式的演化进路，若只从技术发展的角度来理解媒体融合显然是不能满足行业发展需求的，而应上升到人类生存和发展的层面来深入的思考、研究和应对。在融合语境下，传媒产业格局在变，信息传播图景与叙事方式已发生改变，信息生产和信息服务的方式亦已发生改变，这些变化自然对应用型传媒人才培养的理念、目标和方式提出了新的要求。当前，高校的传媒院系都根据自身的办学条件和对媒体融合的理解，纷纷对应用型传媒人才培养模式进行改革，并逐渐摸索出一些经验，但也出现了一些共性的问题：应用型传媒人才培养理念与培养目标的“两张皮”现象突出，在应用型传媒人才培养过程对学生的学习过程重视不够，应用型传媒人才模式创新的高度和力度不够，等等。

具体到当前我国应用型传媒人才教育的实际情况，同样面临诸多困扰。国内学者黄侃（2004）于 10 多年前便提出，高等传媒教育正在由单学科侧重技能训练的教育向多学科侧重素质教育的方向演变。蔡雯（2009）认为，新闻传播的规则、流程、渠道与方式已发生了变化，传统新闻教育面临着诸多挑战，并提出了课程改革与专业设置等方面的应对策略。当然，也有学者意识到当前的高等传媒教育还存在实践脱节于理论及实践性不足等问题。胡正荣（2009）在探究应用型传媒人才培养的现状的基础上提出了当前传媒教育面临的困境，如高等教育呈现“千校一面”“千院一面”“千系一面”的状况，传媒专业的划分依然参照工业时代的标准，学生无法满足多元传播方式的应用型传媒人才需求等。王渊明（2011）、刘磊（2012）、彭少健（2014）、赵雅文（2016）、张海欣（2017）等学者认为，传媒业“数字化变革”已成为引领行业发展的动力源，但我国高等传媒教育长期处于供需错位（结构、数量、类型、能力）状态，传统的“学校粗加工、企业深加工、社会精加工”的“粗略化”应用型传媒人才培养模式，已不能完全、及时适应现代传媒发展的新要求，使得用人单位对高校培养的应用型传媒人才不甚满意，甚至“一年不如一年”，特别是适应传媒业数字化、产业化发展的卓越应用型传媒人才十分缺乏。李佳敏（2014）认为，当前的教育面临诸多挑战：学科发展从“高度分化”走向“交叉融合”，知识生产从“学科中心”转向“问题导向”，人才培养从“专业教育”迈向“跨学科教育”，单科成绩突出专才难以应对瞬息万变的应用型传媒人才市场需求。张芹（2014）认为，目前的新闻教育过于注重培育学生的专业技能，但却忽略了夯实其今后发展的基础，使得毕业生处于被动适应社会需求的状态。周剑（2015）认为，传统的、灌输式的、单向度的教育模式已无法满足“数字世代”大学生的学习需求，因为他们更期待通过数字媒介进行交互式或任务参与式学习，甚至自主学习。余克光（2015）认为，新闻传播人才培养“卓越计划”，既与新闻传播及其人才培养在意识形态工作中的重要地位相关，更与近年来国内外新闻传播业界与学界的一些深刻变化相关联。周怡（2016）认为，当前的高等传媒教育存在诸多危机，如教学目的不明确，人才培养方式过于相似、课程设置不科学等。张晋升（2017）认为，当前的高等传媒教育出现了诸多不足，如教学内容没有及时更新、教学队伍缺乏危机意识、教育模式过于落后等。陈昌勇（2017）、严三九（2018）指出，面对日趋复杂的社会和舆论环境，高校现有的教育机制与卓越人才培养之间存在深层矛盾，时下的新闻传播教育综合改革之根本在于：重新确认社会对应用型传媒人才的要求及其应该具备的素质。丁柏铨（2019）认为，记者在新闻采访报道中，应注重人文关照、体现人文关怀、具备人文情怀。这些研究客观描述了当前我国应用型传媒人才培养面临的机遇、挑战和新课题并且提出了改革方向，几乎所有的文献在谈到如何应对瞬息万变的媒介环境时都会提出学科融合是新闻传播学教育的前景和发展方向。

1.2.4.1　培养目标的适切性问题

现实中的多数情况是，人才培养理念与培养目标“两张皮”的现象还十分突出，培养目标很难贯通到人才培养的全过程。有一些院校强调“全媒体”人才的培养或通识复合型人才的培养，事实上在有限的四年大学时光中很难兑现其承诺，是一种“虚高”的目标。应用型传媒人才的培养目标虽然提及“新媒体”“融媒体”“全媒体”“智媒体”，但整体上还是反映出对传统媒体的迷恋和固守，对新兴媒体的岗位适切性不足，对“泛媒体”行业的职业面向没有引起足够的重视。

当今时代，科技发展迅速，产业结构不断升级，传统的人才培养体系和模式与社会需求脱节，造成学生能力低下和就业困难。传统人才培养模式的弊端越来越被人们所重视。

1.2.4.2　培养模式的单调性问题

基于不同的视角、不同的学习理论和学习实践，可以看到不同的学习维度。伊列雷斯教授概括凝练出的内容、动机、互动三纬度（如图 3–2 所示），可以视之为学习过程的核心维度。内容纬度关注的是“学生学习什么”，动机纬度关注的是“学生为什么要学习”，互动纬度关注的是“学生如何学习”。可以看出，这三个维度都以学生为中心来思考问题、以学习为主轴来解决问题。

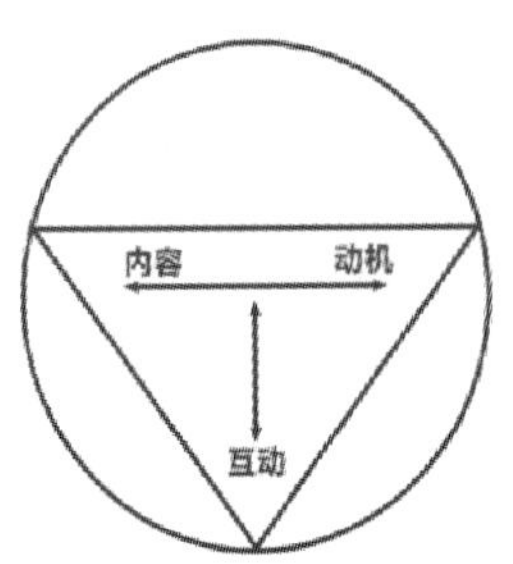

图 3–2　学习的三个维度

目前应用型传媒人才培养的现实情况如表 3–7 所示。这也导致人才培养质量受到多方诟病，这种状况下亟待改观。重新审视培养过程，从学生的学习过程入手，强调内容、动机和互动的有机结合，这种思考路径和解决现实问题的方式。在融合语境下具有特别的意蕴。

表 3-7　目前应用型传媒人才培养的现实情况

	占多数	占少数
整体	重视培养过程	重视学习过程
	重视内容	重视动机和互动
内容维度	重视教学内容	重视学习内容
	重视学科导向	重视问题导向
动机维度	重视教师动机	重视学生动机
互动维度	形式上的互动	深度互动

我国传媒教育中长期存在的培养目标较业界发展滞后、实践与理论脱节，培养方式与信息技术脱节，师资队伍总体上缺乏媒体工作经验，以及专业方向和课程体系难以适应融合的问题，在融合语境下更加凸显。

1.2.4.3　培养范式的转接性问题

国内高校的传媒院系普遍认同媒体融合对应用型传媒人才的培养形成挑战，但对媒体融合的全面性、深刻性和颠覆性认识不足，因此在理念上不能从“范式转换”的高度对现行的应用型传媒人才培养模式进行创新性改革。随着媒体融合的深入推进，各高校在传媒教育改革的必要性上已形成共识，关于如何更好地在融合语境下培养应用型传媒人才的实践和研究也日渐增多。但是，大多数国内高校并没有从学科融合和专业融合的视角来展开，而更多是以课程渗透和院系更名的方式来顺应这股潮流。从现有情况来看，尽管不乏成功的个案，但国内传媒教育在应对媒体融合方面总体上处于较为谨慎的起步与探索阶段。

随着媒体融合的深入推进，传媒院系在传媒教育改革的必要性上已形成共识，关于如何更好地在融合语境下培养应用型传媒人才的实践和研究也日渐增多，但尚未形成应用型传媒人才培养的系统性解决方案。

2　历史的考察：理解信息技术与人才培养模型

现代信息技术的革新推动了社会发展，改善着人们的生活环境。但是，当信息技术全面渗透到人们生活与工作中时，人们也深刻地感受到信息技术的潜在影响。“程序式”的工作模式，纷繁复杂的问题都让人们对信息技术有了更深入的思考。

技术就是一种文化现象，并始终与学习文化相互渗透、交叉与共生。在文化变迁的过程中，技术手段的创新表现最为明显。但是，当我们吸纳20世纪以来媒介环境学、新史学、新文化史、社会认识论、科学哲学、经济学、教育的“技术”发展史等相关领域的研究成果，在媒介技术——教育变革之间，添加传播特征、社会传播结构、交易成本等几个中介变量，就形成了解释媒介技术影响社会发展、教育变革的完整逻辑路径，如图3–3所示。因此，系统、全面地理解信息技术，将有利于理解媒体融合发展新阶段与应用型传媒人才的培养。

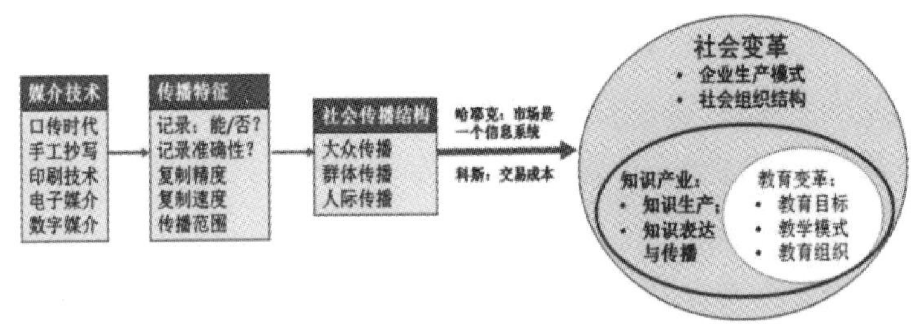

图3–3　媒介技术影响社会发展、教育变革的完整逻辑路径

2.1　理解信息技术

2.1.1　技术“工具观”

信息技术“工具观”认为信息技术是人们在改造世界过程中发明创造的工具，是以通信、电子、计算机、自动化和光电等技术为基础，是产生、存储、转换和加工图像、文字、声音及数字信息的一切现代高新技术的总称。这种观点强调了信息技术的“中性”特征，将信息技术等同于技术实体，反映出技术只是偶然地与它们所服务的实质价值相关联，而与它被应用得以实现的各种目的没有关系。技术“工具观”虽然清晰表明了信息技术在具体应用中的显性功能，以技术结构的方式进行了解释和说明，也容易为人们接受和理解，但是它却简

化了信息技术、人与社会的关系，将信息技术与社会环境割裂开来，在突出技术本身应用价值时，却忽视了应用过程中表现出来的复杂社会关系。

2.1.2　信息“系统观”

网络技术的发展与广泛应用，信息技术被赋予了更丰富的含义，人、硬件、软件、数据和通信网络构成了个人的、组织的、跨组织的甚至是全球的信息系统。这种观点从系统的角度理解人与信息技术的关系，认为人们是在有意识、有目的地应用和管理着信息技术。相对于将信息技术等同于物质实体，信息系统观从人的角度来理解信息技术无疑是一个很大的进步。但是，这种进步也只局限于用户对信息技术的单向使用层面，强调了信息技术对人类社会发展的积极作用，却忽视了信息技术潜在的“负面影响”。事实上，当信息技术在为我们带来便利和轻松的生活条件时，同样制造着这样或那样的麻烦，传递着它本身所固有的信息。麦克卢汉早在20世纪60年代就对技术的本质进行了剖析，指出“每种新技术的出现，无论其所传递信息的具体内容怎样，新技术本身就会给人类社会带来某种信息，并在一定程度上引起社会的变革，就这一意义而言，技术本身就代表着时代的信息”。因此，生活在信息社会中，如果是看到人对信息技术的掌控关系，低估了技术对人类的负面影响，随着现代信息技术高度程序化的发展，当人完全融入信息技术系统中，是人们也很有可能为技术所控制乃至成为技术的“奴隶”。

2.1.3　信息“生态观”

信息“生态观”从社会环境的角度整体理解信息技术、人与社会的关系。该观点认为信息社会的快速发展，信息技术已不再是简单地创造物质财富的技术工具和技术系统，信息技术的每一次革新都深刻地影响着人的生活习惯和思维方式，乃至改变着整个社会生态环境。德国学者昆特（Thorsten Quandt）依据“人的生存空间”理论，分析了技术生态系统中各要素的互动过程，建立了“技术应用的三角模型”，认为用户的知识结构和生活方式影响着他们对技术的选择和应用；信息技术应用不仅反映了用户需要的特征，同样会把一些附属特征强加给用户，改变用户的特征，社会环境同样也影响着技术的应用的发展。技术、人与社会三者中，每一要素的变化都会影响到整个媒介生态环境的变化。由此可见，在复杂多样的信息社会中，对于信息技术的理解也不能只是“中性”的技术工具，还需要考虑技术、人、社会的相互关系，理解信息技术对社会正、负方面的影响。在信息技术教育研究中，如果“只谈信息技术发展，忽视信息技术的社会人文特征”或“只谈信息社会的表面问题，忽视引发问题的内在技术原因”都是不全面的，甚至还有可能会引发更复杂的社会问题。

信息技术“工具观”“系统观”“生态观”是人们对信息技术认识的个发展性连续体。这个连续体既反映信息技术对人类生活的影响程度，也表现出人们对信息技术的认识层次，一定程度上也就影响着学校信息教育的开展。

2.2 应用型传媒人才培养的基础模型

伊列雷斯教授在多年研究的基础上提出了学习过程三维度——内容、动机、互动，而不同维度又可给人才培养带来不同的思考。例如，通过内容维度，可让个体养成作为一个整体的机能性；通过动机维度，可让个体发展自身和环境的敏感性；而通过互动维度，又可让个体发展自己的社会性。伊列雷斯关于学习的三个基本维度是对学习过程模型的升华。一些高校在应用型传媒人才培养过程中比较重视学生个体机能性的训练，比较忽视敏感性和社会性的培养，伊列雷斯的学习维度模型对于建构人才培养的元模型有重要的启发意义。从学习的核心维度出发，基于连接主义学习理论的基本观点。

学者李明海根据伊列雷斯的学习过程三维度，将该模型整体呈现出一张笑脸，如图 3–4 所示。他认为，学习并不轻松，但有意义的学习应当是身心愉悦的旅行。“眼睛是心灵的窗户”，学习内容好比学习者的一只眼睛，学习动机好比学习者的另一只眼睛；互动则好比学习者的嘴。这也契合了中国古代讲究“心到、眼到、嘴到”的学习思想。“伶牙俐齿”加一双“明眸”，让乐学、真学和善学的学生“笑对学习”。同时，该模型在每个维度上都增加了当前社会文化语境对学习的提升元素。

内容内容：思维训练、技能获得、德行养成
动机：学生动机、教师动机、机构动机
互动：师生互动、人机互动、圈层互动

图 3–4 应用型传媒人才培养的基础模型

2.2.1 应用型传媒人才培养的内容维度

内容维度一直是国内高校传媒院系在人才培养中的着重点。在媒体融合语境下，几乎所有的传媒院系都在不断地修订各专业的人才培养方案，而培养方案修订的重点是课程改革和课程体系创新。媒体融合是当今媒介生态系统发展的基本趋势，按照传统的课程体系培养新闻人才已难以满足融合语境下应用型传媒人才的新要求。新闻学专业的课程设置必须突破以往专业方向和课程设置单一割裂的局限，建立跨学科、跨文化、跨媒体、更具开放性与兼容性的知识体系、课程体系和教学体系。同时，面临“网络化关系”这种“事实性知识”，原有新闻学所强调的“原则性知识”需要进行重造。近年来，国内高校针对媒体融合的传媒教育改革逐渐增多，频繁修订人才培养方案，课程体系调整的力度很大。对此，重庆大学新闻学院院长董天策教授说，与其说是调整和修订，更准确地说是重构。

针对新媒体崛起和媒体融合发展，在传统的新闻业务课程中增加一些大数据、可视化和全媒体的内容，本无可厚非。但是，在当前信息爆炸、知识获取便捷的互联网时代和新媒体时代，课程并非内容的全部，除了课程内容，还有大量的学习资源进入内容维度。高校的应用型传媒人才培养，应摒弃一些过时的内容，适时增加一些新的内容，以开放的视野整合相关内容，在思维训练（特别是互联网思维）、技能获得（特别是融媒体技能）、德性养成（特别是敏感性和合作意识）等方面为学生提供合适的学习内容。

2.2.2 应用型传媒人才培养的动机维度

内容不可或缺，动机也不可缺席。在当前复杂的社会文化语境和多样的学习环境中，不但学生的学习动机呈多元化趋势，诸多参与人才培养进程中的主体动机也对学生的学习产生深刻的影响，如教师的专业发展动机、学校的事业发展动机等。

学习具有个体性与社会性的双重属性，个体性变量和社会性变量的“共变互构”，才能构成大学生学习的“生成性动力”。事实上，当今的传媒学子，他（她）们已经不满足于在课堂上习得知识和被动接受教师的劝诫，他（她）们更在乎意义和实践，更在乎参与与互动，更看重“作为经验的学习”“作为行动的学习”“作为成长的学习”“作为归属的学习”。

高校的传媒院系在革新课程内容和创新课程体系的同时，普遍重视专业实践和实践教学体系改革，这对激发和维持学生的学习动机、身份认同和成才愿景具有重要作用。国内高校传媒院系已经关注到社会对融合型应用型传媒人才的需求，并在人才培养方案上做了相应调整，国内一些高校加大了实践基地的建设步伐，不少传媒院系都建立了全新的实验实训平台，有条件的高校还建立了网络编辑实验室、数字出版实验室、融媒体演播室、网络电视台、手机电视台和自媒体矩阵，打造集成数字平面媒体、数字影视媒体、新闻和新媒体等四大实训平台的综合性实验实训中心。

2.2.3 应用型传媒人才培养的互动维度

关于互动维度，除了学习者与学习内容的互动，更为广泛的互动在人与人、人与环境之间展开。在融合语境下，人与人的互动包括师生之间、学伴之间的面对面交流，也包括媒介化的师生互动、学伴互动。人与环境的互动包括课堂环境中的互动、校园环境中的互动、社会环境中的互动和虚拟现实环境中的互动。同时，在新技术的支持下，学生与学习内容、学习环境之间的互动将更为频繁、更加生动。

在互联网时代的媒体融合语境下，个性化学习和合作学习的机会越来越多，影响学习的因素也增多。在这种背景下，互动维度显得更加重要。拿合作学习来说，有人通过解释结构模型法分析影响学习的因素以及各因素之间的关系，得出的结论是，“学生的学习态度、交往技能、合作学习的合作奖励以及团队的互动形式是影响合作学习最直接的因素，对合作学习的有效实施起关键的作用”，并且，学生的学习态度直接受到学生的学习环境、生活环境的影响。

从教学设计的角度看，SCCS 双联通模型（如图 3–5 所示）把教学设计分为三个明显的阶段：对基础知识与基本技能的深度理解为第一阶段；第二阶段，教师应用形成性评价和总结性评价对学生的专长知识进行评价，专长知识水平主要涉及知识结构、认知功能以及情感表征三个方面；第三阶段，教师对所涉及的学习资源进行排序和搭脚手架，设计学习体验和教学，以方便学生对这些资源进行选择、组织和整合。

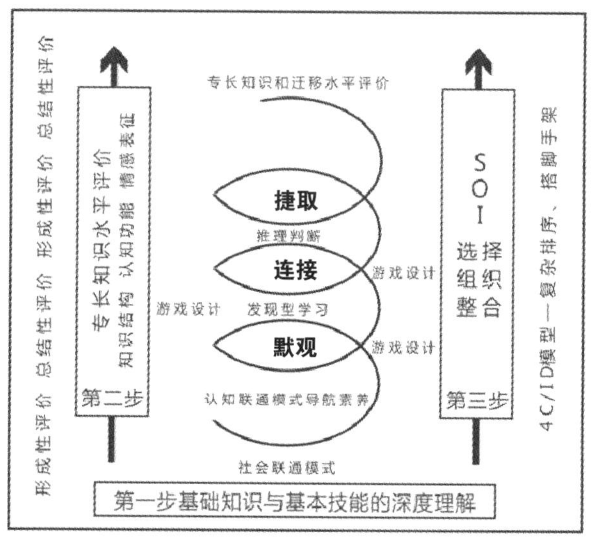

图 3–5　基于连通主义的双联通模型（SCCS）

从学习设计的角度看，双联通包括认知联通（Cognitive Connectedness）和社会联通（Social Connectedness）。认知联通包括数字导航、发现型学习、推理判断，社会联通包括连接（Link）、默观（Lurk）、捷取（Lunge）。该模型的建构者桑塔格认为，除了认知，网络时代的学生可以与其他兴趣相似或相同的人建立连接；他（她）们具有默观的愿望和能力（默观即观看别人如何做他们想做的事情）和捷取的愿望和能力（捷取即热情地投入和尝试新的事情）。从以上模型可明显看出，认知联通和社会联通形成交叉螺旋上升的关系。

正是如此，学者李明海从学习的基本过程出发，还尝试性地建构起应用型传媒人才培养的框架模型，并提出了面向媒体融合的应用型传媒人才培养模型，如图 3–6 所示。

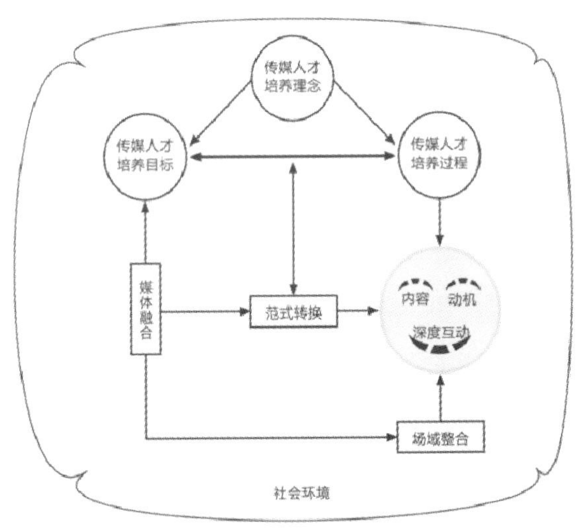

图 3–6　面向媒体融合的应用型传媒人才培养模型

学者夏维波、王鹏（2017）则把应用型传媒人才的培养定位描述为一个正三棱锥体“331 素质”（如图 3–7 所示），即“培养有效参与时代所需的传媒产品生产与传播的应用型传媒人才培养”，包括时代所需传媒产品的生产与传播能力、对发展变化的传媒业态能够“有效参与”、具备“内容为王”和“技术为王”的“内外双功”等能力。同时，他们把具有功底扎实、视野开阔、思维敏捷、能够实战的应用型传媒人才描述为有尖、有棱、有底的“金刚石型人才”，所谓“磨砺金刚钻，揽得瓷器活”。“331 素质”之间的关系是：无尖不锐，唯尖不韧；无棱不专，唯棱不坚；无底不厚，唯底不用。

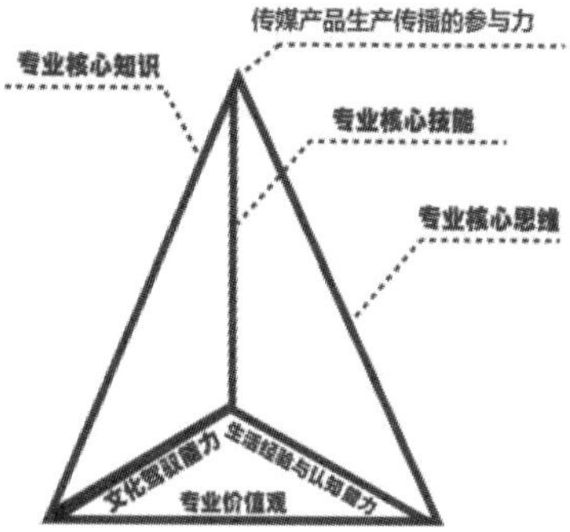

图 3–7　“331 素质”的结构形态

3　现实的追问：面临的重大挑战

媒体融合发展是传媒领域一场重大而深刻的变革，是传播学学科核心范式的演化进路，若只从技术发展的角度来理解媒体融合显然是不能满足行业发展需求的，而应上升到人类生存和发展的层面来深入的思考、研究和应对。在融合语境下，传媒产业格局在变，信息传播图景与叙事方式已发生改变，信息生产和信息服务的方式亦已发生改变，这些变化自然对应用型传媒人才培养的理念、目标和方式提出了新的要求。当前，高校的传媒院系都根据自身的办学条件和对媒体融合的理解，纷纷对应用型传媒人才培养模式进行改革，并逐渐摸索出一些经验，但也出现了一些共性的问题：应用型传媒人才培养理念与培养目标的“两张皮”现象突出，在应用型传媒人才培养过程对学生的学习过程重视不够，应用型传媒人才模式创新的高度和力度不够，等等。高等传媒教育面临的冲击如图 3–8 所示。

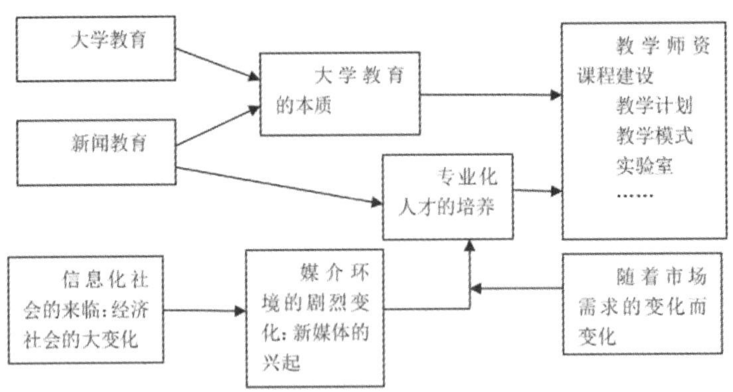

图 3-8　高等传媒教育面临的冲击

彭兰（2016）认为，未来媒体发展的趋势是万物皆媒。胡正荣（2017）认为，智能科技的进步正在推动未来的媒体朝着更加智能化、交互化、多元化和个性化的方向发展。张昱辰（2018）认为，技术与人类的关系由来已久，从视觉、听觉到触觉，技术不仅仅是人的延伸，而且与人的身体结为一体。刘婷等（2018）把“身体”作为理解麦克卢汉媒介理论的关键，认为麦克卢汉不仅将其研究假设建基于身体之上，而且始终聚焦于身体的技术延伸（媒介）及其影响。杨妮、孙华（2019）认为，人工智能技术已渗透到新闻生产的各个环节融合，人机协作将是未来新闻生产的主要工作模式。张琛（2019）认为，高度智能化的新媒介平台为内容生产的创新带来更多可能性，由此也引发了媒体的三种转变：一是从受众思维到用户思维的转变，二是从内容生产到信息服务的转变，三是从传统发行、点播方式到新内容分发系统的转变。丁柏铨（2019）认为，智能媒体和记者在新闻采访报道中，应注重人文关照、体现人文关怀、具备人文情怀。胡智锋、雷盛廷（2020）意识到新的传媒技术让传媒走向“非线性”“智能化”“融合式”的生产模式以及“点对点”“移动化”“开放式”的传播模式，对传媒的生态格局也产生了较大影响，由此构成中国主流媒体面临的新的技术环境。

这些研究描述了当前我国应用型传媒人才培养面临的机遇、挑战和新课题，并且提出了改革方向，几乎所有的文献在谈到如何应对媒体融合转型时都会提及媒介技术与数字素养能力的培养。

3.1 时代响应：数字技术正重新“定义”人才的能力标准

美国麻省理工学院媒体实验室的创办人兼执行总监尼古拉斯·尼葛洛庞帝（Nicholas Negroponte）教授早在1996年便在其著作《数字化生存》中指出，信息技术的发展让人类社会已迈入崭新的“比特”时代，无所不在的“信息DNA”不再只和计算机有关，她正重构着信息社会并带来了生存新定义，人类社会将生存在一个虚拟的、数字化的活动空间中。同时，数字世界又常被误认为是“法外之地”，导致社会中出现了铺天盖地的网络谣言、防不胜防的数据泄露、惩之不尽的网络欺凌等现象等，让道德与法律的底线不断受到冲击，数字化生存给公民个体安全、社会和谐乃至国家政权稳定带来了巨大的挑战和风险。

根据《2020年全球数字报告》可知，全球各种社交网络的总用户规模已突破38亿大关，而全世界总人口只有77亿人，即全世界有49%的人口在使用社交网络，另外全球的互联网用户至今已经达到了45亿，即只有较少的网络用户尚未接触到网络平台。不同时期的不同连接模式，在不同方向上满足了人们的社会关系需求；不同的媒介通过不同的连接方式构建社会的发展状态。数字世界是现实社会的“矩阵模拟”，更是现实社会在虚拟空间的精确映射和服务创新。数字化时代的信息拥有者与流量占有者逐渐取代职别高低、财富多少、地位贵贱等传统标准，成为社会权势与运行规则的一个新标尺。在数字媒介与现实社会交融的“社会技术现实”（Socio-technical Reality）中，公民生活大规模从物理空间转向数字化空间，并通过数字化实现连接和重塑，必将引发公民的认知与表达方式、人生与社会价值观念、生活与生存方式等呈现和连接出新的形态和新的模式。中国2005年至2019年数字经济占GDP比重由14.2%提升至36.2%，各行各业数字化速度几乎快于其他任何市场，使中国公民的数字媒介消费方式发生了根本性变化。尤其是2020年暴发的新冠肺炎疫情，在短短的几个月内，新冠肺炎疫情极大地加速了公民数字消费行为模式的持续变化。这些新形态和新模式将让传统媒体时代所倡导的媒介素养难堪大任，并让数字素养能力成为人类融入社会与数字文化环境的关键。一个具备数字意识、数字头脑和数字技能的数字公民更容易获得成功。消费者行为模式的转变如图

3–9 所示。

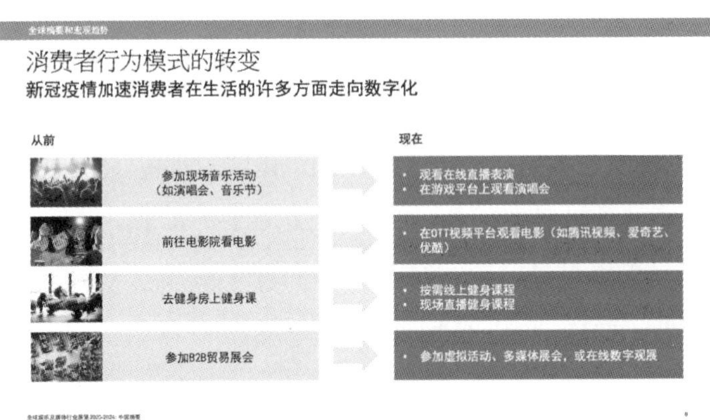

图 3–9　消费者行为模式的转变

21 世纪的人才应该具有怎样的能力素质，才能满足未来社会发展的需求和生存于数字社会？美国、英国、澳大利亚、日本等国家与国际组织，都对急切需求或期许的人才给出了相应标准。美国在 2002 年成立了“21 世纪技能合作组织”（Partnership for 21st Century skills），制定了《21 世纪学习框架》（*Framework for 21st Century Learning*）。2007 年，该组织将这一框架进行了更新，认为 21 世纪需求最多、最紧急的技能是信息、媒介和技术技能，生活与职业技能，学习与创新技能，这三项技能都与数字素养能力离不开。各类国际上影响比较大的学生评估项目，如国际学生评估项目（Program for International Student Assessment，PISA）、国际数学与科学趋势研究（Trends in International Mathematics and Science Study，TIMSS）等均将测量学习者数字素养能力作为重要内容。可见，随着引领社会的 IT（Information Technology，信息技术）技术向 DT（Data Technology，数据技术）技术转变，国际社会对人才在数字能力素养方面的要求和标准也在发生变化，甚至开始重新定义人才的标准。在此背景下，越来越多地认识到数字素养能力在未来竞争中的关键作用，并将数字素养能力发展置于关乎国家前途的高度，纷纷开展系统性、战略性的教育，我国也着力推动“立德树人”和发展学生的核心素养，冀望通过教育教学系统变革确保其国民为 21 世纪数字化世界做好准备，有能力积极参与到社会和经济发展之中。面向 21 世纪的学习目标框架如表 3–8 所示。

表 3–8 面向 21 世纪的学习目标框架

框架名称	21 世纪学习框架（P21）	21 世纪技能评估与教学（ATC21S）	21 世纪技能（NCREL）	学生教育技术能力标准（ISTE–S）
发布组织	Partnership for 21st Cen–tury Skills	The Assessment and Teaching of 21st Century Skills	NorthCen tral Regional Educational Labor)	International Society for Technology in Education
目标维度	生活和职业能力 学习和创新能力 信息、媒体和技术能力 核心学科和主题	思维方式 工作方式 工作工具 生活技能	数字时代素养 创造性思维 有效沟通能力 高产出	创新与变革交流与协作 熟练运用信息开展研究 批判性思维、解决问题与决策 数字化时代公民的职责与权利 数字技术操作与概念

目前，美国新媒体联盟（New Media Consortium，NMC）（2016）在其发布的《数字素养：NMC 地平线项目战略简报》中指出，高等教育界已基本达成一组数字素养模型（如图 3–10 所示）的共识，该模型涵盖批判性和实用性二个维度的三类维度：一是通识素养，即熟练使用基本数字化工具（包括办公自动化软件、图像处理软件、云内容和云应用、网页内容编辑工具等）的能力；二是创新素养，即在通识素养的基础上掌握一些挑战性技能（如音视频创建与编辑、动画制作、编程、电脑硬件设备知识、数字公民和知识产权知识），进而开展创新活动的能力；三是跨学科素养，即不同学科和不同学习情境的课程融会贯通的能力，如新闻学对以计算机为媒介的人际交互的研究等。

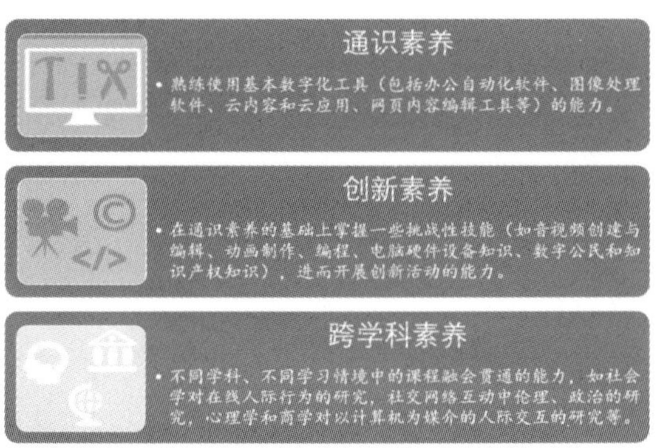

图 3–10 NMC 数字素养模型

3.2 现实问题：我国大学生在数字学习与生活中面临严峻挑战

2016 年世界经济论坛发布的《全球信息技术报告》（*The Global Information Technology Report*）显示，我国的网络就绪指数（Network Readiness Index，NRI）在全球 139 个经济体中，排名仅为第 59。而第 47 次《中国互联网络发展状况统计报告》显示，中国的网民数量从 2012 年底的 5.6 亿，快速增长到 2020 年 12 月底的 9.89 亿，互联网普及率 70.4%；手机网民规模超过 9.86 亿，只有不足 1% 的网民不会使用手机上网；人均上网时达到 28.0 小时 / 周。通过以上两个报告可以发现，尽管通过互联网来完成日常生活中的各项要求以及休闲娱乐，如社交媒体、移动支付、在线学习、虚拟游玩、远程协作等，已是当下中国人尤其是年轻人正常生活不可或缺的组成部分，学生对互联网的使用正在向纵深方向发展，但是与信息技术的创新应用相关的 NRI 却不甚乐观，在整体上反映了我国政府、企业以及社会各行业在信息技术的应用、生产和创新能力方面的不足。这也说明，我国在培养学生数字素养能力方面存在问题。

一项针对全球年龄小于 25 岁的年轻人的调查显示，年轻人平均每天将休息时间的 36% 用于上网，美国年轻人和英国年轻人比平均数据稍低，分别为 30% 和 28%，而中国年轻人却是全球平均数的 1.5 倍，达到了 50% 之多，且主要用于娱乐消遣而非学习、创新乃至创造生产力，步入了数字化的使用误区。事实上，中国不在少数的大学生过度沉溺于网络或游戏不可自拔，或变成手机不离身的“低头族”，或现实生活中很少与人沟通，不仅缺少对现实世界的认识观察和逻辑思考能力，而且缺少对社会现象必要的领悟力和洞察力，从一定程度上反映出大学生数字素养能力的缺失。另有研究表明，大学生在数字素养能力方面存在较多问题，如获取信息途径单一，数字检索能力缺乏；数字交流互动频繁，规范意识有待提升；数字内容的创建和表达能力有待加强；数字安全意识薄弱，自控能力有待提升；解决问题能力较弱，自主创新能力不强等。

数字素养能力教育和其他教育一样，通过对人的基本数字素养能力进行培育，实现人的“社会个体化”和“个体社会化”过程。个体的社会化指的是个体的“自然人”成长为“社会人”，并逐步适应社会生活的过程，“自然人”

必须掌握社会生活中必须的知识、技能、行为方式才能融入到社会中成为“社会人”。具体到大学生社会化，大学生需要掌握基本的生活技能和劳动技能，学习和遵从社会行为规范，促进正确价值观念发的形成等。在“终身学习”正逐渐成为共识的当下，大学生群体在未来的工作生活中必须不断充实自己持续提高各方面的素质，才有可能在正规的课堂教学环境之外进行学习的延伸，才能各种复杂的环境中进行独立地生活、工作和学习，才能跟上时代的步伐，更好地应对全球化竞争。站在个人的视角来看，数字素养能力折射着大学生在“在线环境下有效地与网络时代相融合”的能力；站在国家的视角来看，数字素养能力在提高大学生劳动力素质、缩小数字鸿沟、净化网络空间等方面，同样有着不容忽视的必要意义。

3.3　创新扩散：大学生数字素养能力教育具有引领、示范和辐射作用

技术的变化仅仅提供了新的媒介形式，真正掌握技术和权力的组织与个人会借助于新媒体再次塑造于己有利的舆论环境，受众表面上的被赋权，也只是被控制的新体现。新媒体环境下，涵化理论也正在发生变化。一方面，观众主动性提高带来涵化效果分化，涵化向度由单向度整合变为双向度批判；另一方面，技术创新和媒体变革带来涵化关系深化，涵化基础在政治经济权力上增加了技术权力控制。新媒体环境下涵化理论的发展如图 3-11 所示。

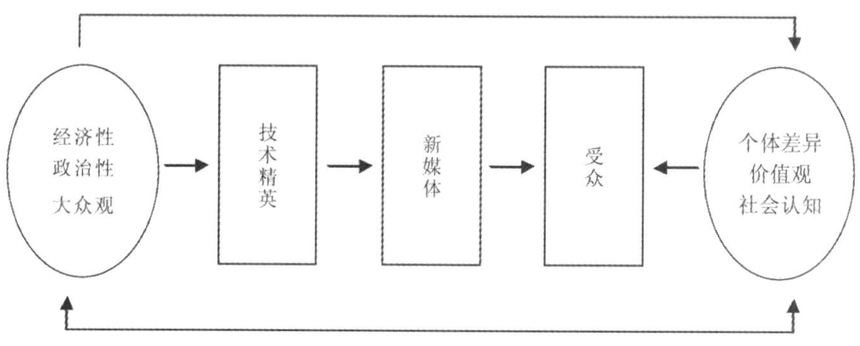

图 3-11　新媒体环境下涵化理论的发展

同时，创新扩散理论告诉我们，在一定范围内，技术的扩散总是少数领先用户使用后，再在其他领域或更大地域空间开始应用。“传播学鼻祖”、“传播学之父”、美国学者威尔伯·施拉姆（Wilbur Schramm）认为，用户判断其在大众传播媒介上搜索信息是否有效，主要是看他们的搜索意图和动机是否得到满足。欧洲符号学创始人、语言学家、瑞士学者费尔迪南·德·索绪尔（Ferdinand de Saussure）认为，每一个语言符号都包括了“能指”（符号形式）和“所指”（符号所指代的对象）两个部分。现代符号学之父、逻辑学家、美国学者查尔斯·桑德斯·皮尔士（Charles Sanders Peirce）在索绪尔的认知上提出了“意指过程”，其处于符号形式和客体对象的指称意义之间，是用户对符号含义的理解。

数字时代，符号便是数字媒介的语言，这自然需要大学生认清数字信息是符号化了的内容，在认知“能指”的基础上，准确完成“意指过程”才能实现对数字符号“所指”的正确解读。这几个理论告知我们，作为“数字原住民”、数字世界的主要创造者、未来数字社会主导者的大学生，是数字媒介的领先用户，他们作为数字素养能力高知识群体会成为数字知识的“传播源”，具有“续递延性影响”，一方面，可通过人际传播、组织传播等多种形式传播辐射给周围的人；另一方面，在其结婚生子之后，会有意识低将类似素养融入对子女的教育中，给后代良好的素养启蒙教育。因此，大学生数字素养能力水平的高低不仅仅影响着自身的健康成长、自我教育能力与全面发展，更关系到国家合格人才的培养、全面建成数字社会的进程，以及国家创新驱动发展战略、国家的软实力与国民的硬素质。

数字时代，如何将内置的价值观全面渗透进各年龄段学习者的生活、学习乃至未来工作的方方面面，有效引导大学生具备较高的数字素养能力，并将其上升到基本的生存技能，让其能更积极、正确、有效地方式来获取、解读、利用、分享和创造数字信息以及如何趋利避害、合理使用数字媒介，推动整个社会正向发展，是智能媒体时代培养全面发展的人才面临的亟待解决的问题。同时，大学生数字素养能力教育的研究，也是高校思想政治教育在智能媒体时代不断拓展的需要，更是提高高校教育水平的重要手段。

3.4 双重身份：传媒专业大学生数字素养能力教育，有利于凝聚和引领社会主义意识形态

传播学家马歇尔·麦克卢汉（Marshall McLuhan）指出，媒介不仅是传播信息的工具，而且是社会当中的重要结构和复杂组织；生活在媒体文化所制造的动态化的仪式和景观之中，我们必须学会生存。数字媒介作为社会整体存在的子系统，其存在服务于社会上层维护现行社会秩序的基本目的。一方面，数字媒介在用独特的魅力吸引广大受众的同时，正直接地建构着人们的生活，在当今社会的作用也日益重要。另一方面，数字媒介的出现让“信息爆炸”从一个想象的名词日渐变为现实，数字信息把关的低门槛化让信息每天以几何方式增长。

智能媒体时代的应用型传媒人才具有双重身份。应用型传媒人才既是数字社会发展中的数字公民，也承担着促进媒体健康传播的重任。从合格的数字公民视角来看，应用型传媒人才应该具备健全的人格品质、符合数字社会发展的伦理道德和价值观，以及高级的数字技术应用能力，来满足在社会生活、工作和学习中的需求。从促进媒体健康传播来看，应用型传媒人才应发展快速适应社会不断发展的高阶能力，如创新能力和竞争能力。由此可见，发展应用型传媒人才的数字素养能力，既符合数字社会的发展需求，也符合数字社会的时代精神。

智能媒体时代，传媒专业大学生的数字素养能力教育关心的是应用型传媒人才如何思辨地解读热点问题信息内容，以正确的社会舆论来提升公民客观地、建设性地解决社会问题的思维，同时，反思自己如何在坚持党性与人民性及新闻性、社会效益与经济效益、互联网思维与传统思维相统一的标准来正确发挥媒体的公器作用，以实现通过各种媒介准确表达意见和建议，以提升媒体服务于人民与改善社会监督的能力。传媒专业大学生的数字素养能力不仅仅是个人行为，其对媒体健康传播与培育公民数字胜任力都有重要意义，继承和发扬着社会主义意识形态的凝聚和引导作用。在信息传播过程中，拥有良好数字素养能力的传媒专业大学生，才能排除各种干扰，驱除阴霾，在信息混杂的“乱码世界”给公民一种清晰的声音，推动社会化传播平台蓬勃向上发展，正确地引

领社会的航向，为社会的健康发展提供正能量。

因此，处在传媒知识汇聚沉淀的自我阶段的传媒专业大学生相比其他专业大学生，他们不仅更需要具备扎实的基本素养、良好的思想道德品质、深厚的理论素养、先进的传播理念和敏锐的洞察力等，而且更需要有与时代相适应的智能媒介能力，如优质的信息产品与服务能力、用户与平台的连接能力、数据分析与信息理解能力和独立思考能力等。

3.5 技术迭变：对高等传媒教育的现实语境产生了广泛而深刻的影响

经济全球化、社会多元化与教育信息化，媒介技术进步、传媒融合化发展与传媒全球化竞争，媒体融合、融合媒体与智能媒体，“黑科技”“硬科技”和“深科技”等，林林总总的因素叠加在一起，越来越多的新闻传播议题、社会舆论现象具有多学科、多维度、跨国界的特性。伴随着网民规模的扩大、媒体融合理念的逐步普及，以及以“云大物移智区加”为代表的新一代“智能+”技术集群应用的深化，以互联网为基础的智能媒体平台呈现出了新闻与信息、技术与艺术、文化与传播交融的融合文化，不仅重塑着传媒产业的渠道（智能识别与传感、互联网、物联网、5G 等）、生产（智能写作、AI 主播、人机协同、数据新闻、机器审阅、可视化新闻、沉浸式新闻等）、连接（智能互联、推荐算法、感知计算等）、传播（多屏互动、制播同步、无缝连接等）与消费（4K/8K 超高清、虚拟增强现实、交互式反馈等）等，而且使人们从互联信息时代迈入了一个视觉、听觉、触觉、心理、生理等全方位、感官体验全景化延伸、万物皆媒、现实社会与虚拟空间并存的智能信息时代。特别是经历新冠肺炎疫情大考之后，整个社会网络化、数字化、智能化、虚拟化进程将更广泛深入养成，智能媒体与社会融为一体，成为经济社会的操作系统和原动力，让我们看到了技术与媒介之间互动共生的关系——任何形式的信息背后都是一种媒介技术的支持。

传媒业的新变化对高等传媒教育的现实语境产生了广泛而深刻的影响，学科与学科之间那看似顽固的界限在技术的撞击下开始消融。一方面，网络的链接和知识的连接正在摧毁机构化和人为建构的学科边界；另一方面，诸如人类学、社会学等各个学科借助本学科的学术资源已经实际上开始了对传播问题的深度介入。这些都需要高等传媒教育必须紧紧抓住高等教育与传媒业态双重变革的重大战略机遇，加快完善与智能传媒教育相匹配的学科布局、专业课程布局、教师知识转型、科研与服务布局等。

3.6　智能媒介：倒逼应用型传媒人才的生产过程与高等传媒教育的厚度

2016年世界经济论坛报告《未来的工作》指出，在今天进入小学的65%的孩子，未来将在当今尚不存在的全新岗位上工作。随着智能媒介的崛起，当前的中国社会正处在以新信息技术重塑公共生活的拐点。在智能媒介的推动下，处于转型关键期的中国社会正在成为公共传播的实践场。在全新的图景中，以5G为核心的高速移动互联网将强力驱动传媒业态重构，促进人工智能、区块链、大数据、云计算、工业互联、数字孪生等前沿技术与泛传媒业的深入结合应用，正在创建一个万物互联的Cyber数字世界和全新产业经济形态与生活方式。同时，技术赋权带来表达权的泛化改变了传统的传播结构，“去中心化”效应凸显，使得泛传媒业的秩序、边界与节奏都已发生了显著变化，如“人人都有麦克风”的舆论生态之变、万物皆媒的媒体格局之变、科技革命的技术环境之变、“场景交互”的用户行为之变等。智能技术为媒体融合的发展提供了坚实的物质基础，不仅重构了信息场域并建立起了新的传播动力，为个人与信息间的关系赋予了新的意蕴，而且拓宽了记者、编辑等传统应用型传媒人才职业的边界，催生出现了社会发现总监、移动项目经理、消费体验总监、直播编辑等新兴岗位，不论是全新的传播平台还是变革的传播模式，都要求传媒人在能力、思维和知识结构等方面做出调整和适应。与严峻的现实挑战相比，高等传媒教育的进步远不能令人满意，应用型传媒人才培养模式创新成为社会热点、传媒行业发展的痛点和传媒院系改革的难点。可以说，社会环境、教育环境和传媒业环境的变化，要求应用型传媒人才的角色、地位、权力、利益都随之变化，正在倒逼高等传媒教育改革和应用型传媒人才培养模式创新，也在倒逼传媒院系直面智能媒体行业人才需求的变化并做出相应的改变，高等传媒教育有责任用思辨的眼光构建与之匹配的教育体系，完善智能传媒类专业建设布局，打造高水平智能传媒类专业与课程，通过精细化和专业化确保培养合格智能传媒社会的人才。而中共中央办公厅、国务院办公厅于2020年9月发布的《关于加快推进媒体深度融合发展的意见》也明确提出，“要以先进技术引领驱动融合发展，用好5G、大数据、云计算、物联网、区块链、人工智能等信息技术革命成果，加强新技术在新闻传播领域的前瞻性研究和应用，推动关键核心技术自主创新”。

3.7 负面影响：用户面临媒介使用过程中的诸多问题和陷阱

技术是一把“双刃剑”，在增加人们彼此连接的机会和可能性，让人们迎来“新图像”“新内容”的同时，并不必然增加稳固的社会关系，同时也不可避免地带来了诸多矛盾与负面影响，不仅让传媒产业面临更为突出的技术迭代更新问题，而且使每一个个体都可能面临媒介使用过程中的诸多问题和陷阱，比如，当推荐算法涉入信息分发之中，它是否正在剥夺人类选择和判断的权利？当短视频几近成为现代人信息摄取的核心来源，是否在消解严肃议题的复杂性，让受众浅薄化？当机器手臂的应用成本降低，但效率又不断提升，人类工作者将何去何从？当人工智能拥有了意识，我们是否会沦为它的臣民？事实上，当前我们关注到的大多数的用户信息还是基于外在行为的“表层信息”（above the skin），而在未来，技术完全可以“黑入人心”，从用户人体内部（如温度与血压数据、大脑的反应等）检测到我们的“皮下信息”，有足够的运算能力来分析数据，最终它能够比用户更了解他自己，能够预测用户的行为，可以操纵用户的决定和选择，甚至被操纵的用户都不知道自己被操纵了，而这一现象会越来越极端。尽管国家在不断完善网络空间法律治理，但仍相对滞后于媒介技术更新的速度，因此从信息接收的源头去提升受众数字素养能力成为智能媒介生态发展的应有之义。

4　应用型传媒人才培养的改革逻辑

常有人说，教育是用过去的知识，教现在的大学生，去应对未来的世界。在技术飞速变革的当下，这成为教育改革必须应对的一个根本问题。美国学者 Goldin 和 Katz 曾提出教育与技术赛跑的理论：教育只有跟上技术发展的变化才能让大部分劳动力得到技能训练，由此社会才能发展经济、繁盛昌荣；反之则经济放缓，贫富差距增大，社会问题激增。智能媒体时代，无论是智能技术带来的信息采集力、加工力与分发力的增强，还是开放式传播结构带来的用户信息解码偏差与全面“数据化”，均会挑战现有传媒伦理规范、颠覆现有的传媒理论体系，这自然要求中国传媒教育者积极应对技术变革，从不同维度深刻洞察数字媒体创作与传播的当下及未来。

教育与技术的赛跑如图 3-12 所示。

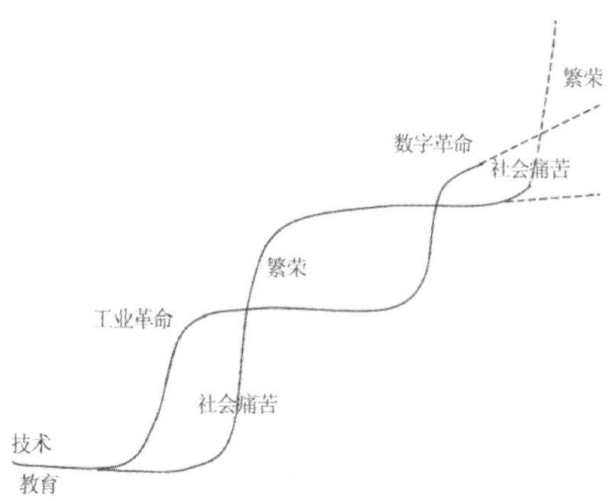

图 3-12　教育与技术的赛跑

4.1　增强从“人”到“物”的智能采集力

在当代数字社会中，得注意力者得天下。智能媒体时代，基于移动终端、传感器、社交媒体、大数据、定位系统提供的应用技术可轻松地探测或描述人的空间位置、心理反应与内容需求等，要求应用型传媒人才在收集、整理和归纳用户通用属性和特征属性的基础上，更好地洞察用户在特定场景下的行为和需求，并为其推荐所需的数字化、图像化、碎片化等内容服务。

当前，部分高等院校已意识到高速网络、数据中心（如感知、汇聚、挖掘、决策、控制等）和智能感应能力协同可构建全新的运营体系，并在教育中尝试“虚拟”增强“现实”，实现多面描摹人与社会；尝试“物力”增强“人力”，实现信息采集边界扩张；尝试信息传播的可视化追踪，实现个性化、极简化、极致化与智能匹配的“内容找人”，例如多屏互动、体感识别、无人驾驶、实时交通等。

4.2　增强从图文到音视频的智能加工力

从全媒体到融媒体再到智媒体，尽管“内容为王”一度被奉为行业圭臬，但优质内容的变现转换却已成为瓶颈。实际上，不仅仅是内容本身出了问题，也还包括“内容的使用”。智能媒体时代，内容生产逐步趋向分布式、协同化的新模式，如云端系统支持的协同生产、区块链模式的协同生产与分发、“人力+物力”的协同生产等，在一定程度上推动着传媒产业向着智能化、精准化、场景化的方向发展。

当前，部分高等院校已意识到智能化加工可催生新内容域，其不仅可采集海量数据信息，而且可使传媒产业从劳动密集型加工向智能增强型加工发展，如分析力、预测力、提炼力等，还可通过即时编辑处理形成新的协同生产和传播的流程，并在教育中尝试基于个体交互与个性化服务的内容加工工具，如“无人机新闻报道”“场景化新闻”“个性化新闻”和“机器新闻”等，以最大限度地提升大学生强背景文本、强证据文本、交互式文本、进行式文本、增值性延伸等多媒体及互动设计及制作能力。

4.3　加强多维坐标关联的智能分发力

当下的互联网是信息连接与虚拟连接，物联网是物物连接、设备与终端连接，而未来的泛在网（Ubiquitous Networking）或将以无所不在、无所不包、无所不能为基本特征，通过各类网络（互联网、移动互联网、广电网、专网以及各类融合网络等）泛在互联（大量的设备、多样性的电信技术、定位和感知系统、位置感知或上下文感知的应用等）。

当前，部分高等院校已意识到智能分发将成为当仁不让的信息入口的控制者，这不仅使大数据、云计算的智能分发技术成为决胜未来内容分发战场的关键点，而且使用户“节点化”、源媒体化与赛博格化。因此，部分高等院校在教育中尝试融入“虚拟演播室”“用户画像”“智能推荐”等方式，既最大限度地提升大学生“人—机器—环境系统”之间按需服务的信息多维坐标关联能力，又可让用户获得个性化、精准化与智能化的消费体验。

4.4　开放式的传播结构，导致对信息传播的主导权削弱

网络的应用层是复杂的、变动的拓扑 (Topology) 结构，拓扑网中的每个节点既是接收端也是发射端，而且收发状态不断调整，传播关系随时变动。公众与非专业机构加入拓扑网，导致传播权从媒体独占转向社会分享，出现了“媒介社会化”和“社会媒介化”的现象。随着 Web2.0、Web3.0 的产生与发展，传统的媒体组织越来越“失控”，使得信息从以往的由少数人（机构）主导、控制的生产、流动与接受，走向了全民参与的信息生产、流动与接受的“虚拟世界”，这为用户提供了与应用型传媒人才几乎同等的接触、理解、发布、传播与处理信息的“无所不在的权力”。

当前，部分高等院校已意识到信息传播的主导权、控制权已遭到削弱，如张田勘（2019）、易艳刚（2019）认为，AI 换脸应用技术的出现，打开了“潘多拉魔盒”，让公民难以分辨什么是真实的，什么是虚假的，须及早进行法律规范；孔令强（2019）认为，“AI 合成主播”或将更多的新闻生产与传播环节推入了“黑箱”，这严重打破过去“舆论一律”的格局。因此，部分高等院校在教育中尝试培养学生辨别资讯来源与真伪的能力及态度，如伯克利新闻研究生院一方面开展暑期项目，让其他专业的学生通过系统选修一些核心课程获得一个辅修学位；另一方面通过“开源”（open source）项目培养学生核实事实

的能力，以最大限度地提升大学生综合考虑信息的客观、真实、时效、差异化的能力，从而提升其对媒体信息的“把关”能力。

4.5 用户信息解码偏差，导致“单向度的人”形成

技术是一把双刃剑，一方面它让用户具有“充分”的选择权和话语权，并带给用户更多感兴趣的内容；另一方面由于机器尚存在诸多Bug，随心所欲的自由权力让用户变成了“信息茧房”下的“单向度的人”，对现实世界的感知与判断能力下降，导致用户信息解码的失误与偏差，往往更加盲从和躁动。此外，人工智能也可能会误判并盲目迎合用户对感官刺激和低级趣味的喜好，生产出大量“快餐垃圾”般的内容，加剧泛娱乐化现象和媚俗之风。

当前，部分高等院校已意识到智媒体在带来便利的同时，也带来了技术崇拜陷阱和潜在威胁。因此，部分高等院校在教育中尝试在灵活运用多种技术手段的基础上，破除“信息茧房”桎梏，提升对信息的分辨、遴选、推送等舆论引导能力，实现过程中的动态把关，从而最大限度地帮助用户对信息内容的解码并减小信息传播的偏向。

4.6 全面“数据化”，导致侵权问题丛生

智能媒体时代，用户的一切数字化行为都被记录，让用户所有的“身家信息”都变为了可读取、采用与保存的“数据”，如学习和工作经历、财务记录、约会历史、旅行信息、健康信息、地理位置和购物历史等。此外，运营商技术理论的不成熟，也会导致用户数据被黑客获取并不法利用，危及用户的人身财产安全。而现行法律中关于隐私权的界定及原则难以适用于智媒体，智媒体在获取及处理信息的过程中稍有不当，就可能产生牵涉隐私问题的巨大争议。

当下，部分高等院校已意识到数据隐私的重要性，并在教育中尝试通过数字素养教育与媒介传播法治教育，未雨绸缪，研究如何建立安全可信的用户管理系统及完整的应急预案，在法律框架和自治规范的原则下实现个人信息保护与新媒体传播权的平衡，如深圳大学传播学院的人才培养模式，便明确提出他们将尝试在坚持“高端应用型传媒人才培养”培养体系的基础上，强化对数字

素养、技术哲学、新媒介伦理等价值型课程的建设。

5　应用型传媒人才培养的实施路径

在当今传播技术飞速发展的背景下培养新闻传播人才，必须紧跟传播技术的发展，必须紧贴新闻传媒的转型和新闻产品生产与传播方式的变革，大力培养能胜任新媒体、融媒体乃至智媒体新闻传播工作的人才。

5.1　清晰认知互联网时代与智能媒体时代度数字内容地位

智能媒体时代，数字内容的特征、形态与地位已发生诸多改变，使得应用型传媒人才培养的产品线和供应链都发生了改变，传统高等传媒教育的体制机制、培养目标、培养模式、教学评估、考评体系、教材编写及教学方式已很难适应当下要求。

根据技术—绩效链（The Technology-to-Performance Chain，TPC）模型（如图3-13所示），任务特征、技术特征和技术采纳者的特征（如动机、态度、技能和价值观等），共同影响了被使用的技术能否与任务相匹配。事实上，人的因素是贯穿并影响整个的技术使用于任务的过程。从个体的视角来看，面对任务时如何选择最适合或匹配的技术，需要个体具有分析任务的知识和能力，符合自己需求和个人特征的技术应用意识、技术的应用能力和自我调节能力等。该模型图还特别指出，技术使用者在认知层面的技术使用期望效果，也是影响技术使用和最后个人表现或绩效的重要方面。除此之外，一些客观外在因素，如习俗、习惯和环境因素等，也会影响技术的采用及其效果。个体在使用技术完成任务之后，还应该根据个人表现或绩效进行反思、总结和反馈。

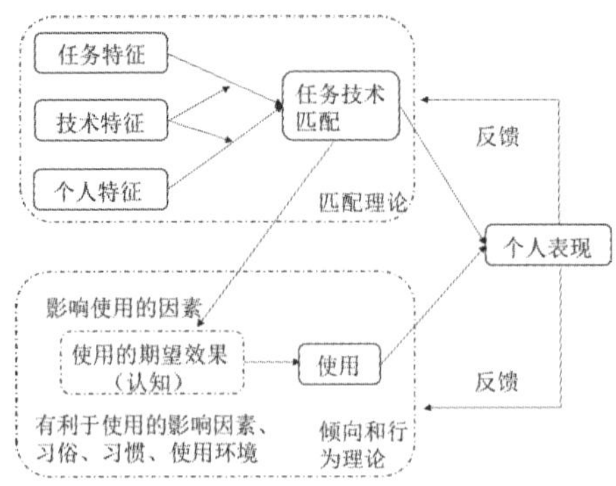

图 3–13　技术—绩效链模型

5.2　极力提升应用型传媒人才能力素养

2018 年教育部印发《关于加快建设高水平本科教育全面提高人才培养能力的意见》，实施“六卓越一拔尖”计划 2.0，对应用型传媒人才培养提出了明确要求。为分析智能媒体时代卓越应用型传媒人才需要具备的能力素养，本书将课程再设计中心（CCR）的 21 世纪教育目标作为参考框架（其将教育目标分为知识、技能、品格、元学习四个维度，如图 3–14 所示），并在框架的四个维度上构建三类卓越应用型传媒人才能力素养标准，采用教育目标分类中的内容进行填充，形成了表 3–9。

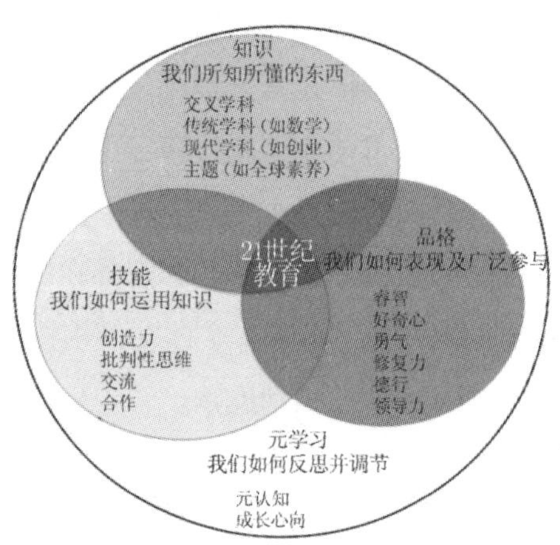

图 3–14　21 世纪教育目标图

表 3–9 传媒卓越人才培养目标

	媒体融合期	融合媒体期	智能媒体期
知识	理解、记忆	应用、分析	评价、创造（创新与跨界）
技能	模仿、同化	生成、外化	精熟、综合（分工与组织）
品格	接受、适应	形成价值观念	信奉、个性（道德与规范）
元学习	被动学习	主动学习	建构学习、交互学习（技术与智慧）

未来，AI将重组生产端，5G将统一传输平台，VR将颠覆接收端（如图3–15所示），使得智媒体的“形态”将变得“极简”（如移动、轻便、随处、无形等），而“内容”将变得“极繁”（如功能、场景、体验等）。在即将到来的智能媒体期，低阶认知技能的重要性会下降，如理解、记忆、模仿、同化、接受、适应等初级信息加工任务将更多地被机器代替，而高阶认知能力的重要性会更加凸显，如识别问题、逻辑推理学习、交互学习、自我指导能力等。

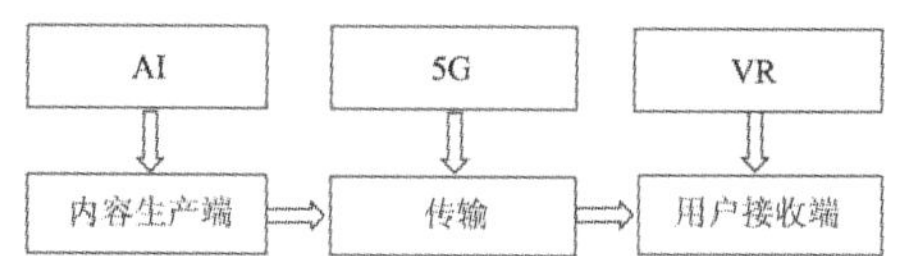

图 3–15 智能媒体传播技术新格局

例如，江南大学数字媒体技术专业于2019年获批国家一流本科专业建设点，其便创新性地构建了“1–2–2–3”产出导向的数字媒体类软件人才协同育人培养模式（如图3–16所示），即：以“面向一流专业建设的工程认证标准”为基准，加强“科教融合、产教融合”两个融合教育，强化“媒体设计与软件、媒体智能与软件两个课程特色，集成社会资源，产教融合，提升学生“工程实践、创新创业、学术研究”三种能力。

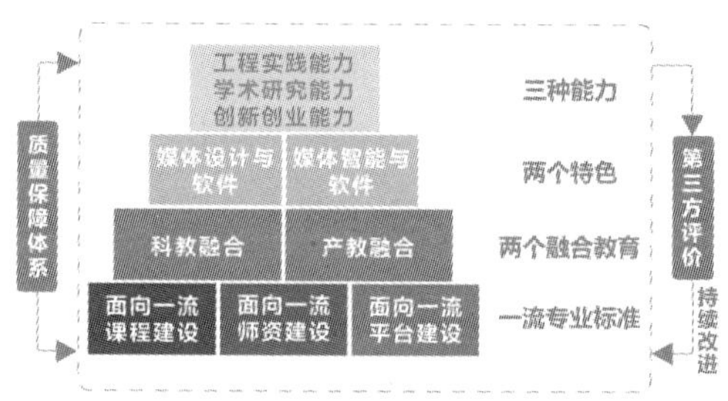

图 3–16 “1–2–2–3”产出导向的人才培养模式

5.3 中国高等传媒教育“融合”场景的重构

5.3.1 拥抱智媒体变革，深化和拓展对人工智能的认知

技术的指数级增长意味着人工智能的无限可能。当前，人工智能与媒体各业务环节深度融合，实现了提质增效，但在智能媒体化发展进程中，仍面临不少问题与挑战。对于媒体而言，观念认知水平滞后于智能化发展趋势、传统媒体体制机制不能有效适应变革、技术基因先天不足等问题在国内外传媒界普遍存在。

当下，中国媒体融合发展中尚存在诸多“认识误区”，传媒机构人才配置尚不能适应媒体融合发展需要，这严重制约了中国媒体融合发展的进程。中国高等传媒教育应在行业领域进一步解放思想，摒清对人工智能的“认识误区”，贯彻“导向为魂、内容为王、创新为要、关键在人、重在管理”的融合方法论，建设一支具有知识力、建构力和塑造力的智能媒体教学人才队伍，全面推动媒体融合向纵深发展。一是中国高等传媒教育在媒体融合发展进程中务必坚持好“五大发展理念”，即创新、协调、绿色、开放、共享；二是中国高等传媒教育应有针对、分层次地以案例分享、产品设计竞赛、讨论互动、网络化知识体系等培训方式，让应用型传媒人才在激烈的媒体竞争中快速成长，逐步形成全媒体模拟记者团队（分工明确，强调配合，突出协作）；三是支持和鼓励中国高等传媒教育开展“产教融合”“订单式”“学用交替”“跨媒体工作坊”“实训—科研—就业”“走出去，请进来”等培养模式或办法，通过跨界，以校企合作、协调创新、能力导向为路径的思路，让应用型传媒人才能通过具体实践深化和拓展对人工智能的认知。

2019 年 5 月，新华社成立“人工智能时代媒体变革与发展”课题组，聚焦国内外媒体智能化发展情况，关注人工智能领域代表性科技公司的前沿进展，同时面向国内百余家媒体开展问卷调查，调查显示，受访的媒体从业者普遍认为人工智能技术对编辑、记者工作的影响程度大。国内新闻工作各业务环节中人工智能应用的渗入度如表 3–10 所示。

表 3-10　国内新闻工作各业务环节中人工智能应用的渗入度

序号	新闻工作各业务环节	选择比例
1	舆情监测 / 线索收集	71.6%
2	内容精准传播	63.2%
3	用户画像	56.9%
4	效果评估	54.5%
5	与用户互动	54.1%
6	采集	49.4%
7	广告经营、市场推广	46.3%
8	编辑制作	44.5%
9	发布	43.1%
10	新闻事实核查	24.3%
11	写作	22.6%
12	策划	19.0%

例如，中国好创意暨全国数字艺术设计大赛（China creative challenges contest，简称“3C 大赛”或“中国创意挑战大赛”）于 2021 年入选教育部中国高等教育学会发布的《2020 全国普通高校学科竞赛排行榜》，便分为了 4 类 13 个小组，其中，应用创新组和技术创新组便可帮助大学生深化和拓展对人工智能的认知。中国好创意暨全国数字艺术设计大赛科目分类，如表 3-11 所示。

表 3-11　中国好创意暨全国数字艺术设计大赛科目分类

类别	组别
静态设计作品类	（1）视觉传达组（包装设计、装帧设计、海报设计等）
	（2）产品造型组（工业产品、家居产品、公共环境产品、旅游文创产品、智能电子产品、服装服饰、儿童玩具、手办等）
	（3）漫画插画组（漫画、插画、绘本等）
	（4）IP 形象组（IP 形象、游戏角色、卡牌、吉祥物等）
	（5）空间设计组（环艺设计、景观设计、展示设计、雕塑作品、装置等）
动态视频作品类	（6）数字动画组（不限主题，二维、三维、定格、实验等）
	（7）微电影组（不限主题，纪录片、剧情片、宣传片、实验片等）
	（8）数字视频组（各类短视频、建筑景观漫游、GIF 动画等）

续表 3-11

类别	组别
交互体验作品类	（9）交互内容组（交互设计、界面设计、交互装置、交互绘本、读物电子书、其他交互数字内容等）
	（10）交互视频组（交互电影、交互动画、交互影像等）
	（11）游戏与三 R 组（游戏、VR、AR、MR、电竞等）
融合创新作品类	（12）应用创新组（各类产业应用创新作品、沉浸式虚拟特效、数字舞台设计、大型晚会舞台、主题秀环境设计、智能灯光秀、音视频播放平台与软件、虚拟增强直播，其他关键技术在媒体传播上的创新的亮点和实际应用等）
	（13）技术创新组（新技术探索及应用作品、音视频压缩编解码器、实时艺术风格视频转换、AI 音视频识别、智能驾驶、远程实时捕捉、AI 识别、生物识别、智能机器人、VR 医疗、音视频压缩、音视频解码器、高保真音视频技术、AI 音视频智能技术、空间显示技术等）

5.3.2 融入智能媒体时代，提高智能媒体内容运营能力

智能媒体时代，“渠道为王”和“内容为王”相得益彰，自然要求中国高等传媒教育强化应用型传媒人才的互联网基因培育，推进“互联网 + 内容”生产方式创新。在具体操作层面，可充分利用智媒体发挥互联网传播潜能，如场景化新闻、机器新闻、传感器新闻、众筹新闻和众智新闻等。同时，基于“互联网 +”媒介平台向生产者和用户尝试提供内容的“无极缩放”（如高、精、快、深、广等），实现内容的重组、重构、创意和创新，并逐步将其从战术操作层面向战略运营层面提升。传媒领域落地的人工智能技术的知晓度，如表 3-12 所示。

表 3-12 传媒领域落地的人工智能技术的知晓度

传媒领域落地的人工智能技术	知晓度	传媒领域落地的人工智能技术	知晓度
AI 主播	39.0%	新闻调查 / 数据挖掘	25.2%
算法推送新闻	39.0%	自动生成图表、自动给稿件配图	24.7%
机器人写稿	37.6%	长文缩写和自动摘要	21.7%
舆情监测 / 新闻热点抓取和预测	36.2%	视频字幕生成（运用 Speech to text 技术自动给视频追加字幕）	21.7%
智能检校（监测新闻稿件中的可疑或高危文本 / 图片并进行预警）	34.1%	视频自动合成 / 拆分（根据文本、语音、图片、动画自动合成一段视频）	21.2%
采访助手（自动把采访的语音或视频转化成文字辅助编辑写稿）	32.6%	图片视频自动分类	20.8%

续表 3-12

传媒领域落地的人工智能技术	知晓度	传媒领域落地的人工智能技术	知晓度
机器人聊天新闻 / 问答机器人	32.5%	新闻自动标引	19.7%
语音新闻（新闻文字转化成语音或广播，开发听新闻产品）	30.7%	主题抽取（从新闻稿件库中抽取热点新闻主题）	17.4%
视频加工（换脸、特效等）	30.4%	新闻情感分析（对新闻稿件的情感倾向做分析）	15.7%
用户评论审查	30.2%	专家观点萃取（从互联网稿件中抽取大 V、意见领袖等观点）	15.3%
原创识别、盗版追踪（分析新闻稿件被转引转载的情况，进行版权追溯）	26.0%	自动化专题（根据给定的主题自动生成新闻专题）	13.1%

事实上，海外智媒体机构也高度重视技术创新，纷纷建立了实验室，专门从事技术的孵化、工具的研发。同时，技术创新也为融媒体的用户带来更具智能化、终端场景化的用户体验，比如在智能语音识别技术方面，在 VR 技术方面，眼球控制与追踪技术……此外，还有云 DVR、物联网技术等，也都是目前海外融媒体机构比较热门的技术领域。海外智能媒体体机构代表性的系统工具如表 3-13 所示。

表 3-13 海外融媒体机构代表性的系统工具

工具类型	机构	名称	功能
营销工具	康卡斯特	Watchwith	将机器视觉和内容分析与视频元数据编辑工具相结合，可以更好地理解观看者的情绪状态而知道在视频的特定时刻发生了什么，以及理解视频中发生的与观众和广告商相关的人、地、事和行为，从而独特地提供与节目上下文相关和可寻址的广告
	AT&T	Xandr	一方面为媒体资源方提供广告资源的销售服务，另一方面为广告主提供“一站式”的在线跨屏广告投放服务，完成了在线广告买卖双方市场的建构。还充分盘活了 AT&T 在移动业务、电视业务和流媒体视频业务的数据，实现跨屏的受众监测和用户画像，为广告营销提供数据支持和科学的决策参考
	迪士尼	Luminate	为广告主提供基于数据的融合化、定制化、程序化的组合工具，通过一次购买，就可以找到在 ESPN、ABC 和 Freeform 等不同平台的目标受众

续表 3-13

工具类型	机构	名称	功能
营销工具	脸书	Ads Manager	该工具能够让广告主在脸书，Instagram，Messenger 或 Audience Network 即脸书旗下全平台上选择营销目标，同时管理、动态编辑广告的各类条件指标，实时监测广告运行状况、选择具体细分标签生成定制化的报告
内容工具	BBC	Journalism Portal	不仅集成了传统新闻编辑系统的所有功能，还嵌入了各种工具型的小应用，供编辑人员随时随地调用，辅助内容生产，充分体现了工具化和智能化的特点。比如抓取工具、聚合工具、搜索工具、提取工具、转换工具、切换工具、剪辑工具、标记工具、模版工具、算法工具、优化工具等等，还包括翻译工具、文字转漫画的漫画工具
内容工具	康卡斯特	MediaCentral	其功能模块包括编辑管理、生产管理、编辑部管理、资产管理等。资产管理模块可以聚合任何来源的内容，并自动分析内容，从而创建丰富的可搜索元数据索引。编辑管理模块能是供灵活易用的音视频编辑工具提高生产效率。生产管理与编辑部管理模块使每个生产团队成员都车接在一个完全集成的工作流中，该工作流提供对所有媒体资产的统一视图。基于以上功能模块，MediaCentral 能支持完成一系列的媒体工作流程，包括搜索和浏览媒体、研究网页和社交媒体热点、记录、编辑、审阅和批准，实现自动化、智能化的内容制作、分发、转码和社交媒体发布
	亚马逊	Prime video Direct	影视内容分发工具 Prime video Direct，帮助制片人、分发负责人、个人电影制作者等将作品自助分发到 Prime Video 平台以及亚马逊 Prime 支持的各终端中去
	脸书	Creator Studio	为内容创作者建立的内容管理平台，帮助他们管理自己的内容发布、变现、进行数据分析
数据工具	迪士尼	ABC all access	其中的 Unified Insights 可以根据内容类型、demo、具体节目进行分类，来呈现用户的观看行为，还提供了用户类型（人口统计特征）、时间等筛选维度，通过该工具，广告主可以直观地看到各个渠道收视率的比例和分布
	康卡斯特	Adsmart	为广告主提供数千种组合受众定向方式，在传统的人口统计学定向以外，还提供更具心理洞察的定向方式，比如是否是新技术采用者定向、搬家意向定向、是否养宠物定向、财务政策定向等等，从而可以确保理想的用户能够看到其电视广告，更好地达成营销活动目标。除了详细的固定属性外，广告主还能创建自定义细分的选项

5.3.3 普及新闻伦理，提高舆情引导与应对能力

智媒体一方面为用户带来了便捷化的信息消费，另一方面也为社会生活方式和人际交往规范的解构和重组带来了新的伦理道德问题。事实上，资讯泛滥

带来劣币驱逐良币，已在用户侧产生了痛点，未来媒体产业将再次开启生产力扩容后的能力洗牌，优质内容的回归将是内容产业的一大优势。但优质内容不是抽象的，其仍需要一定的“技术标准”，可从准确、共振、独家、有力、匹配等多个维度着手考虑构建。同时，还需要注意到目前的数据“质量”良莠不齐，因为一旦应用型传媒人才收集到的是“被污染”的“假数据”，那么产生错误报道的可能性就大大增加，使内容报道的真实性变得扑朔迷离，从而造成人与人之间的“狼来了”，使得命运共同体的“善”成为空中楼阁。基于此，中国高等传媒教育应着力将高层次的政治理论及思想有机融入应用型传媒人才培养中，解决因人工智能技术产生的新伦理问题，杜绝新闻报道在政治、事实和技术上的任何差错。

5.3.4 拓展课程内涵，提高数字素养教育

数字素养教育，主要指以追求数字素养提升为最终目的的教育，要求应用型传媒人才通过对数字素养的学习、认知从而具备对媒介信息的独立思考与批判能力。实际上，无论我们身在何处，我们都摆脱不了数字媒介，这就如同我们无法摆脱天气一般。唯有通过数字素养教育，才能赋予应用型传媒人才具备对媒介影响的诸多因素进行分析、研究和解读的能力，以及控制其信念和行为的能力，从而达到正确使用媒介和抵御媒介不良影响的能力，这就像人类通过长期的生活经验学会了在面对各种天气情况时如何躲雨、避风和拥抱阳光一样。数字素养教育，开启了智能媒体时代应用型传媒人才基本素养构成的重新认知，对应用型传媒人才在接触、辨识、解读、使用信息时所表现出来的素质和修养提出了更高的要求。而数字素养教育最直接的方式是提高新闻伦理与社会责任意识，回顾、反思信息传播中的瑕疵、失误甚至失实，认真汲取教训，完善工作流程，从而维护媒体公信力。基于此，中国高等传媒教育应拓展课程内涵，发挥数字素养教育在纠正技术偏差中的作用，以此帮助应用型传媒人才提升信息的批判意识及对负面信息的免疫能力，掌握并懂得合理运用媒介完善自我、服务自我，间接培养用户的媒介识读能力。

整合数字素养能力的未来教育学习框架，如图 3-17 所示。

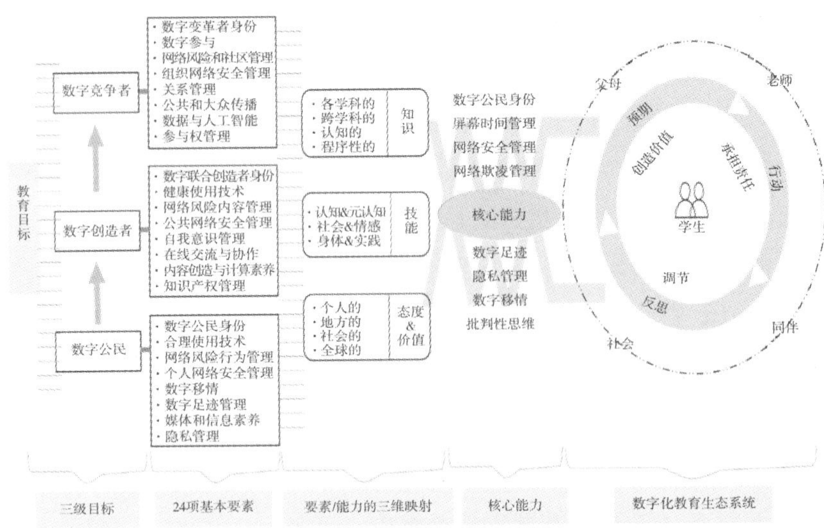

图 3–17　整合数字素养能力的未来教育学习框架

教育映射后的数字素养能力整合模型的具体框架，如图 3–18 所示。

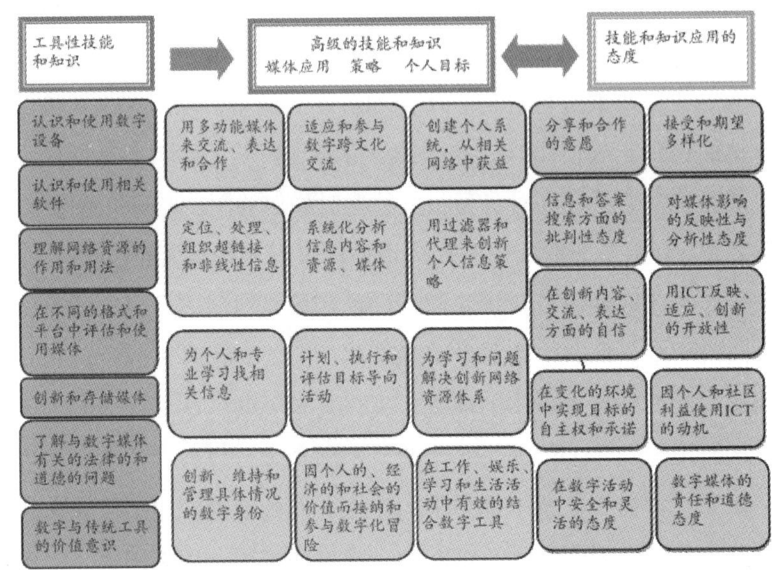

图 3–18　教育映射后的数字素养能力整合模型的具体框架

6 “智能素养”视域下应用型传媒人才培养的新逻辑

媒介技术瞬息万变，传播平台不断更新迭代，使得传统的中国传媒业态受到了前所未有的冲击与重塑。作为一种应然状态，中国传媒业不仅呼唤着应用型传媒人才培养尽快适应传媒业的快速变化，而且期待着通过应用型传媒人才培养与研究去规范引领传媒业态发展。

6.1 智能媒体与高等传媒教育

智能媒体时代已来，传媒变革和应用型传媒人才培养创新已成为学界和业界共同面临的挑战和机遇，培育具有“智能素养”的应用型传媒人才已成为当前中国高等传媒教育和中国传媒业创新化变革之关键。

为迎接人工智能的挑战，当今世界各国普遍加大对人工智能人才的培养力度。例如，2018 年英国发布《英国发展人工智能的计划、意愿与能力》，鼓励学生尽早学习与人工智能相关的学科内容；欧盟发布《人工智能协调计划》，要求欧盟成员国在人工智能国家战略中体现人工智能相关的正规教育、职业培训、终身学习等内容，探索在中学和大学教育中增设人工智能相关课程；美国人工智能促进协会联合美国计算机科学教师协会和卡耐基梅隆大学计算机科学学院，启动美国 K-12 人工智能教育行动，制定了 K-12 人工智能教学指南。此外，美国新媒体联盟新媒体联盟（New Media Consortium，NMC）也在 2019 年 4 月发布的 2019 地平线报告中指出，未来四到五年将是人工智能变革高等教育的关键节点。我国先后出台了有关人工智能的规划和行动文件，明确指出要“完善 AI 教育体系”“完善人工智能领域人才培养体系”。2019 年 5 月，中国教育部部长陈宝生在国际人工智能与教育大会上提出，中国计划到 2020 年建立 50 家人工智能学院、研究院或交叉研究中心，同时也透露，中国正在组织研制《中国智能教育发展方案》，谋划未来发展之路。此外，中国也制定了《教育信息化十年发展规划（2011—2020年）》和《教育信息化2.0行动计划》，以教育信息化支撑和引领教育现代化。于是，中国各高校纷纷布局人工智能相关的学科、专业体系，探索“人工智能+X”人才培养模式，加强复合型、应用型传媒人才培养。据此，中国高等传媒教育正积极探索培养应用型传媒人才“智能素养”的路径，中国应用型传媒人才培养体系中与“智能素养”相关的教学内容比例正逐步加大，涌现出不少具有创新性的专业和课程、人工智能媒介实验室及人工智能媒介实践基地。

智能素养是集知能情意为一体的多维复合结构体，既包括智能知识、智能能力，又包括智能态度、智能伦理，既是一种基础的素养技能，也是一种全新的解题思路。培养适合中国国情、与智能媒体时代相匹配的应用型传媒人才，应系统思考、整体推进，除了要在人工智能课程开发、开设，基于人工智能的教师队伍建设上下功夫外，为更顺利、有效地培育学生智能素养，尚需基于人工智能的教育改革倒逼和校企协同。

6.2　相关研究讨论

人工智能时代的到来让国外的研究者和教育者也逐渐意识到未来智能素养对于劳动者立足于社会具有重要的意义。庞塞从未来工作岗位要求的角度出发，将智能素养概括为计算机素养、理解力、数据处理能力、人工智能问题解决能力、逻辑能力、计算思维的集合。目前国内关于智能素养的研究并不多，不同学者对智能素养的概念和构成有着不同的理解。但仍可以看出，正确的智能态度、丰富的智能知识、熟练的智能技能是智能素养的重要组成部分。

栾轶玫等（2019）学者认为，智能技术引发媒介生态深刻变革，无论是中央广播电视总台实行的“台网并重，先网后台”政策，还是广州日报报业集团实行“先网后报”政策等，都可以看出媒体融合已成为中国新闻业的改革重点，使得新闻业人才培养的源头——“新闻教育”也步入多元时代，面临着崭新变革。中国目前有近700所高等院校开设了近1300个新闻传播学类本科专业，栾轶玫等选取了2018年QS新闻与传播专业世界排名前18名的知名高校新闻与传播学院，对其新闻课程设置、创新媒介实验室、媒介实践基地的梳理并结合对中国主流新闻业界的田野访谈、参与式观察、案例分析等方法对处于转型期的中国新闻教育进行调研，认为：多元时代背景下的中国新闻教育历经深刻变革，“融合技能、智能素养、价值坚守”是当下中国高等传媒教育面向未来的变革方向。

罗海风等（2019）学者认为，人工智能逐步进驻人类生活并改变着人类的思维方式，计算思维因与时代背景高度契合而得到欧美国家的广泛关注，被认为和听、说、读、写、算一样，是每个人都必备的思维能力。在新闻传播的实践过程中，需要一系列的步骤：挑选一个故事—研究故事—采访—收集数据—拍摄视频—写作—编辑—发送给编辑—重新写—添加边栏—再次提交—确认事实—调整故事线索—直到编辑不再审查。如果把计算机设想为一个编辑，可以注意到这正是计算思维所包含的一系列活动。罗海风等通过对国内外计算思维缘起、定义、特征、框架、测评及教育实践应用等相关研究的综合分析，探究了目前国际计算思维研究的基本状况，发现计算思维已成为 21 世纪必备的心智素养，与抽象概括、问题分解、算法、分析建模、系统化（自动化）、数据实践、评估与改进等要素密切相关。此外，罗海风等通过剖析典型的计算思维教育应用案例，发现在不使用计算机的前提下，适当的教学活动也可以有效促进学生对计算思维的理解和掌握。整个研究旨在促进教育研究者对计算思维进行深层次思考，为相关研究提供一些线索。罗海风等指出，作为一种融合了数学思维、工程思维、程序思维的综合性思维能力，计算思维已经是人工智能媒体时代不可或缺的心智素养之一。

郑勤华等 (2021) 学者认为，纵观当前世界各国提出的核心素养体系中，对于个体应对信息社会的能力均有相应的关注，如“信息素养”“ICT 素养”等，但对于应对智能社会的能力缺乏具体描述。智能社会呼唤培养个体的智能素养，为适应智能媒体时代的发展，我们应重视智能社会人机协同并重视学生智能素养的培养。为此，他们基于加涅的学习结果分类理论，通过研究整合法，明确了智能素养的定位，进一步从智能知识、智能能力、智能思维、智能应用、智能态度 5 个维度阐述了智能素养的构成，构建了由 16 个二级维度构成的智能素养理论模型（如图 3–19 所示），以期为智能素养测评工具的设计与开发、人工智能的人才培养提供参考。研究提出的智能素养理论模型可为智能素养的培养以及素养测评工具的设计与开发提供支持。

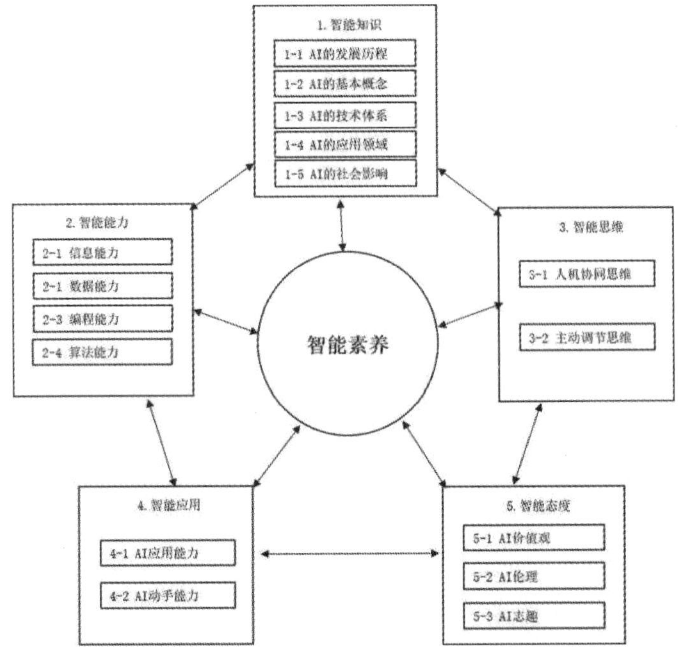

图 3-19 智能素养的理论模型

6.3 应用型传媒人才培养的变革要素

通过对以上研究的分析不难发现，包括媒体融合在内的多重时代语境叠加于中国的发展实践，中国高等传媒教育改革和人才培养模式的局部改革和修补式改革，对应用型传媒人才培养人才的培养显得力不从心，更有可能是系统性、颠覆性的“范式”变迁。新的范式关涉一个新闻传播学科的群体主体性，体现出高等传媒教育者的群体思维，决定了高等传媒教育和应用型传媒人才培养人才培养的理论取向、实践关怀和价值观念。该范式将直接为应用型传媒人才培养提供主题、工具、方法及前提。当今时代，全球化深入发展，社会深刻转型，包括媒体融合在内的多重时代语境叠加于中国的发展实践，传媒相关专业教育的局部改革和修补式改革，对应用型传媒人才的培养显得力不从心，应用型传媒人才培养需要从“范式转变”的高度进行模式创新。

教育部门提出的“AI+ 教育”本质就是推动“工业化教育模式”向“智能化教育模式”转变。所谓智能化教育变革就必须考虑到如下的关键要素：教育环境、教学方式以及教学生态。毫无疑问，智能媒体时代的应用型传媒人才培养是具备变革性的。从应用型传媒人才培养环境来说，应用型传媒人才培养的过程就像在内容生产流水线上的过程，应将应用型传媒人才的教育变革划分为“计算智能 + 教育”“感知智能 + 教育”和“认知智能 + 教育”，即应用型传媒人才培养应从“能存会算”向“能听会说与能看会认”发展，最终实现“能理解与会思考”。应用型传媒人才培养变革的效果如图 3–20 所示。

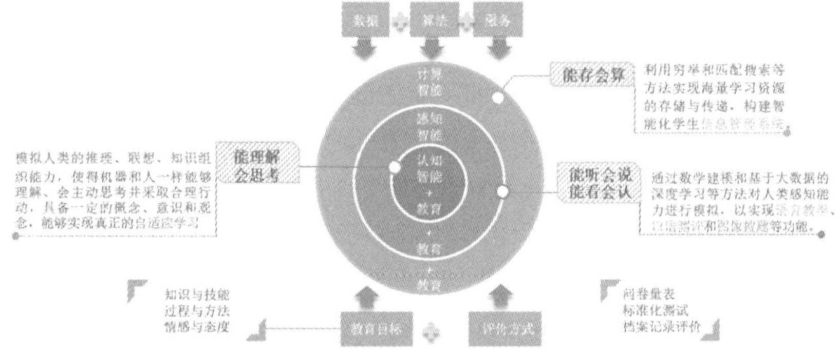

图 3–20　应用型传媒人才培养变革的效果

（1）基于计算机视觉、智能人机交互等技术，应用型传媒人才培养实现全面可感知。人工智能教育意味着 AI 不仅仅被应用在教学过程中，还应用在新闻传播实践的各个环节，并在教育中尝试基于个体交互与个性化服务的内容加工工具，如“无人机新闻报道”“场景化新闻”“个性化新闻”和“机器新闻”等，不仅应包括智能感知、智能采集、智能生产、智能分发、智能推荐、智能呈现、智能消费、智能反馈等，而且应使内容生产与传播实现“全天候、全时段、全方位、全网络与全终端”，以及“一次采集、多种生成、多元发布、多元传播”。

（2）基于信息通信与数字媒体，应用型传媒人才培养可与网络空间建立深度交互，实现在线实时互动与教学内容的同步更新。目前知名高校新闻与传播学院均对其新闻课程设置、创新媒介实验室、媒介实践基地等进行了全方位创新，这也支持了应用型传媒人才培养教学形式的变革。但在应用型传媒人才培养领域的网络空间，学生的学习活跃程度是否高，网络空间的教育是“配角”还是“主角”，深度互动从“教育课堂的延展”变为“教育形态的重塑”，这些都是教育管理者必须关注的细节。

（3）基于神经网络等技术的有效应用，应用型传媒人才培养必然是深度学习的。在人工智能的语境下，深度学习指的是一种新的算法。新闻传播类大学生想要具备胜任未来工作的关键工作能力，就必须从强调记忆和练习的传统学习中解放出来。学习绝不能仅仅停留于知识的浅层理解和重复记忆，学生要在已有知识的基础上，将所学新知与原有知识建立联系，获取对知识的深层次理解，提升自身的智能素养，并有效迁移到其他问题情境中，从而实现对知识与思维的有机运用。

（4）基于人工智能技术范式的不断拓展，应用型传媒人才培养的变革必然是跨学科的。现行的分科教学有利于系统知识的习得，但不利于完整知识体系的形成和综合思维能力的培养。近年来兴起的项目式学习、“STEM”教育、创客教育等都把跨学科作为重点，不仅强调不同学科的交叉融合，而且强调创新教育中应融入更多的人工智能要素，以培养学生的创新精神和实践能力。应用型传媒人才培养中的跨学科学习倡导根据新闻传播实践中的问题设置主题，将不同学科围绕同一个主题联系起来进行创新，如内容生产创新（从“B2C”到“C2B”）、内容消费创新（从“单一化”到“多元化”）、制播体制创新（从“制播分离”到“制播同步”）、传播体系创新（从“一云多屏”到“多屏互动”）、观看体验创新（由“立体视频”到“全景视频”）、用户体验创新（从“共性化”到“个性化”）、屏幕内容创新（从“贴片广告”到“内容视频”）、媒介功能创新（从“看电视”到“用电视”）等，从而构建相互衔接贯通的课程体系。

6.4 应用型传媒人才培养中的智能素养构建

学科核心素养是学科育人价值的集中体现，是指学生通过学科学习逐步形成的正确价值观念，以及能够适应终身发展和社会发展需要的必备品格和关键能力。近年来，应用型传媒人才培养的发展强调基于真实情境的项目式教学，强调培养智能媒体时代下学生的计算思维与智能意识。将真实的项目剖析出来，让学生了解技术背后的原理，掌握计算思维，能够利用技术分析并解决问题。

长期以来，学生是否具备良好的社会责任感、文化修养与专业素养早已是美国高校评价新闻教育是否成功的标志。近年来，中国新闻教育重视对于未来新闻人才“智能素养”的培养，不少院校开设了人工智能、大数据、虚拟仿真等新技术领域与新闻传播学结合的教学内容。中国知名高校“智能素养”新闻课程统计表如表 3-14 所示。

表 3-14　中国知名高校“智能素养”新闻课程统计表

中国知名院校名称	“融合技能”相关课程
南京大学新闻传播学院	新媒体应用入门、新媒体传播、新媒体研究、融合媒体报道、视频制作与传播、新闻可视化、新闻产品策划与运营、媒介融合、新媒体传播与应用
复旦大学新闻学院	媒介融合概论、融合报道、新媒体传播与发展、多媒体制作、新媒体技术导论、新媒体商业模式
中国人民大学新闻学院	跨媒体传播实验、融媒体报道出镜主持、融媒体视听表达、新媒体管理、中国媒体的融合与实践研究、视觉传播研究
清华大学新闻与传播学院	数字媒体技术基础、视频新闻、新媒体新闻实务
四川大学新闻学院	新媒体概论、全媒体整合传播
华中科技大学新闻与信息传播学院	新媒体内容创意生产、新媒体编辑、新媒体应用模式创新设计、视觉新闻报道、新媒体视听节目制作
暨南大学新闻与传播学院	网络传播概论、广播电视概论
上海交通大学媒体与传播学院	互联网与新媒体实务、互联网与新媒体发展案例研究、跨媒体综合设计
中国传媒大学新闻传播学部	融合新闻报道与制作、融合新闻学、新媒体交互设计
山西传媒学院	新媒体策划、新媒体创新实务
北京电影学院	新媒体管理、新媒体与影视产业、新媒体社会学
中国传媒大学南广学院	全媒体新闻实训、新媒体创意实务、移动媒体视频制作
浙江传媒学院新闻与传播学院	多媒体排版编排、数字媒体技术与应用
香港城市大学人文社会科学院	视觉传播、多平台出版设计与版式、多媒体写作、数字新闻摄影、传播学与新媒体研究方法、互联网传播
香港浸会大学传理学院	视觉传播、电视与新媒体、多平台新闻、融合新闻编辑
香港中文大学新闻与传播学院	广播及电视新闻、新媒体生态、新传播技术、新媒体内容发展、传媒经济与信息通信技术、多媒体设计基础
台湾政治大学传播学院	新媒体创作基础、影音新闻、电视、跨媒体新闻设计与制作、多媒体网络
台湾中正大学社会科学院	数字媒体制作实务、另类媒体研究数字整合媒介专题、数字整合媒体实务
中国知名院校名称	“融合技能”相关课程

学者郑勤华等（2021）也通过研究抽样，对文献中“智能素养”相关的描述进行自然编码时，将含义相同的描述进行了合并，如将“人机协同”“人机合作”合并为“人机协同”，其他描述也进行了相似处理。在此基础上，统计条目重复出现的频次，排名前 20 的高频词如表 3–15 所示。

表 3–15　词频排在前 20 的有关“智能素养”的描述

次序	描述	频数	次序	描述	频数
（1）	人机协同	684	（11）	人文情怀	108
（2）	数据分析	293	（12）	思维能力	90
（3）	计算思维	251	（13）	创新思维	83
（4）	AI 应用	228	（14）	数据处理	69
（5）	创新能力	165	（15）	以人为本	64
（6）	价值判断	143	（16）	伦理道德	59
（7）	数据挖掘	140	（17）	应用领域	57
（8）	人机交互	135	（18）	自我意识	54
（9）	学习能力	126	（19）	隐私保护	53
（10）	问题解决	114	（20）	设计思维	48

不难发现，中国应用型传媒人才培养的核心素养至少应包含如下四层智能化素养：意识态度层、知识技能层、核心思维层、创新创意层。智能素养金字塔模型如图 3–21 所示。

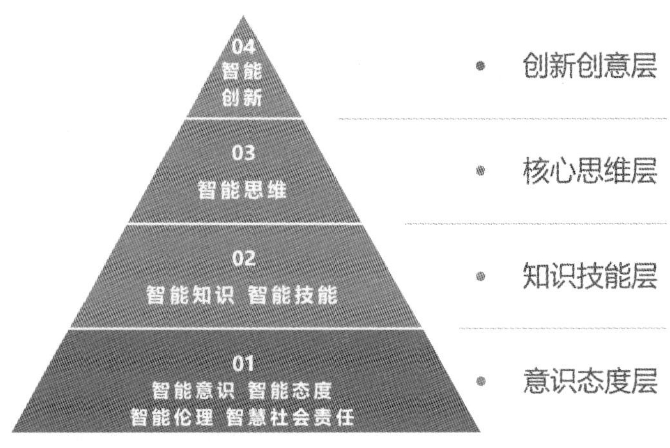

图 3–21　智能素养金字塔模型

6.4.1 意识态度层

第一层是意识态度层,包括智能意识、智能态度、智能伦理和智慧社会责任,意指应用型传媒人才不仅应能够科学认识、合理定位人工智能、智能化、智能媒体时代的特点，具有较强的人工智能智能敏感度和智能价值的判断力，而且应尽到在智能社会中的文化修养、道德规范和行为自律等方面的责任。具备智能知识和意识的学生能够根据解决问题的需要，自觉、主动地寻求恰当的人工智能工具用于问题的解决；能够敏锐察觉到人工智能应用在解决问题中产生的价值，同时对应用技能技术可能产生的影响进行预期分析，为解决问题提供参考；在合作解决问题的过程中，与团队成员共同讨论人工智能技术的应用手段，实现人工智能的更大价值，能够遵守人工智能相关法律法规，信守智能社会的道德与伦理准则，在现实空间与虚拟空间中遵守公共规范，既能有效地维护人工智能媒体时代个人的合法权益，又能积极地维护他人合法权益和公共信息安全；关注人工智能技术革命所带来的环境问题与人文问题；对人工智能技术创新所产生的新观念和新事物，具有积极的学习态度、理性判断和负责行动的能力。

6.4.2 知识技能层

第二层是知识技能层，包括智能知识和智能技能，意指应用型传媒人才通过评估并选用常见的智能化资源与工具，有效地管理学习过程和学习资源，创造性地解决问题，从而完成学习任务，形成创新作品的能力。具备智能化学习与创新的学生，能够认识到智能化学习环境的优势与局限性，适应智能化学习环境，养成智能化学习与创新的习惯；掌握智能化学习系统、学习资源与学习工具的操作技能，用于开展自主学习、协同工作、知识分享与创新创造，助力终生学习的能力的提高。

6.4.3 核心思维层

第三层是核心思维层，主要由以计算思维为主的多种思维构成，这一层是智能素养的核心，包括逻辑思考能力、算法思考能力、递归思考能力以及抽象思考能力，意指应用型传媒人才能够积极投入到人工智能领域的学习与使用中去，在形成问题解决方案的过程中产生的一系列思维活动与协作共生能力。具备智能计算思维的学生，在学习活动中能够采用人工智能思想及原理去界定问题、抽象特征、建立模型、收集组织数据；通过对问题的分析，运用合理的人工智能算法形成解决问题的方案；总结利用人工智能解决问题的过程与方法，并迁移到与之相关的其他问题解决中。

6.4.4 创新创意层

第四层是创新创意层，这一层是智能素养的最高表现形式，是人工智能教育的最终目标。人工智能强大的计算能力和重复劳动能力决定了未来重复劳动和依靠人力计算的岗位将会被人工智能取代，只有那些具有创造性的工作依然由人类掌握，因此培养学生的智能创新能力就显得至关重要。

开展智能媒体时代新闻学与传播学学科体系探索创新，对于党领导下的新闻事业发展以及讲好中国故事有着重大理论和实践意义。当下正是我国应用型传媒人才智能素养培养的关键期与机遇期，卓越传媒人才智能素养教育应积极借鉴西方发达国家的成熟经验，尽快探索出适合中国国情、与智能媒体时代相匹配的应用型传媒人才智能素养指标体系与课程体系。

智能媒体时代的应用型传媒人才培养是媒介社会化发展的必然产物，人工智能技术与应用型传媒人才培养的迅速融合，不仅为新闻学教育转型、升级、改造带来了新的可能，同样也提出了新的要求。在理念上，应避免仅将智能素养解读为迎合数字时代劳动力市场需求的低层次人工智能技术，应将其置于更为宏大的背景和人类发展的深层议题中加以审视，思考更好地成为 21 世纪公民应具备的智能能动性、智能批判思维和智能人文性；在实践上，应通过构建基于人工智能的通识教育体系、开展智能素养标准研制、基于智能素养标准研制课程标准、设计和开发智能素养评测工具、强化传媒相关专业大学生心智模型的智能思维实践项目、人工智能赋能学习场景升级、培养具有智能素养的未来教师、全面推进“人工智能 + 教学”、基于人工智能的考试改革倒逼、重视人工智能教育应用的伦理问题、指向智能素养培育的校企合作等方式，全方位地引导传媒相关专业大学生智能素养的形成，从而为卓越传媒人才智能素养教育提供参考和借鉴，如此方能培养出具备“创新型”“复合型”“全流程”“跨媒体”及家国情怀、全球视野等特质的卓越传媒人才。

7　产教融合视域下应用型传媒人才培养的新思考

2017 年 10 月 18 日，习近平同志在十九大报告中指出，要深化产教融合。2017 年 12 月底，国务院办公厅印发《关于深化产教融合的若干意见》，明确了发挥政府统筹规划、企业重要主体、人才培养改革主线、社会组织等供需对接作用“四位一体”制度架构，推动产教融合从发展理念向制度供给落地。此意见的出台标志着将进一步推动高校产教融合迈向新的台阶。但是，受体制机制等多种因素影响，人才培养供给侧和产业需求侧在结构、质量、水平上还不能完全适应，“两张皮”问题仍然存在。深化产教融合，促进教育链、人才链与产业链、创新链有机衔接，是当前推进人力资源供给侧结构性改革的迫切要求，对新形势下全面提高教育质量、扩大就业创业、推进经济转型升级、培育经济发展新动能具有重要意义。

应用型传媒人才的培养，“产教融合”是打通传媒教育链、人才链与传媒产业链、创新链的重要手段。但是，随着信息技术的裂变式发展以及云计算、大数据、物联网、区块链、5G 等技术的实际应用，不仅让传媒产业迎来了转型升级的革命，还让更多的个体与技术相连接、与数据相融合，引领着人类社会步入运营系统化、智能交互化、内容个性化、渠道移动化 / 多端化、形态多元化、时空虚拟化的智能媒体时代。当前传媒教育领域产教融合面临相应问题，这就要求应用型传媒人才培养的要素定位应紧密跟随传媒产业转型升级的步伐，从过去以 1.0 转型（以融合基建工作为主）、2.0 交互（以内容融合为主）升级到 3.0 融合（从内容竞争、产品竞争、平台竞争转向生态系统融合竞争），以加速释放新一代信息技术在融合实践（内容、功能、平台、逻辑、价值等）以及与之相适应的内容流动、受众迁移、产业布局和转型中的动能。

随着国家深化产教融合系列政策的推进和《关于地方党委宣传部门与高等学校共建新闻学院的意见》的实施，站在“产教融合”主体的视角来看，“产教融合”可划分为“以高校为主要推动主体”的1.0阶段、“以高校、行业企业双主体推动”的2.0阶段和“政府主导、以行业企业为推动主体”的3.0阶段。3.0阶段的标志是2019年9月25日国家发展改革委、教育部等6部委印发了《国家“产教融合”建设试点实施方案》的出台，方案指出，要以平台建设为抓手，促进教育和产业体系人才、智力、技术、资本、管理等资源要素集聚融合、优势互补，打造支撑高质量发展的新引擎；也明确了国家推进“产教融合”型城市、“产教融合”型行业、“产教融合”型企业的试点建设，也就是目前正在集成化发展的阶段。不难发现，方案的出台体现出国家在“产教融合”顶层设计上给予人才战略的高度重视。一方面，“产教融合”虽不是一个新模式，但人才培养过程中的教学内容却长期与社会需求脱节，而“产教融合”可拓展应用型传媒人才培养的途径与方法；另一方面，应用型传媒人才的培养是传媒教育深化“产教融合”、服务地方经济社会发展的重要途径。

7.1 理论基础：产教融合与“产学研用”新认识

作为人才培养的高校，具备四大功能：人才培养、科学研究、服务社会和文化传创。应用型传媒人才的培养，对应“产教融合”这个主题，事实上，应分别体现为“产学研用”四大环节。其实，应用型传媒人才培养，服务社会是目的，也是龙头，而对于人才培养、科学研究和文化传创，都是高校服务社会的基本手段和基本方式，只有在产教融合和“产学研用”之间正确地协调处理好之间的因果、互动关系，才能有效提升高校服务社会的综合能力。

7.1.1 关于“产”的理解

“产”是产业(或事业)的缩写，而产业(或事业)是由具体的企业(或单位)、生产、工作、解决方案、产品等要素来构成的。产是生产的环节，“产”既是高校服务社会的逻辑起点，也是其自身发展的逻辑终点。因此，对于传媒高校来说，“产教融合”落实到操作层面的就是“校企合作”“按需供给”、服务发展。

首先，客观地说，“产”不仅仅是企业的事，也是传媒高校自己的事。传媒高校如何在应用型传媒人才培养过程中，抓住“产”，着眼于“教”，打通

“产”“教”两个渠道是重点，不能满足于浮光掠影式的校企合作，不能止步于隔靴搔痒式的问题解决，更不能满足于“只赚吆喝净赔钱”的历史局面。对于应用型传媒人才培养来说，融合是真正的嫁接桥梁，产教融合的要义是高校在为产（企）业做出实实在在的贡献以后，也能得到产业的认同和回报，是双赢和共赢。

其次，应用型传媒人才培养，在专业设置和建设上，要围绕传媒产业链提供完整的专业服务，依托影视行业的全产业链，可打造创意、编剧、导演、演员、化妆、道具、场景、拍摄、剪辑、配音、后期制作、影片合成、上线等一系列专业或课程，可打造完整的影视传媒产业链发展构图，产对于教是，有完整的人才产业链培养逻辑，教对于产是，只要有“Idea”和“投资”来，就可带大片走。

再次，产教融合，产的落脚点，应该是深度的参与区域、地方新产业的培育和服务地方经济，要具备生产终端产品的能力，要为地方经济的发展创造价值，为地方经济发展提供新的增长极，固化存量，增加增量，助力地方经济和行业的发展，培育新的新的税基、税源。

7.1.2　关于“学”的认识

“学”是为产业而服务，为产业发展和学习，其实就是为产业、事业的发展而培养其需要的人才。事实上，在应用型传媒人才培养过程中，就是学科、专业、课程是依据产业、行业需求来设置的，人才培养的标准、方案是和企业或者行业专家共同研究制定的，教师是双师型的教师，拥有行业背景的教师，并且把中青年教师骨干积极送到行业一线培训，学生学习的场所和实验设备是和行业一致的，从学习和培养的结果来说，培养出来的应用型传媒人才能够达到支撑行（事）业、企业（单位）发展、满足行业的需求。

7.1.3　关于“研”的认识

应用型传媒人才的培养，对于传媒高校来说，所谓“研”就是为产（事）业、企业（单位）的发展而提供科技支撑，提供研究动力。应用型传媒人才的培养，“研”要区别于研究型高校，“研”的重点不是搞思辨性的学术研究，而是依托产（事）业、企业（单位）创新主体、依托现实的有效需求来开展科技活动。研发的重心也不是去做原理创新（主要不是去解决是什么、为什么的问题，不是去探索机制和原理）、更不是为了发表论文而去做一些概念和文字的组合，而是希望解决现实问题。因此“研”，科技项目除了来自研究中心以外，更多的还是来自产业和企业，科技成果及科技成果的转化也是面向行业、企业的，因此，应用型传媒人才的培养更应主要体现为应用型科研的特点，即应用已有的原理和技术来进行具体的技术研发（或创新性集成），所有的研究，都应该集中到教学实践和生产制造中去。

7.1.4 关于“用”的认识

对于传媒高校来说，所谓“用”就是要使用人类已有的文化（含知识机理、科技方法、管理经验，特别是新科技成果）来为产（事）业、企业（单位）的发展服务，不断推进文化的传承与创新。

把最新的教育、科技成果应用到人才培养、科技研发和产品制作的活动中去。把产教融合的教育理念，把虚拟现实、增强现实、人工智能领域里面最新的科技成果要用到传媒专业的教学活动中，开发出能够适应市场需求的产品。用应用型的教师来培养学生，让学生使用与行业接轨的教学实验设备，培养出来的学生能够被社会使用，好用。

7.2 培养逻辑：“产教融合”与人才培养的同频共振

“产教融合”站在传媒产业发展和变化的大舞台上，产和教的培养是“同频共振”的，都是为了适应社会需求，满足行业需求，培养应用型的应用型传媒人才。

7.2.1 “产教融合”与人才培养的外延同“理”

从外延上看，“产教融合”中的“产”主要由产业与行业，由企业（或单位）、生产、工作、解决方案、产品等要素构成；“教”主要由人才培养、能力培养等要素构成。因此，若从背景上看，应用型传媒人才培养需要立足于传媒产业的现实需求；若从能力上看，应用型传媒人才培养需要注重于创新创业能力的培养；若从方式上看，新型应用型传媒人才培养需要协同于“产教融合”，并以此反哺高校服务社会的能力。事实上，“产教融合”落实到操作层面就是“企校合作”“按需供给”“服务发展”，这恰好与应用型传媒人才培养的定位不谋而合。

首先，二者应共同寻找需求与供给的交汇点。“产教融合”不仅是高校了解产业发展需求的把脉器，而且是供需对接的连接器，还是服务社会、实现价值的立交桥。因此，应用型传媒人才培养只有在校企双方的深度合作中找到供需的交汇点，才能最大限度地使应用型传媒人才充满生机与活力。

其次，二者应共同打造企校合作的共赢链。“产教融合”是企业和高校共同关注之处，这就要求高校的校企合作不能仅流于表面、隔靴搔痒，而应将着力点放到为产业做出切实贡献上，以此收获产业的回报和社会的认同。

最后，二者应共同培养产品生产的自主能力。在应用型传媒人才的培养过程中，应通过夯实与企业的合作基础，以增强应用型传媒人才终端产品领域的生产能力。当然，除在资源上协助生产传媒类影视产品外，还应着力加强学生独立或参与生产影视产品，乃至创办传媒类创业公司的能力。

7.2.2 “产教融合”与人才培养的内涵同“质”

从内涵上看，二者的定位都在提供解决现实问题的操作方式上。事实上，正是由于应用型传媒人才培养的目标直指传媒产业，因此在培养过程中就应最大程度地把知识的原理和技术进行创新性集成，并将其应用到教学实践和生产制造中，以此更好地服务于传媒产业。这就要求应用型传媒人才的培养应从如下四个方面开展相关工作：以产业的发展需求，设置、研发或改造应用新型应用型传媒人才培养所依托的专业和课程体系等；以用人单位的人才需求，研究制定应用型传媒人才培养所依托的基本标准、教学计划、教学内容、实习方案、就业标准等；以大量具备行业背景的实践型人才，优化完善应用型传媒人才培养所依托的师资团队；以与产业一线同步甚至略微超前的生产设备，改善应用型传媒人才培养所依托的教学环境。

7.2.3 “产教融合”与人才培养的本质同“核”

从本质上看，二者的核心内容都在结果导向下的人才“为我所用”。因此，应用型传媒人才培养更应在使用已有的包括知识机理、科技方法、管理经验、新科技成果等在内的文化服务的基础上，不断实现文化的传承与创新。将最新的教育、科技成果，应用到人才培养、科技研发和产品制作中。将“有理论基础，有行业背景，有从业经历、有实操经验”的师资团队及校企深度合作资源，应用到学生培养与科研指导中。将与一线生产和工作同步甚至略微超前的生产设备，应用到相关人才的培养，并建构“教室、实验室、未来工作室”三位一体的教学模式。

7.3 现实挑战：传媒产业重塑推动建构的社会境遇

信息技术的裂变式发展以及“云大物移智区加”、5G 等技术的实际应用，引爆了包括传媒产业在内的诸多产业在生产模式、生活方式和价值理念的变革，并使得媒介生产、传播与消费的格局被重塑。这自然对传媒院校开展“产教融合”提出了新的课题，并给应用型传媒人才的培养带来了新的机遇与挑战。

7.3.1 “互联网 +”时代带来的现实挑战

互联网已成为创新性最活跃、交叉性最密集、渗透性最广泛的新引擎，不仅使媒介种群协同进化，还使创新与竞争成为驱动智能媒介发展的双引擎。与此同时，互联网的高速发展及其与各类媒体的深度融合，也引领着人类社会步入了智能媒体时代。

一方面，互联网媒介平台的不断革新带来了价值体系的持续升级。如今，以互联网为基础的数字平台已取代大多数传统平台，并成为信息交流的主要载体，致使“以内容生产为基本环节、以媒体形态为研究对象”的传统应用型传媒人才培养，已无法应对互联网平台的持续冲击，这自然要求应用型传媒人才的培养必须在产业发展基础上给予互联网以新的认知和思维。

另一方面，互联网正推进传统新闻生产方式、媒体格局和舆论生态的持续革新，并放大着终端用户“发言权”，使得用户欲望倒逼媒介生产、传播与消费的按需调整，并使得传统媒体不断解构、重组与创新转型，这自然要求应用型传媒人才培养须重新认知产业格局，从服务传统媒介与新媒体教育转向服务现代传媒与智能媒介教育。

7.3.2 “产”“教”两张皮现状带来的现实挑战

应用型传媒人才的培养理应以服务社会为目标、以发展需求为导向，主动对接产业、服务行业和区域；以“支撑转型升级、培养合格人才、推进科技创新、用好知识科技、及时反馈意见，逐步实施改进”为抓手，持续探索“产教融合”模式。但传媒实践的现实情况却并非如此，且尚存在“供”“需”两张皮的情况。一方面，日新月异的传媒业态对应用型传媒人才培养规律不断提出挑战，使得现实社会中的优秀应用型传媒人才并不一定来源于传媒院校；另一方面，传统传媒课程的设置，往往呈现重理论、轻实践的情况，还存在课程内容与时代需求脱节、缺乏融合性等一系列问题，无法适应新兴的传媒业态发展。

尤其在智能媒体时代，要求各级传媒机构在以“用户为中心”的传播理念下，尽可能提供更多维、更跨界、更融合、更迅速、更全息、更智能，覆盖传媒产业链全流程、全终端、一站式端到端的智慧媒体服务，比如，“新旧媒介深度融合，导致新闻生产与传播流程改变”“用户个性化需求，导致用户信息获取与处理方式变化”“开放式的传播结构，导致对信息传播的控制权削弱”“用户信息解码偏差，导致新闻传播偏向”“初级的算法推荐，导致‘信息茧房’和‘单向度的人’形成”“面向‘数据化’，导致用户隐私侵权问题丛生”等问题。这些都直接导致传媒教育远远落后于产业、行业发展，并成为“产教融合”的痛点与难点。传媒业生态发生重大变革，传媒专业教育急需知识更新，这自然对应用型传媒人才的培养提出了更高的要求。

7.4　践行路径：“产教融合”建构的实践诉求

“大众创业、万众创新”时代，唯有重新建构“产教融合”，才能助推新时代应用型传媒人才培养的全过程、全方位、全员育人。

7.4.1　健全以需求为导向的人才培养机制

智能媒体时代，人才培养更应学会“借力打力”，即借力“产教融合”的重要思路，发挥市场在传媒资源配置中的积极作用，以逐步解决应用型传媒人才“供给”与“需求”之间的矛盾。这就要求应用型传媒人才的培养应以“产教融合”为基准，在实践层面不断进行系统而深入的探索，以持续提升学生的实践能力。尤其传媒新业态环境下，亟需对“产教融合”的内涵进行扩大增效，在“四同”（同心、同构、同步、同频）目标导向下，做好服务社会、培养合格人才、推进科技创新、用好知识文化、畅通信息沟通与能力提升的准备，从而在“供给”与“需求”之间、教学和科研之间、专业和课程之间、传承与创新之间、服务与提升之间，形成一个正向循环的“增强回路”。

（1）人才培养要与业界需求同心。传媒产业现实需要的人才与服务，也是人才培养与教学科研工作的逻辑起点和终点。业界需要优秀的记者、编辑、播音员、主持人、编剧、导演、演员、美术师、录音师等人才，人才培养就应追随业界的人才需求，培养符合业界需求的应用型传媒人才培养，在人才培养上的目标上与业界需求同心，业界若需要节目内容、提供标准、提供培训、联合进行市场拓展等人才，培养就应满足业界的需求愿望，以提供更好的人才服务。

（2）人才培养要与业界平台同构。在“创新导引实践”的思路下，可以“复制”广播电视媒体、融媒体中心、影视制作等领域的“业务流程和生产场景”，建构“产教融合”实验、实习、实践及实训等教学设施设备系统。如此，可让实验室在设备设施、生产流程和工作场景等方面，与广播电视台、融媒体中心、电影制片厂、美术公司工作坊、数字媒体产品工作坊、影视摄录编美化服道工场等关键节点部分具有相同结构，从而实现设备设施同构、师资队伍同构的布局。与此同时，还应因地制宜地让教学设施适度领先于业界，并通过“引进、外派、自培”等方式，建设与业界专业人才队伍同构的“双师双能型”师资队伍。

（3）人才培养要与业界发展同步。传媒院校在“师资、设备、课程”三要素方面，应在紧密追踪业界发展的基础上进行同步建设，并尝试在某些关键节点实现“引领”。在具体实践上，应紧紧围绕业界最新发展所产生的人才、服务需求，并通过建立或转型成立行业学院的方式，实现“订单”式人才培养；在师资队伍方面，应尝试积极引进、培养一批传媒产业、行业领域的大师、青年才俊；在设备方面，应加快与传媒产业使用设备实现同步；而在课程体系上，应紧跟业界形势发展需要，进行改革、建设。

（4）人才培养要与教育规律同频。要探索适合传媒行业发展和需求的应用型传媒人才培养模式，加快培养出一批适应当前及未来媒体深度融合与产业创新发展，能够讲好“中国故事”并传播好“中国声音”的新时代传媒后备人才，这就要求人才培养务必与高等教育教学的规律同频共振，坚决将“产教融合”

落实到人才培养上，落实到“立德树人”的根本任务中，落实到培养社会主义事业的建设者和接班人到全局战略中。

7.4.2 应用型传媒院校应开展产教融合平台建设

产教融合平台建设投资大、周期长、见效慢，是一项需要协调政府、行业、企业、学校、研究机构、投资方、金融机构等多个主体的“累活”，是一项需要进行体制机制改革、协同创新、价值创造、链式融合的“苦活”。在搭建平台过程中，会存在不同主体间的利益冲突、不同发展逻辑之间的较量、不同运行机制之间的干扰等问题，主要表现为：“共赢之困”，即平台建设主体间的核心利益问题。传媒类产教融合平台究竟由谁投资、谁来建？地方传媒院校有建设的动力，但是缺乏足够的投资实力，地方政府、传媒类企业等具备足够的投资实力但是缺乏建设的动力；“共需之困”，即平台建设参与各方的共性需求问题。地方政府和传媒企业需要平台提供什么，传媒高校希望通过平台得到什么，平台建设能否满足各方的需求直接决定了平台能否实现可持续发展；“共治之困”，即平台运行和治理问题。平台究竟由谁来管、怎么管？结构影响效益，平台管理架构的合理性决定运行机制的科学性。因此需要正视现实困境，谋划推进策略，以规避平台建设过程中基础不够牢、运行不够畅、难以持续、走向形式主义甚至中断烂尾等风险。

（1）平台发展定位紧密融入地方产业规划，在目标上突出支撑地方传媒产业高质量发展。应用型传媒院校要坚持为地方经济社会发展服务，所创建的产教融合平台要紧密结合本地产业规划技术路线图来确定平台的发展定位，要用平台发展支撑地方传媒产业发展，以激发地方政府高位推动平台建设的内生动力，顺应政府主导产教融合的趋势，讲好故事、练好内功、积极响应、主动出击，与产教融合型行业企业联动、服务于产教融合型城市建设。

（2）实现利益主体的选择性耦合，打造利益共同体。要将传媒教育和传媒产业之间各自的实践逻辑与行动逻辑有效对接，注重把握教育与产业关系的尺度，在遵循高等教育发展规律和应用型传媒人才培养规律的前提下，实现各方利益的选择性耦合，增强耦合度。要破除体制障碍、领域界限、政策壁垒，打造核心利益共同体，形成产教融合不同主体通过平台在人才、设施、智力、技术、资本、管理等资源要素上的共建共享。

（3）完善产教融合平台的支持政策，创设良好的制度环境。地方政府需要建立健全传媒产业发展的支持政策，通过产教融合平台不断完善知识产权归属、成果收益分配、市场风险分担、产业生态环境优化、专项经费投入、政策税收减免等系列配套制度，为推进产教融合平台建设提供良好的制度环境，通过优惠的政策充分调动传媒行业企业参与平台建设的积极性和主动性。

（4）构建良好的合作运行体制，优化多方联动机制。推进政行企校一体的“协同型”平台管理机制建设，建立健全各方参与的沟通机制和定期会商机制，建立高度协同的管理模式；推进“学教研产城”一体化的“联盟型”发展机制建设，成立传媒产业协会等产业联盟组织，促进开展传媒高新技术的协同创新；推进以创新创业创造为导向的“产出型”企业孵化机制建设，打造贯通性综合服务平台和孵化平台，建构“全媒型”创新创业生态体系，培育新型文化传媒企业，搭建成果转化与产业化通道；推进统筹融合发展的“服务型”融资平台建设，借力文化资本市场，构建政府文创政策资金扶持、高校专项资金支持、社会企事业单位创投基金投入的资金平台，搭建包括内容创作、IP孵化、版权交易、专业培训、技术引进和研发、科普体验、数字娱乐等传媒产业金融服务载体；通过“平台+”赋能，推进以传媒类产业学院为核心的“双主体”育人机制建设，吸引传媒行业企业以资金、人才、技术、管理等要素参与办学，“引企入校”“引行入教”“引研入学”，形成“共建培养平台、共商教学计划、共组教学队伍、共管教学过程、共推教学质量”的校企合作育人新模式。

7.4.3 建构“全媒型”创新创业教育生态体系

人才培养应积极建构以“产教融合+”模式为特点的创新创业教育生态体系，搭建服务平台增强学生创新能力，这就要求把创新教育融入人才培养全过程，努力形成多种校企基地建设模式。学校和企业深度合作，共同“制定人才培养方案、进行课程建设和教材建设、实施人才培养过程、建设实习实训基地、培养双师型师资队伍、开展人才质量评估”。

（1）立足“全媒型”人才培养高度，贯通人才培养全过程。人才培养若要满足全媒型人才的需求，自然要求创新创业教育应依据技术的变革和业态的变迁，主动进行创新布局与转型升级，加强以“传媒+”为载体的生态体系构建，除了让学生具备互联网时代产业需求的基本内容生产能力外，还要掌握良好的数字化、云端化技术能力，以及垂直化、细分化的创意生产能力。在产业发展、市场关系、多业态产业链等方向上，应把握人才培养模式中课程设置和专业设置等环节，进一步瞄准前沿、立足应用、分类探索、分层制定，深化人才培养模式改革，从而将传媒新技术、新知识、新能力以贯通培养方式融入人才培养的全过程。

（2）建构复合知识理论体系，直面传媒产业智能化发展。媒体融合进入“深水区”，使得融为一体的全媒化成为必然现实。面对日新月异的传播格局，传媒院校创新创业教育更应站在培养全媒型和专家型人才的高度，守住传媒教育底线，强化传媒教育特色，突破传媒业态发展，立足智能传媒双创教育本色，建构具有复合知识理论体系的传媒院校创新创业教育新路径。在融合与交叉中，可通过“艺术+科技”“人文+工科”“智能+创新”“伦理+道德”等手段实现资源配置、生产要素整合、技术应用、平台打造、管理手段等领域的互融共通；在课程建设中，可通过强化“产教融合”理念，将市场需求、产业发展方向、创业基本内容纳入创新创业课程体系，以此形成校企共建的创新创业机制；而在教学方法上，创新创业课程应将“理实一体化”、体验式、项目化、任务型教学等作为基本要求，通过强化实践锻炼的分量，引导学生在持续的实践锻炼中提升创新创业能力。

（3）搭建社会实践体系，拓展创新创业教育空间。传媒院校创新创业教育体系的建构应按照分层次实践教学、项目制教学、对接产业标准教学等方式，加快形成以社会实践检验专业实践的评价机制、信息反馈和持续改进机制，并进一步探索“人才培养理念紧密对接传媒产业转型升级、培养标准紧密对接传媒产业发展预期、培养过程紧密对接传媒产业生产流程、专业结构紧密对接传媒产业生态链、教学条件紧密对接传媒产业一线标准”的“五对接”“产教融合”培养布局，以拓展创新创业教育空间。

8 “新文科建设”视域下应用型传媒人才培养的再定位

十九届五中全会指出：高等教育进入普及化阶段，到2035年基本建成教育强国，高等教育进入高质量发展阶段。2020年11月3日，全国有关高校和专家齐聚中华文化重要发祥地山东，共商新时代文科教育发展大计，共话新时代文科人才培养，共同发布《新文科建设宣言》。《新文科建设宣言》明确了文科教育共识：新时代新使命要求文科教育必须加快创新发展，坚定文化自信需要新文科，培养时代新人需要新文科，文科教育融合发展需要新文科。《新文科建设宣言》遵循坚持走中国特色的文科教育发展之路；《新文科建设宣言》的任务是构建世界水平、中国特色的文科人才培养体系，从明确总体目标入手，强化价值引领，促进专业优化，夯实课程体系，推动模式创新，打造质量文化。我国高等传媒教育在此背景下应培养什么样的人才、如何培养、怎么培养、成为高等传媒教育不可回避的重大现实问题。

当今世界由两个重要的关键词构成：技术革命与全球化。未来已来，“云大物移智区加”等新兴智能技术集群，使传媒产业遭遇前所未有的转型与变局，应把握高等传媒教育新形式，主动求变，在“新文科建设”视域下，对应用型传媒人才培养目标、规格、计划、能力、素养等都提出新的要求，要有新的认知，寻求新的发展。

8.1 “新文科建设”为应用型传媒人才培养开启新方向

全面认识与深刻理解“新文科建设”与应用型传媒人才培养之间的逻辑关系，是促进应用型传媒人才培养形成共识，形成系统衔接，融合联系的基础与核心；厘清二者的关系，是提高应用型传媒人才培养提升教育质量的关键环节。一言以蔽之，“新文科建设”是应用型传媒人才培养根本支撑，二者是紧密相连，互依共促，协同育人的生态体系，在“新文科建设”背景下，与应用型传媒人才培养同频共振，才能实现人才培养的目标和愿景。“新文科建设”为应用型传媒人才培养提供了方向、标准和价值，提出了新视角、新方法和新手段；应用型传媒人才培养需要有新的理论和思想。

8.1.1　媒体融合的过程催化了传媒行业的嬗变

随着信息技术的发展，媒体经历了跨越式演变和融合，从传统媒体与新媒体的交锋，再到智慧媒体的显现，媒体融合趋势推进了传统媒体、新媒体、智能媒体的“相加”和“互融”。传媒行业变得更加不确定，以前传统媒体行业需要专业的传媒人才，现在已经被新媒体传播规律打破。很多有影响的新闻记者不是来源于新闻传媒院校的专业人才培养，甚至专业的传媒人才培养和传媒行业的现有格局不匹配。传媒行业需要的知识、能力、素养、技能，在传媒人才培养过程中出现了分离与不适用的现象。媒体融合的过程是技术更迭的催化，也意味着新闻传播渠道多元化、复杂化的演变。传媒行业对把控媒体、占据传播制高点的要求越来越高，对新闻传媒人才的培养要求也越来越高。

8.1.2　适应智能媒体时代的应用型传媒人才培养

培养时代新人需要新文科。伴随传统媒体的裂变、信息技术的演进、移动终端的发展、新媒体的强势推进，正促使媒介形态从“融媒”向“智能媒体”的转变。智能媒体时代，改写了人类历史，重新构建了人连接信息与社会要素的关系，改变了人类的生活状态、思维方式和连接形式，万物皆媒，智能媒体从虚拟场景中拓宽了真实场景空间，对人类感知力、认知力、行动力、创造力进行延伸，在技术赋能、跨界融合、价值创造、能力重构的时代，开拓了应用型传媒人才培养方式。

高等传媒教育与“新文科建设”一脉相承，应用型传媒人才培养体现“新文科建设”灵魂与内涵，人才培养服务于国家社会经济，服务于传媒行业产业发展，受到行业变革发展趋势的影响，伴随新形势下提质增效的时代要求，高等传媒教育更应培养传媒学生的自信心、自豪感与自主性，把高等传媒教育作为人才培养、科学研究、服务社会和文化传承的主渠道、主阵地、主战场。

因此，智能媒体时代，应用型传媒人才培养就必须要站在宏观层面，遵循时代需求，充分彰显国家战略，充分表达社会要求，充分突出本质规定，充分明确价值取向，科学引领新时代高等传媒教育改革与发展的方向，形成全新教育理念和模式。

8.1.3 推进交叉融合的应用型传媒人才培养

文科教育融合发展需要新文科。客观地说，在学科规划上，传媒学科涵盖了艺术、文、理、工等多个学科，呈现了跨学科趋势；在专业建设上，传媒专业涵盖了包括广播电视学、传播学、新闻学、播音与主持艺术、广播电视编导、数字媒体艺术、影视技术在内的几十个专业目录，传媒已经成为一个大专业群发展态势；在岗位发展上，短视频，直播等新兴传媒业态的产生，冲击和挑战了传统的传媒岗位，传媒学生实践能力较差等问题也十分突出。方方面面都要求高等传媒教育在“新文科建设”视域下，进一步培养出适应行业发展、交叉融合的应用型传媒人才。

因此，“新文科建设”是推动文科专业之间深度融合，为应用型传媒人才培养具备多学科交叉的理论视野，为培养新闻价值判断能力提供理论支撑。一方面，应用型传媒人才培养要充分尊重高等传媒教育培养规律，按照培养规律培养高素质的应用型传媒人才；另一方面，应用型传媒人才培养，对传媒行业的发展起到重要的智力支撑，需要跨学科专业的知识整合，需要进一步打破学科专业壁垒，不同学科交叉融合。

首先，应用型传媒人才需具备文理工等多学科交叉的理论视野。伴随媒体的深度融合和智能化发展，传媒专业人才在需求端有很大变化，跨文、理、工科的知识背景的“跨界”人才尤受欢迎。其次，对内容价值的判断能力也是应用型传媒人才培养的要义，尽管人工智能在传媒领域已取得了较大的进步，如可预设词汇、语义等，但其仍无法对内容生产进行主观思考与评价，这就要求应用型传媒人才具备准确鉴别信息真实度、全面性、客观化、准确性的全貌能力。

8.2 “新文科建设”为应用型传媒人才培养提出新要求

新文科代表一种融合趋势。在“新文科建设”的发展机遇下，应用型传媒人才培养应该深刻把握人文社会科学的发展规律，自成理论体系和学术体系，在自信的同时还要自醒，客观认识自身的强项和存在的不足。面对高等传媒教育的“新文科建设”，需要坚持不忘本来、吸收外来、面对未来，构建具有文科特色、讲好中国故事、体现家国情怀，富有时代精神的人才培养话语体系。一方面，“新文科建设”要求文科教育创新发展，是全面、综合的教育；另一方面，应用型传媒人才培养是高等传媒教育跨越“学科本位”，回归“育人本位”，适应“行业本位”的重要呈现。

8.2.1 再认知：强化立德树人

当前，面对复杂的国际国内环境，传媒人才会遭遇各种思想观念的冲击、多元思潮文化的碰撞，这种复杂局势给传媒人才带来可塑和可变的局面。在传媒人才培养中，“立德树人”应旗帜鲜明，主流思想和社会主义核心价值观的融入培养十分重要，形成理论逻辑严密、教学经验丰富、教育体系完整、教学实践活动有效格局，与时俱进，不断创新。当今物质丰富和文化消费主义喧嚣，一些人急功近利，丢失了对人文精神的弘扬、对价值意义的理解。尤其是网络空间已经成为新的舆论传播主渠道，传媒院校人才培养更应该围绕“为谁培养、培养什么”的问题，在培养传媒人才把控移动传播平台能力上作为发力点，深刻了解商业化、社会化的网络平台现状，培养有灵敏新闻嗅觉的传媒人才。

传媒人才培养必须与思想政治教育相互促进，彼此助益，重拾本心，回归正题。不能把传播当成功利性的技术手段，不能单纯地进行工具性、技术性培养，而要站在对人类命运、灾难、幸福、痛苦的深度理解和认同关怀下，去呈现人类的价值、理想，充分运用舆论效应，带动整个社会的进步，用新闻媒体的主导地位，把有价值有意义的事件进行艺术化呈现，达到传播正能量的作用

8.2.2 再审视：强调价值引领

在全国教育大会上，习近平同志以“国之大计、党之大计”高度概括了教育在新时代的重要地位，强调坚持中国特色社会主义教育发展道路，培养德智体美劳全面发展的社会主义建设者和接班人。这一重要讲话体现了总书记对教育工作“培养什么人、怎样培养人、为谁培养人”这一根本问题的深谋远虑和高瞻远瞩，对于加快推进教育现代化、建设教育强国、办好人民满意的教育有着深远意义。《教育部 中共中央宣传部关于提高高校新闻传播人才培养能力

实施卓越新闻传播人才教育培养计划 2.0 的意见》中也明确提出：全面落实立德树人根本任务，坚持马克思主义新闻观，用中国特色社会主义新闻理论教书育人，培养造就一大批具有家国情怀、国际视野的高素质全媒化复合型专家型新闻传播后备人才。习近平总书记在《加快推动媒体融合发展 构建全媒体传播格局》中也明确指出媒体融合的发展目标是“打造一批具有强大影响力、竞争力的新型主流媒体”，新闻传媒人才培养在未来工作中应与时俱进打造新型主流媒体把关人，在“舆论引导、思想引领、文化传承、服务人民”等关键点上发力。因此，“新文科建设”视域下，应用型传媒人才要强化价值引领，牢牢把握文科教育的价值导向性。

首先，从人才培养目标的共性上看，高等传媒教育必须把“培养社会主义建设者和接班人”作为应用型传媒人才培养的根本任务，而传媒类专业独特的专业属性也决定它的人才培养目标必须把政治方向摆在第一位，人才培养必须坚持“党性原则”，实现有价值的高等传媒教育。

其次，应用型传媒人才培养，要严格具备“把关人”底线。传统媒体时代，大众媒体的传媒人才担负着信息生产的“把关者”，受传统制播等因素影响，新闻发声层层把关，然而，智能媒体时代，新闻发声已经真假难辨，具备复杂性和不确定性，传媒人才的“把关”价值就更加体现。高等传媒教育要让传媒人才学会深度挖掘信息、整理信息，从而在大量真假信息中提炼出深度报道；要将自身从繁复的基础性工作中解放出来，深度的思考自身的核心价值性，实现自身的专业性和思想性的突破。

再次，应用型传媒人才培养，要彰显传媒人才的“人文关怀”。“人文关怀”是应用型传媒人才培养的核心价值，在“内容为王”的智能媒体时代，人才的培养更应该体现在“有思想、有温度、有品质”上，坚持正确的舆论导向，坚守为国为民情怀，是应用型传媒人才培养的永恒价值，也是高等传媒教育价值取向。

8.2.3 再思考：加强育人育才

坚定文化自信需要新文科。《关于提高高校新闻传播人才培养能力实施卓越新闻传播人才教育培养计划 2.0 的意见》提出要“培养造就一大批适应媒体深度融合和行业创新发展，能够讲好中国故事、传播中国声音的优秀新闻传播后备人才”，习近平总书记也强调：“要推进国际传播能力建设、讲好中国故事、传播好中国声音，向世界展示真实、立体、全面的中国，提高中国国家文化软实力和中华文化影响力。”“育人育才”“讲好中国故事”已经成为智能媒体时代高等传媒教育面临的严肃命题。

围绕“新文科建设”，高等传媒教育更需要高举旗帜、凝聚民心、培育新人、传承文化、展示形象，加强社会责任感，促进传承传统文化和树立文化自信心，增强对外传播文化和彰显文化自信心。这是传媒高校培养应用型传媒人才的关键。信息技术迭代更新，传媒行业人才需求显现“供”“需”不匹配矛盾，可以预见，很长时期，传媒人才培养供给传媒行业会有相应偏差。因此，应用型传媒人才培养更应引领价值，与时俱进，培养时代新人，通过卓越传媒人才培养计划，加强应用型传媒人才培养能力；通过马克思主义新闻观教育，增强应用型传媒人才正确的政治方向；通过一流专业、一流课程建设，推进智能媒体时代应用型传媒人才高质量培养；通过开展专业质量认证工作，提高传媒人才的整体水平；通过推动“国标”生根落地，做好宣传、解读、培训。

一方面，应用型传媒人才培养要最大限度地发挥育人功能，提升大学生个人综合素养和全面能力，既培养学生开拓进取、勇于创新的精神理念，又让大学生在实践中得到更多的锻炼，表达一种与新时代与新社会相适应的新理念。另一方面，应用型传媒人才还要培养大学生勇于创新、诚实守信、艰苦奋斗、乐于奉献的价值观，引导大学生正确处理个人与社会、当前与长远、道德与利益的重要关系，并让他们意识到应该在社会主义现代化建设中承担更多的重任，讲好中国故事，成人成才。

8.3　“新文科建设”为应用型传媒人才培养开辟新路径

高等传媒教育是“新文科建设”中的重要组成部分。在新的时代形势下，人才培养要立足时代发展，主动服务于提升国家软实力，促进文化繁荣；打开新的局面，创造条件满足社会对传媒人才的需求；开辟新的路径，优化、调整、升级专业结构，努力培养应用型传媒人才。

8.3.1 重启认知：优化培养

高等传媒教育要向一流本科、一流专业、一流课程、一流师资、一流质保、一流人才的目标迈进，努力将新局面、新模式、新目标、新发展、新思路、新领域、新路径等融入到应用型传媒人才教育培养计划的建设中。

8.3.1.1 促进专业优化，发展新兴学科

从媒介形态来说，报纸、电视、网络、手机相互融合；从传媒产业业态来说，影视、广告、动漫、出版等产业也是相互渗透；从传播内容来说，文字、视频、图片、音乐互相融合呈现，整个传媒行业形成了“混搭”模式。“频道 + 渠道”“新闻 + 服务”“媒介 + 场景”，基于大数据采集和处理等技术的传媒学科群，运用计算机视觉、深度学习、生物识别、场景构建等人工智能技术进行的传媒相关问题研究，都将成为高等传媒教育学科研究的重点。

应用型传媒人才培养应立足于“专业育人”，培养“口头”稳、“笔头”准、“镜头”有温度的传媒人才。传媒院校在传媒人才的专业能力培养上应扎实创新，“口头”能力是口头舆论场的形成成因，媒体传播舆论最直观的方式就是“口头”表达呈现，传媒人才“口头”能力的培养要有职业的新闻敏感度和对形势把握的能力；“笔头”功夫是文字写作能力的直观呈现，如今新闻的快与新已经受到自媒体冲击，传统的“独家”“内幕”消息已不能成为新闻核心竞争力，这就要求传媒人才在“笔头”上下功夫，不断锤炼与提高自身水平；“镜头”功底是新闻传媒人才的基本功，能否呈现客观真实进一步决定了传媒人才的职业操守。

应用型传媒人才培养，与新一轮科技革命和产业变革新趋势紧密相关，尤其人工智能、区块链、4K/8K 超高清、虚拟现实技术、无人机、5G 等大量新兴技术，高等传媒教育更应与科技强国战略保持一致，拥有跨界思维，与工科、理科等新兴领域进行交叉融合。以“传媒 +”“科技 +”“艺术 +”为学科专业建设的基本遵循，一方面，以“一流专业建设”为基础，打造“金专”；另一方面，全面布局智能化高等传媒教育，实现智能高等传媒教育的转型发展。

在媒体融合进程中，传媒院校人才培养要实现从跟跑者、并跑者到领跑者的转变，在战略上，结合当今现状重视人才培养教育理念的突破与创新培养路

径的突破；在战术上，将行业发展与专业培养结合起来，将应用型培养与能力提升融为一体，在专业教育中重建课程体系、知识结构和实践能力，重构传媒人才培养与新时代行业格局结合的新场景。

8.3.1.2　夯实课程体系，注重课程思政

传媒学科发展带来的高等传媒教育的新格局，应全面实现高等传媒教育内涵式发展，对应人才培养目标，传媒课程体系构建应该重新审视，再次定位，从跨学科出发、在交叉融合中培养符合业界需求的应用型传媒人才。必须明确，传媒学生要适应智能媒体时代的传媒工作，转型是必然，进而培养学生掌握“采、编、播、摄、录、演、服、化、道、音、美、照”等“十八般技艺”，适应不同工作的要求。一方面，传媒课程体系建设的重视度，持续推动教学内容更新，教学方式突破，积极探索开设跨学科、跨专业新兴交叉课程、实践教学课程，增强学生跨领域融通能力和实践能力；另一方面，进一步落实“课程思政”，在课堂上要严格落实“学术研究无禁区、课堂讲授有纪律”，严肃对待、科学辨识多元的各类思潮，用健康积极的思想文化占领课堂教学主阵地。

因此，应用型传媒人才培养，要强化智能媒体教育教学中的人才培养目标定位与课程体系建设，拓展课程内涵，增强媒介素养教育。课程体系构建从单一学科专业理论技能到跨学科知识能力素质转型，激发学生学习变被动接受为主动，坚持通识为“本”，专业为“用”；培养传媒人才系统掌握传媒领域的基本理论，掌握较强的内容策划与生产、媒介技术与创新、数据分析与处理、价值判断与应对能力；要突出产出导向，主动对接行业产业发展需求，优化课程设置、更新教学内容，革新教学方法，多元教学手段，切实培养能够在各级部门从事传播工作的应用型传媒人才。

8.3.2　重构生态：模式创新

“新文科建设”与应用型传媒人才培养具有相同的时代使命，重点是提升国家形象，传媒人才作为国家形象传播的“把关者”和“发声者”，担负着“提升国家文化软实力，塑造国家的硬形象”的重任，传媒人才要具备“会讲中国故事”的影响力，“讲懂中国故事”的感召力，“讲好中国故事”的塑造力，推进模式创新，完善全链条的育人机制。

8.3.2.1　构建融合师资，提升培养质量

党的十九大报告提出，“培养高素质教师队伍，倡导全社会尊师重教”。国家中长期教育发展纲要指出：“有好的教师，才有好的教育。”一流的应用型传媒人才培养需要一流的师资作为基础保障，高等传媒教育应该发挥全员优势，构建一支公共课与专业课教师配合、专兼职教师结合、理论与实践性教师综合，人才梯度合理的融合师资队伍，为应用型传媒人才培养凝聚强大合力。一方面，高等传媒教育的师资队伍结构需要专业化和多元化，才能适应传媒行业的变革；另一方面，为提升培养质量，组建和打造一支融合型的师资队伍，并有机结合，渗透到传媒人才培养的各个环节。

因此，高等传媒教育要持续引进高水平、高技能、高职称的具有行业背景的专家型教师，形成传媒人才培养的凝聚力；也要继续引进具有一定行业知名度，创作能力旺盛的传媒人士，形成专业创新力；要把青年老师送到行业中去培训，接受更多的行业产业视野的熏陶；也将和更为专业的机构企业或教育行业合作交流。在这“走回来”和“带出去”的过程中，将整个传媒师资提高到一个新的档次，推动应用型传媒人才培养质量的不断提升。

8.3.2.2　加强产教融合，实现协同育人

客观地说，高等传媒教育产教融合是智能媒体时代应用型传媒人才培养的重要手段，长期以来，产教融合经历了从高校主体推动到高校、行业企业双主体推动，再到政府主导，行业企业学校多维推动过程。从国家顶层设计来说，把“产教融合”列在了战略发展的重要层面，“产教融合”型城市、“产教融合”型行业、“产教融合”型企业逐步试点建设；从传媒产业发展来说，高等传媒教育通过艺术与科技融合、产业与教育融合，加强协同育人是适应传媒产业发展、服务地方经济社会发展的重要途径；从传媒高校人才培养来说，人才培养理念要紧密对接传媒产业转型升级，培养标准要紧密对接传媒产业发展预期，培养过程要紧密对接传媒产业生产流程，专业结构要紧密对接传媒产业生态链，教学条件要紧密对接传媒产业一线标准；从传媒高校服务地方来说，人才培养还应该具有在地化视域思维，有服务地方的意识，培养有高度的应用型传媒人才。传媒院校生长源于地方，人才培养也应该服务地方，在拓展生存和发展的

空间上都不能缺失来源于地方的支持。在在地化前提下，传媒人才的培养更应该落实在与地方协同培养，通过产教融合培养出一批专业的有高度的新闻传媒人才，应主动适应服务地方经济、文化建设，不断提高教学质量和服务地方的水平，可以通过校地、校企合作共建，联合开展新闻传媒人才培养，主动承担新闻传媒领域有高度合作的相应的研究工作，实现互利共赢。

因此，高等传媒教育要进行产教融合的顶层设计，加强产教深度融合，校企紧密合作，构建协同育人机制。高等传媒教育要立足应用型传媒人才培养的高度，瞄准产业、立足融合、分类探索、突出应用，深化人才培养改革模式，把产教融合融入到人才培养全过程；传媒高校要与业界需求同心、与业界平台同构、与行业发展同步、与教育规律同频；传媒高校要贯通“产学研用”，全程贯通传媒人才的实践能力培养，通过“早实践—多实践—反复实践”打造“教室—实验室—工作室”三合一、“作业—作品—产品”三结合、“基础实践—综合实践—创新实践”三段融合的三位一体培养模式，贯通产教融合“虚拟空间”到“真实空间”路径，深入节目制作、内容输出的全流程深度运作中，增强传媒人才核心竞争力，推进产学研结合。

习近平总书记在全国高校思想政治工作会议上指出：“要用好课堂教学这个主渠道。”“把思想政治工作贯穿教育教学全过程，实现全程育人，全方位育人。”新时代，传媒人才培养必须坚守舆论阵地，培养出具有开阔视野、坚定信仰、深厚文化素养的高素质应用型传媒人才，遵循传媒行业规律，全面培养传媒人才高度的社会责任感和崇高的价值追求，不断增强未来传媒人才的脚力、眼力、脑力、笔力，为提高新闻舆论传播力、引导力、影响力、公信力贡献力量。

新时代，高等传媒教育发展面临新格局、新气象，继而助推未来专业素养高、学习能力强、综合实力精、有创新思维的应用型传媒人才的诞生。教育兴则国兴，教育强则国强，只有回归本位，才能培养出新闻传播的“把关人”和“发声人”，培养出适应智能媒体时代的应用型传媒人才。

结束语

媒介技术瞬息万变，传播平台不断更新迭代，变的是时空与传播主体，但不变的是用户对优质内容的渴望与需求，是公众对民主、公正、公平的期待，是人民对美好生活的向往。智媒体不仅催生了新的媒介形态、媒介功能，形成了新的智能化传播生态环境，而且使媒介价值实现了从“内容”到“关系”再到“服务”的让渡，作为一种应然状态，中国高等传媒教育应尽快理顺新形式或新新环境下媒体生产的各种关系。

新时代的精彩故事需要激发媒体深度融合的力量。推进媒体融合是一项紧迫的、战略性部署，不可能立竿见影，在符合新时代宣传引导与响应机制下，打通媒体深度融合的关键环节，变与不变相融合，建构具有中国特色的全媒体传播体系。本研究在深层次揭示智媒体的技术特质及其影响的基础上，提出了中国高等传媒教育应在智媒体技术赋能传媒产业创新发展的大背景下顺势而为，通过拥抱智媒体变革、融入智媒时代、普及新闻伦理、拓展课程内涵、深化产教融合等方式方法，对中国高等传媒教育进行重新定位，如此方能培养出具备“创新型”“复合型”“全流程”“跨媒体”及家国情怀、全球视野等特质的卓越应用型传媒人才。

跋

钟灵毓秀，方能征俊朗之规模；敦品积学，方能垂大匠之方圆。年近不惑，一直跋涉在学术创新的途中，有时苦不堪言，有时乐在其中。书稿终告断落，掩卷思量，饮水思源，在此谨表达自身的殷切期许与拳拳谢意。

本书内容的研究对象为媒体深度融合背景下应用型传媒人才培养的逻辑，覆盖科学技术、社会文化、消费内容与教育教学等多重维度。考虑到本书的“悦”读性，我侧重于案例分析和问题探讨，以期将应用型传媒人才培养置于一个比较明确的意义背景和范围下进行考察。在此，要特别感谢四川大学出版社；感谢四川省图书馆党委书记何光伦老师拨冗作序，扶掖后学，令人感怀；还要感谢工作单位的各位领导、同事长期以来给予的关怀、鼓励与指导。

回望本书撰写与出版的全过程，需要感谢太多的朋友：北京第二外国语学院的梁昊光教授，中国传媒大学的金立标教授、曹三省教授，人民邮电出版社的哈宏疆老师，中国铁道出版社的周欣老师，现代传播杂志社的潘可武老师，中国出版杂志社的王媛老师，电视研究杂志社的李金澍、林玉明老师，传媒杂志社的鲁艳敏老师，等等。正是由于他们的鼓励、支持和帮助，才有了今天的这些文字，才有了我的点滴进步。在此，一并表示衷心的感谢并致以崇高的敬意！

同时，还要感谢在研究中给我提出建议和提供帮助的人；感谢给予转载和引用的资料、图片、文献、研究思想和设想的著作者；感谢一直以来关心我、帮助我、支持我、鼓励我的同行、同事、同学和亲朋好友……要感谢的人和事是那么多，谢天谢地。

就在本书即将出版前，王雪梅与我撰写的另一本著作《智能媒体时代传媒人才“双创”教育多维融合路径研究》由重庆大学出版社发行；王雪梅与我又同时获批“全国广播电视和网络视听行业青年创新人才”（国家广播电视总局）、“四川省学术和技术带头人后备人选”（中共四川省委组织部等八部门）；王雪梅被遴选为四川省高等学校戏剧与影视学类专业教学指导委员会委员，而我被遴选为四川省高等学校新闻传播学类专业教学指导委员会委员……

尼采曾说：“书一旦脱稿之后，便以独立的生命继续生存了。”现在，我又最后一次浏览了书稿，深感惭愧。尽管在本书的写作与不断修订过程中，我们持续更新与优化着书稿的结构与内容，但在思路整理、结构安排、文字表达方面依然不可避免地留有诸多不足之处。我期待大家提出中肯的建议与批评，以便日后修订及完善。我们也谨记，虽然留在本书中的缺失与遗憾暂难补救，好在对传媒产业与高等传媒教育的研究绝无止境。今后，我将努力写出更令读者满意的传媒产业与高等传媒教育著作以弥补今日的缺憾。

雄关漫道真如铁，而今迈步从头越。今后，我会时常自我反思，查找不足，不断完善自己，努力成为我孩子的好榜样！

许志强

2021 年 4 月 30 日

于成都 · 青龙湖畔

重要参考文献

［1］艾伦．做智能化社会的合格公民——探讨智能化时代人工智能教育的核心素养［J］．中国现代教育装备，2018（08）：1-14.

［2］艾瑞咨询．2018年5G时代商业模式变革趋势研究报告［R/OL］．（2018-11-21）［2020-12-05］.http：//www.100ec.cn/detail--6482376.html.

［3］爱立信．移动市场报告［R/OL］．（2017-04-26）［2020-05-12］．http：//www.eepw.com.cn/article/201712/373322.htm.

［4］爱奇艺全国创意策划中心．“未来到来”2019虚拟偶像观察报告［R/OL］．（2020-01-08）［2020-08-12］.http：//www.199it.com/archives/1004591.html.

［5］莱文森．软利器 信息革命的自然历史与未来［M］．何道宽，译．上海：复旦大学出版社，2011.

［6］莱文森．思想无羁：技术时代的认识论［M］．何道宽，译．南京：南京大学出版社，2003.

［7］博文仁，马雪健，杨兼．网络舆情进入“场境时代”——从“春节抢红包”看网络舆论场的变化［J］．新闻前哨，2015（04）：76-78.

［8］卜卫，任娟．超越“数字鸿沟”：发展具有社会包容性的数字素养教育［J］．新闻与写作，2020（10）：30-38.

［9］卜亚敏．融媒体时代应用型新闻人才培养研究［J］．新闻采编，2019（01）：55-56.

［10］蔡报文，杨慧芸，刘辉．人工智能技术在媒体融合中的应用研究［J］．

教育传媒研究，2020（04）：84–85.

［11］蔡雯.媒体融合前景下的新闻传播变革与新闻教育改革［J］.今传媒，2009（01）：21–24.

［12］蔡雯.媒体融合与融合新闻［M］.北京：人民出版社，2012.

［13］曹竞，刘俞希.5G时代下的媒体融合发展 中国青年报沉浸式体验新闻的探索与思考［J］.新闻与写作，2020（03）：89–93.

［14］曹祎遐.打造“全方位整合”迎接“全媒体时代”［J］.新闻大学，2012（04）：149–152.

［15］曾鸣.智能商业［M］.北京：中信出版社，2018.

［16］菲德尔，徐海英，盛群力.为21世纪再设计课程——四维教育白皮书［J］.数字教育，2017，3（02）：1–4.

［17］巢乃鹏.面向新时代的传媒教育——以深圳大学传播学院人才培养模式为例［J］.中国出版，2020（14）：22–26.

［18］陈宝生，2020年建50家人工智能学院、研究院或中心［EB/OL］.（2019–05–16）［2021–04–16］.http：//www.bjnews.com.cn/edu/2019/05/16/579634.html.

［19］陈昌凤，石泽.技术与价值的理性交往：人工智能时代信息传播——算法推荐中工具理性与价值理性的思考［J］.新闻战线，2017（17）：71–74.

［20］陈昌勇.卓越新闻传播人才培养规格论［J］.中国出版，2017（17）：48–51.

［21］陈明.大数据可视化分析［J］.计算机教育，2015（5）：94–97.

［22］陈娜，胡倩倩，曹三省.面向智能融媒体的VR超高清应用创新发展［J］.传媒，2020（06）：11–15.

［23］陈娜，唐百慧，曹三省.5G创新技术聚合智能融媒体发展［J］.传媒，2020（19）：48–50.

［24］陈伟军.智能环境下的全媒体泛在阅读与认知重构［J］.福建论坛（人文社会科学版），2020（06）：69–81.

［25］陈卫星.媒介域的方法论意义［J］.国际新闻界，2018，40（02）：

8–14.

［26］陈小燕，陈龙．智能媒体时代新闻传播教育的转型［J］．传媒，2020（09）：17–21.

［27］陈晓兵．人工智能＋传媒教育跨界融合生态重构［J］．中国出版，2021（06）：36–38.

［28］陈毅华，张静．从概念到集成化、产品化、商业化实践——从媒体大脑看人工智能技术与传媒业态的融合［J］．中国记者，2019（02）：13–15.

［29］陈志雄．整合内容资源、助力传媒创新：新媒体时代“全媒体”解决之道［J］．中国传媒科技，2008（3）：63–64.

［30］程栋．论“智媒体”一词与其属概念的确认——基于语言学、逻辑学、信息学的考察［J］．新闻爱好者，2020（11）：25–29.

［31］程明，程阳．论智能媒体的演进逻辑及未来发展——基于补偿性媒介理论视角［J］．现代传播（中国传媒大学学报），2020，42（09）：1–5.

［32］仇筠茜，陈昌凤．黑箱：人工智能技术与新闻生产格局嬗变［J］．新闻界，2018（01）：28–34.

［33］崔士鑫．重塑传播力：澳大利亚媒体融合发展的探索和启示［J］．中国出版，2020（09）：9–14.

［34］崔雪茜．融媒体时代的记者融合转型［EB/OL］．（2017–11–14）［2020–12–10］.http：//media.people.com.cn/n1/2017/1114/c415258–29645804.html.

［35］邓杭．试论算法推荐对网络空间价值引导的重塑［J］．传媒评论，2019（01）：41–43.

［36］丁一，郭伏，胡名彩，等．用户体验国内外研究综述［J］．工业工程与管理，2014，19（4）：92–97.

［37］董丽丽，金慧，李卉萌，等．后疫情时代的数字教育新图景：挑战、行动与思考——欧盟《数字教育行动计划（2021–2027 年）》解读［J］．远程教育杂志，2021，39（01）：16–27.

［38］董盟君．智能媒体时代媒体融合的思考与实践——人民在线“1+5+

N”融媒体方案［J］. 传媒，2020（15）：23–25.

［39］董泽芳，王晓辉 . 国外一流大学人才培养模式的共同特点及启示——基于对国外八所一流大学培养杰出人才的经验分析［J］. 国家教育行政学院学报，2014（04）：83–89.

［40］杜潇枭 . 媒体融合背景下国际传播的新体系与新实践——以中国网为例［J］. 传媒，2020（12）：66–68.

［41］段鹏，文喆，徐煜 . 技术变革视角下 5G 融媒体的智能转向与价值思考［J］. 现代传播（中国传媒大学学报），2020，42（02）：29–34.

［42］段鹏 . 试论我国智能全媒体传播体系建设的实践路径：内容、框架与模式［J］. 现代出版，2020（03）：11–18.

［43］段鹏 . 智能化演进：广电媒体深度融合历史机遇与发展策略［J］. 编辑之友，2020（03）：5–10.

［44］樊昌志 . 媒介生态位与媒体的生机［J］. 湘潭大学社会科学学报，2003（06）：139–142.

［45］范咏静 . 数字媒体产业发展现状及构想［J］. 西部广播电视，2014（05）：2+16.

［46］方可人，喻国明 . 媒介用户：从物理划分到心理划分的范式升级——关于媒介人格与媒介使用偏向的实证研究［J］. 新闻与写作，2020（05）：61–66.

［47］方师师 . 智能媒体系统如何型塑“上游”知沟：个性化、新闻增值与普遍差异化［J］. 新闻与写作，2020（10）：12–20.

［48］方圆媛，黄旭光 . 中小学人工智能教育：学什么，怎么教——来自“美国 K–12 人工智能教育行动”的启示［J］. 中国电化教育，2020（10）：32–39.

［49］方正，叶海涛 . 智能媒体时代凝聚社会价值共识的三点思索［J］. 理论探索，2020（02）：43–48.

［50］弗莱克斯纳 . 现代大学论——美英德大学研究［M］. 徐辉，陈晓菲，译 . 杭州：浙江教育出版社，2001.

［51］高钢．媒介融合趋势下新闻教育四大基础元素的构建［J］．国际新闻界，2007（07）：29–34.

［52］高慧敏，殷乐．智能媒体时代新闻场域身体“在场”与“离场”问题考——基于智能化新闻实践的考察［J］．西安交通大学学报（社会科学版），2020，40（02）：131–138.

［53］高慧敏．区块链＋媒体：逻辑、实践与前瞻——基于媒体信任维度的考察［J］．电视研究，2020（02）：27–30.

［54］高艺．从央视频 App 探析国家新型主流媒体的智能融合路径［J］．电视研究，2020（06）：49–51.

［55］耿晓梦，喻国明．智能媒体伦理建构的基点与行动路线图——技术现实、伦理框架与价值调适［J］．现代传播（中国传媒大学学报），2020，42（01）：12–16.

［56］工业和信息化部，国家广播电视总局．关于印发超高清视频标准体系建设指南（2020 版）：工信部联科〔2020〕71 号［EB/OL］．（2020–01–16）［2020–12–29］.http：//www.gov.cn/zhengce/zhengceku/2020–05/26/content_5515088.htm.

［57］郭彩霞．浅析大众媒介在人的现代化过程中的作用［J］．中共福建省委党校学报，2012（05）：112–116.

［58］郭德刚，刘何雁．全媒体时代提高电视人媒介素养的途径［J］．中国记者，2014（06）：107.

［59］郭鸿．索绪尔语言符号学与皮尔斯符号学两大理论系统的要点——兼论对语言符号任意性的置疑和对索绪尔的挑战［J］．外语研究，2004（04）：1–5+80.

［60］郭文革．教育变革的动因：媒介技术影响［J］．教育研究，2018，39（04）：32–39.

［61］国家发展改革委，中央网信办．《关于推进“上云用数赋智”行动 培育新经济发展实施方案》的通知［EB/OL］．（2021–04–10）［2021–05–12］.https：//www.ndrc.gov.cn/xxgk/zcfb/tz/202004/t20200410_1225542.

html?code=&state=123.

[62] 国家广播电视总局，广电总局办公厅.关于开展2020年度全国广播电视和网络视听行业领军人才工程、青年创新人才工程推荐选拔工作的通知[EB/OL].(2020-01-16)[2020-11-15].http：//www.nrta.gov.cn/art/2020/1/16/art_113_49525.html.

[63] 国家广播电视总局.关于加快推进广播电视媒体深度融合发展的意见的通知[EB/OL].(2020-11-26)[2021-01-10].http：//www.nrta.gov.cn/art/2020/11/26/art_113_53991.html.

[64] 国家广播电视总局.关于推动新时代广播电视播出机构做强做优的意见的通知[EB/OL].(2020-11-05)[2020-12-30].http：//www.nrta.gov.cn/art/2020/11/5/art_113_53696.html.

[65] 国家广播电视总局.广播电视技术迭代实施方案(2020-2022年)[EB/OL].(2020-12-07)[2020-12-30].http：//www.nrta.gov.cn/art/2020/12/7/art_113_54147.html.

[66] 国家广播电视总局.广电总局办公厅关于开展2020年度全国广播电视和网络视听行业领军人才工程、青年创新人才工程推荐选拔工作的通知[EB/OL].(2020-01-16)[2020-12-28].http：//www.nrta.gov.cn/art/2020/1/16/art_113_49525.html.

[67] 国家新闻出版广电总局.《关于进一步加快广播电视媒体与新兴媒体融合发展的意见》的通知[EB/OL].(2016-07-06)[2020-12-10].http：//www.nrta.gov.cn/art/2016/7/2/art_3592_42309.html.

[68] 国务院.国务院关于印发新一代人工智能发展规划的通知[EB/OL].(2017-07-08)[2021-04-20].http：//www.gov.cn/zhengce/content/2017-07/20/content_5211996.htm.

[69] 韩婷.试论人工智能视阈下新闻业的未来发展路径[J].东南传播，2019(01)：7-9.

[70] 何威.二次元亚文化的“去政治化”与“再政治化”[J].现代传播(中国传媒大学学报)，2018，40(10)：25-30.

［71］何志武．学科交叉与媒介融合语境下传媒复合型人才培养模式的转型［J］．中国大学教学，2013（11）：30-32.

［72］核心素养研究课题组．中国学生发展核心素养［J］．中国教育学刊，2016（10）：1-3.

［73］胡建金．从地方媒体招聘信息发布看融媒体人才需求与能力培养［J］．中国记者，2017（02）：27-29.

［74］胡翼青，李璟．“第四堵墙”：媒介化视角下的传统媒体媒介融合进程［J］．新闻界，2020（04）：57-64.

［75］胡翼青．论文化向度与社会向度的传播研究［J］．新闻与传播研究，2012，19（03）：4-11+109.

［76］胡翼青．西方传播学术史手册［M］．北京：北京大学出版社，2015.

［77］胡永彩．地方报业集团战略转型策略——以浙江日报报业集团“媒立方”为例［J］．出版广角，2020（05）：50-52.

［78］胡泳．数字位移：重新思考数字化［M］．北京：中国人民大学出版社，2020.

［79］胡玉玺，王雨薇，程海威．智能出版：智能媒体时代传统出版业务的转型升级方向［J］．科技与出版，2020（11）：56-63.

［80］胡云志，腾云，许志强，等．共享与智能［M］．北京：科学出版社，2020.

［81］胡正强．专业年鉴个性化的建构及其路径——以《中国新闻传播教育年鉴》为例［J］．青年记者，2019（18）：45-47.

［82］胡正荣．新闻传播学教育的特色化生存［N］．中国社会科学报，2009-12-01（006）.

［83］胡正荣．智能化：未来媒体的发展方向［J］．现代传播（中国传媒大学学报），2017，39（06）：1-4.

［84］胡智锋，雷盛廷．中国主流媒体面临的技术环境——技术视角下中国主流媒体面临的新环境、新形势、新任务［J］．中国编辑，2020（12）：29-34.

[85] 黄楚新，刘美忆. 我国新型主流媒体与国家治理体系和治理能力现代化 [J]. 中国出版，2020（15）：10–15.

[86] 黄楚新. “互联网 +” 背景下的新机遇：传统媒体电商化 [J]. 传媒，2015（8）：8–10.

[87] 黄旦. 重造新闻学——网络化关系的视角 [J]. 国际新闻界，2015，37（01）：75–88.

[88] 黄侃. 创新教育与跨学科传媒人才培养 [J]. 现代传播，2004:（01），85–86.2004（01）：85–86.

[89] 黄鸣奋. 成为艺术家：基于新媒体艺术与科幻电影的人工智能想象 [J]. 文艺争鸣，2020（07）：86–93.

[90] 黄荣，吕尚彬. 智能时代媒体泛化机制研究 [J]. 当代传播，2020（01）：38–42.

[91] 黄婷婷. 虚拟偶像：媒介化社会的他者想象与自我建构 [J]. 青年记者，2019（30）：28–29.

[92] 黄燕. 大学生数字素养的现状分析及培养路径 [J]. 思想理论教育，2015（03）：82–85.

[93] 莱茵戈德. 网络素养：数字公民、集体智慧和联网的力量 [M]. 北京：电子工业出版社，2013.

[94] 贾若雨，曾昂，朱敏，等. 面向在线交易日志的用户购买行为可视化分析 [J]. 软件学报，2017，28（09）：2450–2467.

[95] 江霞，颜志森. 数字出版时代科技期刊利用电子商务平台营销的构想 [J]. 编辑学报，2015（04）：172–174.

[96] 姜进章，刘星伦. 虚拟偶像 IP 发展之路 [EB/OL].（2020–08–12）[2021–02–21].https：//www.sohu.com/a/412798070_814380.

[97] 姜翼飞，辛拓. 传统纸媒的智能化融媒体传播格局探析——以《广州日报》为例 [J]. 出版广角，2020（21）：49–51.

[98] 教育部，中共中央宣传部. 教育部 中共中央宣传部关于提高高校新闻传播人才培养能力实施卓越新闻传播人才教育培养计划 2.0 的意见 [EB/

OL］.（2018-10-08）［2020-12-05］.http：//www.moe.gov.cn/srcsite/A08/s7056/201810/t20181017_351893.html.

［99］教育部，中共中央宣传部.教育部中共中央宣传部关于加强高校新闻传播院系师资队伍建设实施卓越新闻传播人才教育培养计划的意见［EB/OL］.（2018-10-08）［2020-12-05］.http：//www.bjedu.gov.cn/publish/portal0/tab67/info28326.htm.

［100］教育部.教育部2012年工作要点［EB/OL］.（2012-02-02）［2020-12-05］.http：//www.moe.gov.cn/jyb_sjzl/moe_164/201202/t20120202_129875.html.

［101］教育部.教育部关于实施卓越教师培养计划2.0的意见［EB/OL］.（2018-10-10）［2020-12-05］.http：//www.moe.gov.cn/srcsite/A10/s7011/201810/t20181010_350998.html.

［102］教育部.教育部关于实施卓越教师培养计划的意见［EB/OL］.（2014-08-18）［2020-12-05］.http：//old.moe.gov.cn/publicfiles/business/htmlfiles/moe/s7011/201408/174307.html.

［103］教育部.教育部关于印发《高等学校人工智能创新行动计划》的通知［EB/OL］.（2018-04-02）［2021-04-28］.http：//www.moe.gov.cn/srcsite/A16/s7062/201804/t20180410_332722.html.

［104］教育部动画与数字媒体教指委.2018-2022年教育部高等学校动画、数字媒体专业教学指导委员会第四次全体工作会议在蓉召开［EB/OL］.（2020-12-06）［2020-12-06］.https：//mp.weixin.qq.com/s/idh2RP_Np_JZSM8FFX0PXA.

［105］解学芳，张佳琪.AI赋能：人工智能与媒体产业链重构［J］.出版广角，2020（11）：26-29.

［106］凯利.必然［M］.周峰，董理，金阳，译.北京：电子工业出版社，2016.

［107］科技部.关于批准建设媒体融合与传播等4个国家重点实验室的通知［EB/OL］.（2019-11-13）［2020-01-01］.http：//www.gov.cn/xinwen/2019-

11/13/content_5451486.htm.

［108］福克斯．社交媒体批判导言［M］．赵文丹，译．北京：中国传媒大学出版社，2018.

［109］孔令强．模仿、创新与新闻黑箱——对“AI合成主播”的技术反思［J］．传媒，2020（17）：47–49.

［110］匡文波，郑俊婷．人工智能技术对新闻生产的影响与再造［J］．中国记者，2016（11）：72–75.

［111］匡野，陆地．5G视域下主流媒体融合创新发展的进路［J］．中国编辑，2020（07）：14–18.

［112］李彪，刘泽溪．聚合与重塑：2018年我国智能媒介发展观察［J］．出版广角，2019（03）：29–32.

［113］李博．生态学［M］．北京：高等教育出版社，2000.

［114］李锋．发展关键能力，培养数字公民——面向核心素养的信息技术课程设计［M］．上海：华东师范大学出版社，2020.

［115］李海东，许志强．“数据价值＋人工智能”双轮驱动下媒体智能化变革路径探析［J］．中国出版，2019（20）：46–50.

［116］李华君．多元、交叉与协同：学科融合背景下对新闻传播人才培养的思考——以华中科技大学新闻与信息传播学院为例［J］．新闻与写作，2020（07）：22–29.

［117］李佳敏．跨界与融合［D］．上海：华东师范大学，2014.

［118］李明德，王含阳，张敏，等．智能媒体时代新闻传播人才能力培养的目标、困境与出路［J］．西安交通大学学报（社会科学版），2020，40（02）：123–130.

［119］李明海．媒体融合语境下高校应用型传媒人才培养模式创新研究［D］．重庆：西南大学，2017.

［120］李鹏．价值观主导下的技术驱动——“封面传媒”打造“智慧＋智能”并重的“智能媒体体”［J］．中国记者，2016（11）：2.

［121］李鹏．以智能媒体为抓手 构建全媒体传播体系——四川日报报业

集团探索媒体深度融合的创新实践［J］. 新闻与写作，2020（12）：89-95.

［122］李鹏 . 智媒体：媒体融合转型新阶段［J］. 传媒，2019（04）：12-13.

［123］李沁，徐诚，赵凡瑜 . 技术、传播与社会：中国主流媒体融合发展路径——以长三角地区 12 家主流媒体为例［J］. 中国人民大学学报，2020，34（03）：132-141.

［124］李晓静，朱清华 . 智能媒体时代新闻传播学硕士培养：业界的视角［J］. 现代传播（中国传媒大学学报），2018，40（08）：160-165.

［125］李亚铭，李阳 . 智能媒体时代人工智能在电视行业的应用研究［J］. 出版广角，2019（03）：37-39.

［126］厉文芳 .2016-2018：人工智能技术驱动下的中国传统媒体转型研究述评［J］. 东南传播，2019（01）：10-12.

［127］梁德祥 . 基于中小型电商平台的个性化推荐系统建模［D］. 北京：华北电力大学，2017.

［128］梁智昊，许守任 . "十三五" 新一代信息技术产业发展策略研究［J］. 中国工程科学，2016，18（4）：32-37.

［129］梁智勇，郑俊婷 . 人工智能技术对新闻生产的影响与再造［J］. 中国记者，2016（11）：72-75.

［130］廖秉宜，谢雪婷 . 平台型智能媒体建设的核心问题与创新路径［J］. 中国编辑，2020（05）：68-73.

［131］廖秉宜 . 优化与重构：中国智能广告产业发展研究［J］. 当代传播，2017（04）：97-101+110.

［132］廖祥忠 . 从媒体融合到融合媒体：电视人的抉择与进路［J］. 现代传播（中国传媒大学学报），2020，42（01）：1-7.

［133］林爱兵，王希华 . 面对当代受众：媒体的素养教育［J］. 科学新闻，2003（24）：19-22.

［134］林小勇 . 当前广播电视媒体融合发展现状与趋势［J］. 中国电视，2020（01）：62-66.

［135］凌征强 . 我国大学生数字素养现状、问题与教育路径［J］. 情报理论与实践，2020，43（07）：43–47+53.

［136］刘大正，吕春梅 . 内容 · 用户 · 链接：媒体融合的区域样本——以《齐鲁晚报 · 今日运河》为例［J］. 中国出版，2020（11）：42–46.

［137］刘海龙 .“判断”是人的基本权利，但我们正在把它交给算法［EB/OL］.（2020–11–17）［2020–12–20］.https：//new.qq.com/rain/a/20201117A0DJ8Q00.

［138］刘建明 . 构筑媒体“天眼”的区块链新闻［J］. 新闻爱好者，2020（01）：14–18.

［139］刘磊 . 新闻传播学生培养应更重基础素养［N］. 中国教育报，2012–12–21（002）.

［140］刘蒙之 . 媒体人才需求及对新闻教育的启示［J］. 青年记者，2017（16）：62–63.

［141］刘婷，张卓 . 身体—媒介 / 技术：麦克卢汉思想被忽视的维度［J］. 新闻与传播研究，2018，25（05）：46–68+126–127.

［142］刘雅轩 . 浅析区块链技术对传媒生态系统的影响［J］. 传媒，2020（04）：67–70.

［143］刘阳 .《人民日报》再评总台春晚：创多项传播纪录［N］. 人民日报，2021–02–13（08）.

［144］芒福德 . 技术与文明［M］. 北京：中国建筑工业出版社，2009.

［145］刘咏梅， 彭琳， 赵振军 . 基于 Lotka–Volterra 的微博传统媒介事件演进分析［J］. 情报杂志， 2013 （11）： 110–116.

［146］刘铮 . 我国智能媒体发展现状与态势分析［J］. 传媒，2020（16）：52–54.

［147］卢新宁，彭兰，卜彦芳，等 . 智能媒体时代的传媒生态［J］. 传媒，2019（12）：6–7.

［148］陆正兰，赵勇 . 数字时代的身体意义——科幻电影中的三种虚拟人身体范式探析［J］. 福建师范大学学报（哲学社会科学版），2020（05）：

116–124+171.

［149］栾轶玫，何雅妍 . 融合技能 智能素养 价值坚守——多元时代的中国新闻教育变革［J］. 新闻与写作，2019（07）：34–42.

［150］斯考伯，伊斯雷尔 . 即将到来的场景时代［M］. 赵乾坤，周宝曜，译 . 北京：北京联合出版社，2014.

［151］海斯特伯格 . 互联网 + 技术融合风暴：构建平台协同战略与商业敏捷性［M］. 北京：中国人民大学出版社，2015.

［152］罗海风，刘坚，罗杨 . 人工智能时代的必备心智素养：计算思维［J］. 现代教育技术，2019，29（06）：26–33.

［153］菲德勒 . 媒介形态变化：认识新媒介［M］. 明安香，译 . 北京：华夏出版社，2000.

［154］骆欣庆 . 区块链技术的底层逻辑及其在传媒产业中的应用［J］. 传媒，2020（15）：75–77.

［155］骆正林 . 传媒技术赋权与人类传播理念的演变［J］. 现代传播（中国传媒大学学报），2020，42（02）：55–63.

［156］骆正林 . 卓越人才培养与新闻理论“教”“学”［J］. 青年记者，2020（01）：69–71.

［157］吕阳 . 谷歌数字图书馆版权纠纷的多方博弈分析［D］. 哈尔滨：黑龙江大学，2017.

［158］马茜，许志强 . 区块链对社交媒体的价值重构与生态赋能［J］. 电视研究，2020（02）：24–26.

［159］麦克卢汉 . 理解媒介—论人的延伸［M］. 何道宽，译 . 北京：商务印书馆，2000.

［160］马治国，刘慧 . 区块链技术视角下的数字版权治理体系构建［J］. 科技与法律，2018（02）：1–9.

［161］斯万 . 区块链：新经济蓝图及导读［M］. 北京：新星出版社，2018.

［162］格迪斯 . 进化中的城市 城市规划与城市研究导论［M］. 北京：中

国建筑工业出版社，2012.

[163] 潘晓婷 . 未来已来：智能媒体时代需要怎样的新闻传播人才？[J]. 中国编辑，2018（09）：45–50.

[164] 彭兰 . 避风港原则下的不免责——内容作品版权保护探析 [J]. 出版广角，2015（04）：75–77.

[165] 彭兰 . 更好的新闻业，还是更坏的新闻业？——人工智能时代传媒业的新挑战 [J]. 中国出版，2017（24）：3–8.

[166] 彭兰 . 连接与反连接：互联网法则的摇摆 [J]. 国际新闻界，2019，41（02）：20–37.

[167] 彭兰 . 智能媒体化：未来媒介浪潮——新媒体发展趋势报告（2016）[J]. 国际新闻界，2016，38（11）：6–24.

[168] 彭兰 . 智能媒体化时代：以人为本 [N]. 社会科学报，2017–03–30（005）.

[169] 彭少健 . 媒体融合背景下的卓越应用型传媒人才培养——浙江传媒学院的思考与实践 . 中国卓越应用型传媒人才培养的探索与实践 [M]. 北京：中国传媒大学出版社，2015.

[170] 澎湃号 . 阿尔法工场研究院 . 技术有“黑入人心”的能力，是我们这个时代最大的革命 [EB/OL].（2020–12–15）[2020–12–18].https：//www.thepaper.cn/newsDetail_forward_10400778.

[171] 企鹅智酷，清华大学新闻与传播学院新媒体中心 . 智能媒体来临与人机边界：2016 中国新媒体趋势报告 [R/OL].（2016–11–15）[2016–11–17]. https：//tech.qq.com/a/20161115/003171.htm#p=1.

[172] 钱伟长 . 教育和教学问题的思考 [M]. 上海：上海大学出版社，2003.

[173] 秦汉，涂凌波 . 再造共识：智能媒体时代的舆论引导与新宣传 [J]. 中国编辑，2020（Z1）：39–44.

[174] 邱均平，谭春辉，任全娥 . 基于四类数据源的情报学发展动向之计量分析——国内情报学研究重点 2005 年度回顾与展望 [J]. 情报学报，

2007，10（5）：677-683.

［175］全燕 . 智能媒体时代算法传播的形态建构与风险控制［J］. 南京社会科学，2020（11）：99-107.

［176］人民日报评论部 . 用主流价值纾解“算法焦虑”［N］. 人民日报，2018-06-20（005）.

［177］商汤智能产业研究院 .AI 教育白皮书：智能时代的教育变革与创新实践［R/OL］.（2020-12-26）［2020-12-05］.http：//yuqing.people.com.cn/n1/2020/1216/c209043-31968467.html.

［178］邵培仁 . 传播生态规律与媒介生存策略［J］. 新闻界，2001（05）：26-27+29.

［179］邵培仁 . 论媒介生态的五大观念［J］. 新闻大学，2001（4）：20-22.

［180］邵培仁 . 媒介生态学研究的新视野——媒介作为绿色生态的研究［J］. 徐州师范大学学报（哲学社会科学版），2008（01）：135-144.

［181］邵全红，王灿发 . 媒体融合五年来新闻生产与传播的变革及创新研究［J］. 新闻爱好者，2020（01）：27-31.

［182］施勇勤，张凤杰 . 数字版权概念探析［J］. 中国出版，2012（05）：61-63.

［183］石磊，李慧敏 . 国外媒介融合研究知识图谱——基于文献计量学方法的分析［J］. 西南民族大学学报（人文社科版），2019，40（11）：163-173.

［184］石妍凤，王树恩 . 人工智能与主体进化［J］. 自然辩证法研究，1996（05）：29-33+71.

［185］斯伯克特，迈瑞尔，万里恩波 . 教育传播与技术研究手册［R］. 任友群，焦建利，刘美凤，等译 . 上海：华东师范大学出版社，2015：34-35.

［186］奎恩，融合新闻报道［M］. 张龙，侯娟，曾嵘，译 . 北京：北京大学出版社，2015.

［187］宋毅 . 融媒体时代美国的新兴新闻岗位［J］. 国际传播，2017

（02）：80-87.

［188］宋毓，饶俊丽．国内外数字素养研究热点计量分析［J］．国家图书馆学刊，2020，29（01）：87-98.

［189］苏涛，彭兰．“智能媒体”时代的消融与重塑——2017年新媒体研究综述［J］．国际新闻界，2018，40（01）：38-58.

［190］孙江，李圆．智能媒体时代少数民族大学生国家认同的机理、挑战与建构［J］．现代传播（中国传媒大学学报），2020，42（04）：18-23.

［191］孙玮．赛博人：后人类时代的媒介融合［J］．新闻记者，2018（06）：4-11.

［192］谭昆智，林炜双，杨丹丹．传播学［M］．北京：清华大学出版社，2012.

［193］谭天．媒介平台论［M］．北京：中国人民大学出版社，2016.

［194］汤天甜，冉桢．新闻传播人才培养模式创新与教学改革研究——基于大数据背景［J］．西南交通大学学报（社会科学版），2017，18（03）：8-14.

［195］唐绪军，黄楚新，王丹．“5G+”：中国新媒体发展的新起点——2019-2020年中国新媒体发展现状及展望［J］．新闻与写作，2020（07）：43-49.

［196］唐绪军，黄楚新，王丹．中国新媒体发展迎智能化视频化新阶段［J］．中国报业，2017（7）：35-37.

［197］田龙过，郭瑜佳．媒体融合背景下新闻生产方式的挑战与革新——以澎湃新闻为例［J］．出版广角，2020（04）：70-72.

［198］童清艳．智能媒体时代我国媒体融合创新发展研究［J］．人民论坛·学术前沿，2019（03）：60-65.

［199］汪明．基于核心素养的学生智能素养构建及其培育［J］．当代教育科学，2018（02）：83-85.

［200］王珏．后疫情时代的公众媒介素养［J］．新闻与写作，2020（08）：4.

［201］王军峰．全媒体时代区块链革新新闻生产要素的路径与价值［J］．中国编辑，2020（04）：28-33.

［202］王奇．党报时政类公众号的融媒新样本——以《浙江日报》“政已阅”为例［J］．传媒，2020（21）：69-71.

［203］王晴锋．情境互动论：戈夫曼社会学的理论范式［J］．理论月刊，2019（01）：138-144.

［204］王涛，郑建明．数字文化事业治理：内涵、特征及内容体系［J］．图书馆论坛，2017，37（09）：99-104+115.

［205］王文萧，刘立玲，朱方．版权与利益的博弈——以 Google 数字图书馆模式为例［J］．出版广角，2013（16）：82-83.

［206］王宪朋．基于视频大数据的用户画像构建［J］．电视技术，2017，41（6）：20-23.

［207］王益成，王萍，张禹．信息茧房视域下公众嵌入式信息素养教育模式研究［J］．图书馆学研究，2020（03）：10-17.

［208］王佑镁，宛平，赵文竹，等．科技向善：国际“人工智能＋教育”发展新路向——解读《教育中的人工智能：可持续发展的机遇和挑战》［J］．开放教育研究，2019，25（05）：23-32.

［209］王佑镁，杨晓兰，胡玮，等．从数字素养到数字能力：概念流变、构成要素与整合模型［J］．远程教育杂志，2013，31（03）：24-29.

［210］王玉梅．数据导向的精准营销创新［J］．中国广告，2015（07）：128-129.

［211］王渊明．积极探索卓越应用型传媒人才培养的新模式［J］．中国广播电视学刊，2011：（11），29-31.

［212］施拉姆．传播学概论（第二版）［M］．何道宽，译．北京：中国人民大学出版社，2010.

［213］闻丹岩．数字化内容服务平台对科技期刊国际化的影响［J］．中国科技期刊研究，2014，25（1）：148-149.

［214］吴飞．新闻传播研究的未来面向：人的主体性与技术的自主性［J］．社会科学战线，2017（01）：148-158.

［215］吴锋．发达国家“算法新闻”的理论缘起、最新进展及行业影响

[J].编辑之友，2018（05）：48-54.

[216] 吴国盛.技术哲学演讲录[M].北京：中国人民大学出版社，2016.

[217] 吴昊天.中国传媒产业发展研究[D].成都：西南财经大学，2014.

[218] 夏德元，刘博.智能媒体时代的出版变局与编辑身份危机[J].编辑学刊，2020（06）：6-11.

[219] 夏德元.智能媒体时代的阅读革命与编辑出版创新——兼论人与智能机器的共同未来[J].现代出版，2020（04）：72-79.

[220] 夏维波，王鹏.如何培养“有尖、有棱、有底”的金刚石型人才——新闻出版应用型传媒人才培养“331 素质”培养策略探索[J].中国出版，2017（11）：61-64.

[221] 向安玲，沈阳.全息、全知、全能——未来媒介发展趋势探析[J].中国出版，2016（02）：3-7.

[222] 谢新洲，柏小林.全国县级新媒体发展调查分析[J].出版发行研究，2018（12）：5-11.

[223] 新华网.教育部启动实施“六卓越一拔尖”计划 2.0[EB/OL].（2019-04-29）[2020-12-05].http：//www.xinhuanet.com/politics/2019-04/29/c_1210122557.htm.

[224] 新闻出版总署.关于加快我国数字出版产业发展的若干意见[EB/OL].（2010-08-16）[2020-12-05].http：//www.gov.cn/gongbao/content/2011/content_1778072.htm.

[225] 新闻出版总署.新闻出版业“十二五”时期发展规划[EB/OL].（2011-04-20）[2020-12-05].http：//www.gov.cn/jrzg/2011-04/20/content_1848644.htm.

[226] 徐彬.智能媒体时代传统媒体的商业生态格局及趋势[J].传媒，2020（01）：63-64.

[227] 徐敬宏，郭婧玉.5G 时代中国传媒行业结构性变革四个转向[J].

中国出版，2020（06）：49–53.

［228］徐立军．“新四化”：中国传媒发展的未来趋势与关键路径［J］．现代传播（中国传媒大学学报），2020，42（01）：8–11.

［229］徐琦，赵子忠．中国智能媒体生态结构、应用创新与关键趋势［J］．新闻与写作，2020（08）：51–58.

［230］徐琦．辅助性治理工具：智能媒体算法透明度意涵阐释与合理定位［J］．新闻记者，2020（08）：57–66.

［231］徐延章．人工智能 + 融媒体体验：基于广电融媒体设计模型的解读［J］．电视研究，2020（06）：45–48.

［232］徐园，李伟忠．数据驱动新闻 智能重构媒体——浙报集团“媒立方”技术平台建设的实践与思考［J］．新闻与写作，2018（01）：97–101.

［233］许欢，尚闻一．美国、欧洲、日本、中国数字素养培养模式发展述评［J］．图书情报工作，2017，61（16）：98–106.

［234］许志强，哈宏疆．全媒体出版平台建构与创新服务模式研究［J］．中国出版，2016（24）：26–31.

［235］许志强，李海东．“互联网 +”环境下数字媒体融合及发展路径探索［J］．中国出版，2015（20）：47–51.

［236］许志强，刘彤，田志．新兴科技在突发公共事件中的信息传播实践——以 2020 年新冠肺炎疫情为例［J］．电视研究，2020（03）：34–37.

［237］许志强，刘彤．共享与智能：信息技术视角下未来媒体发展趋势［M］．北京：科学出版社，2020.

［238］许志强，刘彤．人工智能视域下媒体创新发展与数字生态体系探索［J］．中国出版，2018（16）：36–39.

［239］许志强，王家福，刘思明．物联网 + 大数据：数字媒体变革的思考与未来媒体进化［J］．电视研究，2017（11）：37–40.

［240］许志强，徐瑾钰．基于大数据的用户画像构建及用户体验优化策略［J］．中国出版，2019（06）：52–56.

［241］许志强．智能媒体创新发展模式研究［J］．中国出版，2016（12）：

17–21.

[242] 薛宝琴 . 人是媒介的尺度：智能时代的新闻伦理主体性研究 [J]. 现代传播（中国传媒大学学报），2020，42（03）：66–70.

[243] 闫文捷，张军芳，朱烊枢 . "高选择媒体环境" 下的媒介素养及其社会影响——基于新冠疫情期间中国城市居民的问卷调查 [J]. 新闻与写作，2020（08）：31–42.

[244] 闫泽华 . 算法猛如虎？最通俗语言为你拆解算法分发全过程 [EB/OL].（2018–07–08）[2018–07–15].https：//mp.weixin.qq.com/s/0srzL84Wz1iHMXiL6wWXwA.

[245] 严三九，王虎 . 切实加强卓越新闻传播人才培养的组织保障 [J]. 当代传播，2018（06）：11–12+17.

[246] 严晓梅，万青青，高博俊等 . 数字化转型视域下欧盟科学素养培养新动向——《作为教育挑战的科学和科学素养》报告解读与启示 [J]. 开放教育研究，2020，26（04）：37–44.

[247] 杨富斌 . 怀特海过程哲学思想述评 [J]. 国外社会科学，2003（04）：75–82.

[248] 杨晶 . 用户兴趣模型及实时个性化推荐算法研究 [D]. 南京：南京邮电大学，2013.

[249] 杨静 . 新智能时代与新媒体革命 [J]. 中国传媒科技，2015（04）：27–29.

[250] 杨丽娜，魏永红，肖克曦，等 . 教育大数据驱动的个性化学习服务机制研究 [J]. 电化教育研究，2020，41（09）：68–74.

[251] 杨沫 . 网络环境下数字作品的版权博弈策略研究 [J]. 情报科学，2015，33（05）：33–36.

[252] 姚争，冯建超 . 教育场景重构与传媒卓越人才培养 [J]. 现代传播（中国传媒大学学报），2020，42（02）：155–160.

[253] 姚姿如，喻国明 . 试论媒介化时代媒介素养教育新范式及逻辑框架 [J]. 中国出版，2021（03）：26–32.

［254］伊利雷斯．我们如何学习：全视角学习理论［M］．孙玫璐，译．北京：教育科学出版社，2010：26.

［255］易艳刚．AI换脸打开潘多拉魔盒［J］．青年记者，2019（27）：96.

［256］殷乐．智能技术与媒体进化：国外相关实践探索与思考［J］．新闻与写作，2016（02）：20–24.

［257］于文娟．智能媒体时代大学生媒介素养的嬗变与提升路径［J］．传媒，2020（14）：84–86.

［258］余克光．关于目前国内高校新闻传播人才培养问题的再讨论——对“卓越新闻传播人才教育培养计划”的解读与分析［J］．新闻大学，2015（05）：126–130.

［259］余秀才．全媒体时代的新媒介素养教育［J］．现代传播（中国传媒大学学报），2012，34（02）：116–119.

［260］余志鸿．传播符号学［M］．上海：上海交通大学出版社，2007：07.

［261］喻国明，刘淼．媒介动机如何影响人们的媒介使用——基于“全民媒介使用与媒介观调查”的描述与分析［J］．新闻爱好者，2020（06）：10–15.

［262］喻国明，杨名宜．虚拟偶像：一种自带关系属性的新型传播媒介［J］．新闻与写作，2020（10）：68–73.

［263］喻国明，杨颖兮．接触、时段、场景：中国人媒介使用全景素描——基于“2019全国居民媒介使用与媒介观调查”的分析［J］．新闻记者，2020（04）：28–36.

［264］喻国明．大数据方法与新闻传播创新：从理论定义到操作路线［J］．江淮论坛，2014（04）：5–7.

［265］喻国明．互联网是一种“高维”媒介——兼论“平台型媒体”是未来媒介发展的主流模式［J］．新闻与写作，2015（2）：41–44.

［266］喻国明．集成经济：业务模式的创新需要盈利模式的创新来保障

——对“今日头条”引发的版权之争的一点看法［J］. 新闻与写作，2014（08）：44–45.

［267］喻国明 . 人工智能的发展与传媒格局变化的逻辑［J］. 新闻与写作，2016（02）：1.

［268］喻国明 . 未来传媒进化的大趋势及 VR、机器人写作与知识付费［J］. 教育传媒研究，2017（04）：95–96.

［269］迪米克 . 媒介竞争与共存：生态位理论［M］. 王春枝，译 . 北京：清华大学出版社，2013.

［270］张琛 . 重新定义智能媒体时代：内容 2.0 的变革趋势及创新要素［J］. 出版广角，2019（09）：36–39.

［271］张驰 . 后身体境况——从“赛博格演员”到虚拟偶像［J］. 电影艺术，2020（01）：94–99.

［272］张大伟 . 数字出版即全媒体出版论［J］. 新闻大学，2010 （1）：119.

［273］张丹 .《人民日报》“时光博物馆”的媒体融合探析［J］. 出版广角，2020（01）：64–66.

［274］张海欣 . 产学研合作培养卓越出版应用型传媒人才问题初探［J］. 中国出版，2017：（02），64–66.

［275］张宏树 . 媒介素养：从数字鸿沟到数字机遇——基于积极受众的讨论［J］. 东南传播，2008（12）：37–39.

［276］张洪忠，石韦颖，刘力铭 . 如何从技术逻辑认识人工智能对传媒业的影响［J］. 新闻界，2018（02）：17–22.

［277］张晋升，祁志慧 . 共治 · 共融 · 共建 · 共享：信息生态视域中的新媒体发展——2019 年中国新媒体事件回顾［J］. 编辑之友，2020（02）：43–47.

［278］张晋升 . 新闻传播实务教学面临的挑战与转型［J］. 青年记者，2017（19）：67–68.

［279］张昆 . 以马克思主义新闻观统领卓越新闻传播人才培养［J］. 中国

高等教育，2014（Z2）：20-23.

［280］张雷，向敏．新益求新：区块链技术在短视频内容产业的创新应用［J］．电视研究，2020（02）：16-19.

［281］张立新．两种世界 两个课堂——信息社会中的教育［J］．中国电化教育，2009（06）：7-9.

［282］张路曦．我国媒体融合的新模式、新问题与新趋势［J］．上海大学学报（社会科学版），2020，37（03）：118-128.

［283］张勐萌．对全媒体出版发展现状与前景的思考［J］．中国出版，2010（24）：14-16.

［284］张淼．国内媒介与信息素养研究述评［J］．新世纪图书馆，2019（01）：81-85.

［285］张敏，王朋娇，孟祥宇．智能时代大学生如何破解“信息茧房”？——基于信息素养培养的视角［J］．现代教育技术，2021，31（01）：19-25.

［286］张芹．中国卓越应用型传媒人才培养的探索与实践［M］．北京：中国传媒大学出版社，2015.

［287］张若男，赵嘉玉，巫佳琪，等．当下“区块链＋数字版权”盈利模式分析［J］．企业研究，2018（12）：44-48.

［288］张田勘．AI换脸，需及早进行法律规范［J］．青年记者，2019（27）：5.

［289］张文娟，宫承波．区块链与未来传媒生态秩序：一种新的思维观和方法论［J］．新闻爱好者，2020（03）：12-14.

［290］张一帆．中国广电：广电行业将利用这次契机建设一个高起点的现代传播网络［EB/OL］．（2019-06-06）［2020-01-03］.http：//kuaixun.stcn.com/2019/0606/15166110.shtml.

［291］张昱辰．跨学科视野中的媒介融合研究：多重维度与范式［J］．新闻记者，2018（06）：19-27.

［292］张铮，陈雪薇．从“数据新闻”到“数据传播”——智能媒体时代新闻传播教育的数据转向及因应策略［J］．中国编辑，2020（05）：74-79.

［293］张志安，曾子瑾．从“媒体平台”到“平台媒体”——海外互联网

巨头的新闻创新及启示［J］. 新闻记者，2016（01）：16–25.

［294］张志安，刘杰 . 人工智能与新闻业：技术驱动与价值反思［J］. 新闻与写作，2017（11）：5–9.

［295］张志安 . 从新闻传播到公共传播——关于新闻传播教育范式转型的思考［J］. 暨南学报（哲学社会科学版），2016，38（03）：77–84+131.

［296］张宗兰，赵然 . 智能媒体深度融合赋能“AI 合成主播”探索［J］. 新闻世界，2019（02）：68–71.

［297］赵丰，周围 . 基于区块链技术保护数字版权问题探析［J］. 科技与法律，2017（01）：59–70.

［298］赵雅文 . 以“供给侧改革”创新驱动我国高校新闻传播教育的“新常态”［J］. 现代传播（中国传媒大学学报），2016，38（12）：137–140.

［299］郑保卫 . 浅谈当前我国新闻与传播教育的现状、问题及对策发展［J］. 国际新闻界，2007（06）：47–52.

［300］郑勤华，覃梦媛，李爽 . 人机协同时代智能素养的理论模型研究［J］. 复旦教育论坛，2021，19（01）：52–59.

［301］郑炜楠，肖鹏 . 培养数字人文预备役：文科大学生的数字技能发展需求与策略研究［J］. 图书与情报，2021（01）：88–96.

［302］郑旭东 . 面向我国中小学教师的数字胜任力模型构建及应用研究［D］. 上海：华东师范大学，2019.

［303］中共中央办公厅，国务院办公厅 . 关于加快推进媒体深度融合发展的意见［EB/OL］.（2020–09–26）［2020–12–29］.http：//www.gov.cn/zhengce/2020–09/26/content_5547310.htm.

［304］中国传媒大学新媒体研究院，新浪 AI 媒体研究院 . 中国智能媒体发展报告（2020–2021）［R/OL］.（2020–03–25）.［2020–12–05］http：//www.199it.com/archives/1221544.html.

［305］中国互联网络信息中心 . 第 45 次中国互联网络发展状况统计报告［R/OL］.（2020–04–28）［2020–12–05］.http：//www.cac.gov.cn/2020–04/27/c_1589535470378587.htm.

［306］中国互联网络信息中心．第47次《中国互联网络发展状况统计报告》［R/OL］．（2021-02-03）［2021-03-01］.http：//www.cac.gov.cn/2021-02/03/c_1613923423079314.htm.

［307］中国网信网．深度解读《网络信息内容生态治理规定》［EB/OL］．（2020-03-02）［2020-12-30］.http：//www.cac.gov.cn/2020-03/02/c_1584692437514622.htm.

［308］中国新闻史学会应用新闻传播学会，中山大学全媒体研究院．媒体抖音元年：2018发展研究报告［R/OL］．（2019-01-24）［2020-12-05］．https：//www.chinaz.com/sees/2019/0124/986375.shtml.

［309］周芳．电视媒体的5G智能技术赋能与未来图景［J］．传媒，2020（13）：35-37.

［310］周剑，王艳，Iris XIE. 世代特征，信息环境变迁与大学生信息素养教育创新［J］．中国图书馆学报，2015，41（04）：25-39.

［311］周鹍鹏，李翔宇．区块链媒体：一种新型互联网媒体［J］．传媒，2020（21）：41-43.

［312］周丽霞，王萍．数字图书馆与作者的博弈生存［J］．情报理论与实践，2011，34（03）：35-38.

［313］周怡．媒体融合时代地方高校新闻人才的培养［J］．青年记者，2016（35）：96-97.

［314］朱敏．智能媒体创新发展模式研究［J］．中国出版，2016（12）：17-21.

［315］朱新江．数字素养视域下高校道德教育的转向、困境及重构研究［J］．中国广播电视学刊，2020（09）：13-16.

［316］自正法，张波．论我国数字版权合理使用制度的缺陷及完善对策［J］．编辑之友，2014（11）：86-90.